国家社科基金
后期资助项目

中国教育消费研究

Study on China Education Consumption

刘 湖 著

社会科学文献出版社
SOCIAL SCIENCES ACADEMIC PRESS (CHINA)

国家社科基金后期资助项目
出版说明

　　后期资助项目是国家社科基金设立的一类重要项目，旨在鼓励广大社科研究者潜心治学，支持基础研究多出优秀成果。它是经过严格评审，从接近完成的科研成果中遴选立项的。为扩大后期资助项目的影响，更好地推动学术发展，促进成果转化，全国哲学社会科学工作办公室按照"统一设计、统一标识、统一版式、形成系列"的总体要求，组织出版国家社科基金后期资助项目成果。

全国哲学社会科学工作办公室

序　言

　　新中国成立 70 年来，特别是中国改革开放 40 多年来，教育事业蓬勃发展，为经济增长和社会发展培养了大批人才。拥有约 14 亿人口的中国已经成为世界性教育大国。但中国教育事业的发展与经济社会迅猛发展的要求和人民日益增长的美好生活需要相比尚有很大差距，与建设社会主义现代化强国的要求相比也是任重道远。21 世纪以来，一方面，中国教育事业发展迅速，所取得的成就为世人瞩目；另一方面，出现了理论误区和实践弊端，如"教育产业化""教育市场化"言论曾经盛行，在社会上引起了激烈争论和广泛关注，迄今其影响仍未消除，家庭和社会对教育消费中存在的高收费、乱收费及教育腐败等现象的不满日趋强烈，高校扩招后出现教育质量滑坡、应届毕业生就业矛盾突出、素质教育存在不足、职业教育落后等问题。

　　党的十九大报告提出："建设教育强国是中华民族伟大复兴的基础工程，必须把教育事业放在优先位置，深化教育改革，加快教育现代化，办好人民满意的教育。"可见，建设教育强国是中国特色社会主义进入新时代的一大战略任务和一项伟大工程。促进教育消费发展及其合理化，是深化教育改革、建设教育强国的重要组成部分，是当前和今后一个时期全国上下的重要任务。现阶段，中国经济进入了调结构、稳增长的高质量发展时期。教育消费在社会总消费中占据着越来越重要的地位，成为城乡人民共同关注的一大热点。研究教育消费及其合理化，对于实现家庭和社会消费结构优化升级、培育社会主义现代化人才、推动国民经济结构调整和高质量发展、增进家庭和社会福祉具有十分重要的理论意义和现实意义。

　　刘湖博士撰写的《中国教育消费研究》一书，正是他基于上述背景，历经十余年，将潜心理论探讨、认真教学研究、深入社会调查三者紧密结合，对教育消费进行科学探索的研究成果。现在该书出版问世，是消费经济学界和高校同人的一件幸事，实为可喜可贺！综览《中国教育消费研究》全书发现,该书拥有下列四个特点。

第一,研究视角新颖。中国特色社会主义进入新时代,中国经济步入高质量发展新阶段,中国教育也随之进入新时代,步入适应经济社会发展新阶段。首先,现有研究是从教育经济学方面,研究教育与经济的关系,侧重于教育供给而没有从教育消费视角研究。随着教育消费者权益的确立和教育消费选择的多样化与多元化,教育消费成为一个独立环节,将对教育和经济社会的关系及其发展产生越来越大的影响。显然,不但教育消费研究应成为教育经济学的重要内容,而且教育消费及其合理化探索是消费经济学不可忽视的重要组成部分。其次,现有对教育消费的研究多以经济增长为目的,忽视了教育的育人功能,对教育非经济功能的研究十分缺乏,对教育消费合理化的研究更是严重缺乏。该书对教育消费及其合理化的研究,无论是理论的阐释,还是实证的分析,都牢牢立足于促进人的全面发展和实现人与社会的福利最大化,这个视角和立足点正是人的一切活动的最终目的和教育消费的根本要求。遵循教育自身的发展规律和根本要求,分析研究教育消费及其合理化,有重要的学术价值和实用价值。

第二,研究内容丰富,资料翔实。该书除导论以外,正文包括五个部分。

(1) 理论篇。含相关理论基础文献综述和教育消费合理化的理论解释(即第二、三章)。作者就相关文献做了系统综述,指出教育和教育消费的内涵与外延,指明教育消费的内容包括德、智、体、美、劳五种。教育消费可分为两类,即消费性教育消费和生产性教育消费,后者又分为应用型教育消费与研究型教育消费。此外,作者就教育消费合理化做了相应的科学界定,指明教育消费合理化的内容包括消费性教育消费合理化、生产性教育消费合理化(包括研究型教育消费合理化、应用型教育消费合理化)和教育消费者对教育选择的行为合理化。这些论述观点鲜明,层次清晰。

(2) 教育消费状况评价篇。含中国教育消费总体状况、公共教育消费状况、教育消费公平性问题探究、教育消费的效率问题探究(即第四至七章)。

(3) 实证研究——宏观篇。含教育消费与经济增长、研究型教育消费与我国产业结构升级关系的实证研究、教育消费与信息化、教育消费结构对经济增长的数量和质量效应研究（即第八至十一章）。

（4）实证研究——微观篇。含家庭教育消费意愿研究、城乡家庭教育消费支出影响因素研究、虚拟社区知识贡献对用户黏性的影响研究（即第十二至十四章）。

（5）政策建议篇，即第十五章。作者指出了我国教育消费合理化的方向与目标，并提出和阐明了教育消费合理化的一系列政策建议。

由上可见，该书研究内容十分丰富，涉及面广，资料数据翔实，这是近年来少见的。

第三，研究方法科学，虚实紧密结合。该书采用了以多学科交叉研究和逻辑分析为主、定性与定量分析相结合、理论与实际相结合的方法。例如：综合运用教育学、伦理学、经济学、数量经济学、系统论等多学科原理与方法，从教育学入手论述教育的内涵、本质、功能、构成，论述教育消费及其分类、教育消费收益等。又如：注重定性分析，强调因果之间的逻辑关系，在理论上，先提出假定前提，建立模型，后进行推导，论证结论；在实证上，运用教育消费合理化理论对我国教育消费进行评析，指出其存在的问题，从教育体制机制等方面剖析成因，然后提出对策。再如：构建相关定量和计量模型，运用数学语言描述教育消费，建立相关函数，使用函数来描述消费性教育消费和生产性教育消费，并通过一般均衡理论分析提出教育消费合理化的目标和路径。

第四，具有新意。该书在运用科学方法对上述内容进行系统、深入分析研究的基础上，形成了创新点。（1）提出教育消费合理化这个命题并揭示其双重内涵：一是教育消费合理化能使总系统的总目标最大化；二是教育消费行为路径合理化。（2）在构建理论模型的基础上，推导和论证了教育消费合理化的条件及其经济表现。这是全书的一大特色。（3）从宏观和微观两个层面进行实证研究，剖析了与教育消费相关的一系列问题，如教育消费的区域差异、教育消费的公平和效率、教育消费与信息产业的互动关系、教育消费结构和经济增长数量与质量的关系等，得出了许多重要结论。并在微观分析上指出了教育消费的多种影响因素。（4）提出并阐明了中国教育消费合理化的一系列对策，具有较强的针对性和现实性。

综上所述，该书的分析研究很好地回应了新时代经济社会发展，特别是建设教育强国对我国教育发展的现实要求。因而不仅具有重要理论意义，还有重要现实意义。

诚然，中国教育消费是一个宏大的课题，绝非一两本著作就能全面讲完说清。况且该书论述还有不足之处，如没有涉及教育与文化的合理化，关于学习资质的个人差异对教育消费的影响也未展开论述。但毕竟作者长期关注和认真研究这个课题，该书不失为推进中国教育消费及其合理化的一部力作。

西安交通大学经济与金融学院教授、博士生导师

文启湘　谨序

2019 年 6 月 18 日于西安

目 录

第一部分 基础篇

第一章 导 论 ……………………………………………………… 3
  1.1 新变化 ………………………………………………………… 3
  1.2 研究意义 ……………………………………………………… 5
  1.3 研究思路、方法、范围 ……………………………………… 6

第二部分 理论篇

第二章 相关理论基础与文献综述 ……………………………… 17
  2.1 教育的基本理论评述 ………………………………………… 17
  2.2 教育消费与教育成本 ………………………………………… 22
  2.3 教育与经济增长理论 ………………………………………… 25
  2.4 教育消费与中国经济增长 …………………………………… 35
  2.5 已有研究述评 ………………………………………………… 36

第三章 教育消费合理化的理论解释 …………………………… 38
  3.1 教育消费合理化概述 ………………………………………… 38
  3.2 消费性教育消费与生产性教育消费的合理化 ……………… 44
  3.3 教育消费合理化的行为选择与教育平等 …………………… 49
  3.4 教育与经济增长理论 ………………………………………… 57
  3.5 本章小结 ……………………………………………………… 66

第三部分　教育消费状况评价篇

第四章　中国教育消费总体状况
　　——省际教育消费水平综合评价 …………………………… 71
　4.1　研究现状及评价指标构建 …………………………………… 72
　4.2　实证分析 ……………………………………………………… 75
　4.3　政策意义 ……………………………………………………… 80

第五章　公共教育消费状况
　　——中国公共教育消费区域差异及收敛性研究 ……………… 82
　5.1　前期研究基础 ………………………………………………… 83
　5.2　实证方法设计及指标选择 …………………………………… 85
　5.3　实证结果及分析 ……………………………………………… 88
　5.4　研究结论 ……………………………………………………… 93

第六章　教育消费公平性问题探究
　　——基于高校科技经费配置的视角 …………………………… 95
　6.1　前期研究基础 ………………………………………………… 95
　6.2　实证方法设计及指标选择 …………………………………… 98
　6.3　实证结果分析 ………………………………………………… 102
　6.4　研究结论 ……………………………………………………… 107

第七章　教育消费的效率问题探究
　　——"一带一路"框架下教育消费质量评价 ………………… 109
　7.1　前期研究基础 ………………………………………………… 109
　7.2　实证方法设计与指标选择 …………………………………… 111
　7.3　实证结果分析 ………………………………………………… 114
　7.4　研究结论 ……………………………………………………… 120

第四部分　实证研究——宏观篇

第八章　教育消费与经济增长
　　——生产性教育消费对经济增长贡献度的实证研究 ……… 125
　8.1　相关文献分析及理论模型构建 ……………………………… 126

8.2　实证分析 …………………………………………………… 130
　　8.3　研究结论 …………………………………………………… 135

第九章　研究型教育消费与我国产业结构升级关系的实证研究
　　　　——基于中国省际面板数据分析 ………………………… 137
　　9.1　文献综述 …………………………………………………… 138
　　9.2　研究型教育消费作用机制分析 …………………………… 139
　　9.3　变量选择、数据与描述 …………………………………… 141
　　9.4　实证检验与结果分析 ……………………………………… 148
　　9.5　研究结论 …………………………………………………… 156

第十章　教育消费与信息化 …………………………………………… 158
　　10.1　信息产业发展和教育消费关系的文献研究 …………… 158
　　10.2　实证分析 ………………………………………………… 162
　　10.3　研究结论 ………………………………………………… 168

第十一章　教育消费结构对经济增长的数量和质量效应研究 …… 170
　　11.1　教育消费结构及经济增长数量和质量的衡量 ………… 170
　　11.2　我国教育消费结构及经济增长数量和质量现状分析 … 176
　　11.3　模型设定 ………………………………………………… 180
　　11.4　全国范围的联立方程估计结果 ………………………… 185
　　11.5　分地区的联立方程估计结果 …………………………… 190
　　11.6　分阶段的联立方程估计结果 …………………………… 192
　　11.7　稳健性检验 ……………………………………………… 194
　　11.8　拓展性研究1——收入分配、私人教育消费和经济增长 … 194
　　11.9　拓展性研究2——教育消费结构和经济增长动力 …… 196
　　11.10　研究结论 ……………………………………………… 199

第五部分　实证研究——微观篇

第十二章　家庭教育消费意愿研究 ………………………………… 205
　　12.1　相关文献和理论综述 …………………………………… 205
　　12.2　研究模型与假设 ………………………………………… 217

12.3　实证研究设计与数据分析 …………………………………… 219
　　12.4　研究结论 ……………………………………………………… 229

第十三章　城乡家庭教育消费支出影响因素研究 ………………… 231
　　13.1　研究现状 ……………………………………………………… 231
　　13.2　研究模型 ……………………………………………………… 234
　　13.3　研究假设及实证分析 ………………………………………… 235
　　13.4　研究结论 ……………………………………………………… 242

第十四章　虚拟社区知识贡献对用户黏性的影响研究 …………… 244
　　14.1　相关文献与理论综述 ………………………………………… 246
　　14.2　研究模型与假设 ……………………………………………… 260
　　14.3　实证研究设计与数据分析 …………………………………… 263
　　14.4　研究结论 ……………………………………………………… 273

第六部分　政策建议篇

第十五章　实现中国教育消费合理化的启示 ……………………… 279
　　15.1　中国教育消费合理化的方向和目标 ………………………… 279
　　15.2　中国教育消费合理化的对策 ………………………………… 279

参考文献 ………………………………………………………………… 289
后　记 …………………………………………………………………… 313

第一部分

基础篇

第一章 导 论

1.1 新变化

1.1.1 数量和质量双赢成为经济社会发展新要求

改革开放以来，中国教育事业发展迅速，为社会发展培养了大批人才，所取得的成就为世人瞩目。20多年来，中国在高等教育宏观管理体制、教育办学体制、教育投资体制、招生就业体制、财政体制、经费筹措制度以及高等学校内部管理体制等方面进行了重大改革，对中国教育消费的规模、质量和方式产生了重大影响。从20世纪90年代末起，中国高校普遍扩招，实现了从精英化教育阶段向大众化教育阶段的跨越式发展。同时，教育消费中存在的高校应届毕业生就业难、教育质量下滑、家庭和个人教育费用负担过重等矛盾日益尖锐，引起了社会公众和媒体的批评。在学术界，教育产业化、市场化等问题也引起了激烈的争论。

中国特色社会主义进入新时代，我国社会主要矛盾已经转化为人民日益增长的美好生活需要和不平衡不充分的发展之间的矛盾，尤其在中国经济进入调结构稳增长的背景下，考察经济增长的指标已经从单一的GDP转变为更加注重经济增长的质量，更加注重经济的可持续发展。近现代的经济增长理论强调了人力资本在经济长期增长中的作用，由于教育消费是人力资本增加最主要的途径，学术界在教育消费对经济增长的影响方面进行了广泛的研究。经济新常态要求教育消费为中国经济发展培养的不仅仅是大量的产业工人，还有大量的科技与创新型人才，从而不断提高社会创新水平和全要素生产率。从某种意义上来说，教育培养怎样的人才，以及培养人才的数量和质量在很大程度上取决于教育消费结构，因此研究中国教育消费结构具有十分重要的现实意义和理论意义。

1.1.2 要素结构变化：短期经济增长—长期经济增长

以往很多经济学家用"三驾马车"来分析经济增长，"三驾马车"的分析方法是凯恩斯主义短期分析框架的变形。研究长期经济增长趋势更可靠的方法是对驱动经济增长的三个因素，即劳动投入、资本投入和生产效率的状况进行估量。"三驾马车"这一分析方法，实际上有一个前提，即假设消费、投资和净出口三者之间具有完全的可替代性，但是在凯恩斯看来消费是一个完全无法由政府调节的变量，净出口在不考虑贸易保护和汇率、价格干预的情况下也不是政府能够决定的。因此以往用"三驾马车"的分析方法得出的结论更多是进行强刺激、多发钞票、多投资项目，但是在一段时间后经济学中的"边际报酬递减规律"的效应就会充分显现出来。在面对经济减速和结构失衡的问题时，索洛模型更加适合于分析经济形势，应该努力提高索洛余量，即"技术进步、生产效率提高"对长期经济增长的重要性。这从另一个方面说明经济的长期增长需要不断优化结构，促进技术创新，实现经济发展方式从粗放发展到集约发展转变，而教育消费作为社会人力资本提升和科技创新的最主要途径，在促进经济长期增长方面将发挥更加重要的作用。

1.1.3 驱动力的变化：发挥消费对经济增长的基础性作用

教育消费具有投资和消费的二重性。以往中国经济增长主要依靠"三驾马车"的投资和净出口来拉动经济增长，消费尤其是国内消费对经济增长的贡献略显疲软。经济新常态下，经济结构的调整要求必须发挥消费对经济增长的基础性作用。教育消费作为国内消费需求的重要组成部分，对经济增长具有重要的作用。根据凯恩斯的经济理论，有效需求不足时，总需求的增加可以增加国民收入，所以在社会达到充分就业以前，政府教育消费和私人教育消费的增加可以有效地拉动经济的增长。教育消费与其他消费、投资、进出口一样，对经济的增长具有乘数效应。王崇举等在研究重庆市教育消费对经济增长的作用时指出，2001年重庆市全部教育消费产生的经济效益占重庆市当年地区生产总值的14.21%，由此可以看出教育消费已经成为经济增长的一个新亮点。① 尤其是教育部规定从 2014 年秋季开始，高等教育学校将向所有纳入全国研究生招生计划的新入学研究生收取学费，以平均每位研究生收取 8000 元学费、每年新入学研究生人数为 60 万人来计算，每年仅研究生的学费就有 48 亿元。这笔收入会带动第二笔、第三笔消费，最终会以若干倍的增加贡献到 GDP 中去。

教育消费是个人和家庭消费的重要组成部分，研究这一问题对于实现家庭和社会消费结构的优化升级，推动国民经济结构调整有着积极意义。在知识经济和消费经济日益发达的今天，整个社会的教育消费在总消费中也占据越来越重要的地位。教育消费已经成为社会的重要关注点，持续推进教育消费合理化对于促进家庭福利水平的改善和社会消费的合理化有着重要的现实意义。因此，在国家大力推动经济结构调整、消费结构升级和教育改革的背景下，研究教育消费合理化和经济增长这一主题具有重要的现实意义。

1.2　研究意义

以经济增长理论为基础对教育合理化的研究，既对中国教育政策制定与管理具有现实意义，也在中国特色社会主义进入新时代背景下对消费经济学等学科的建设具有重要的理论指导作用。其研究意义包括理论和实践两方面。

理论方面的研究意义有两点。（1）教育经济学主要研究教育与经济的关系，目前的研究内容主要是基于教育供给角度而非教育消费角度。随着教育消费者权益的确立和教育消费选择的多样化，教育消费作为独立的环节将对教育与经济的关系产生较大的影响。笔者认为，教育消费研究将成为教育经济学中一个不容忽视的内容，教育消费合理化理论探索作为教育消费研究的组成部分，在学术上有一定价值。（2）消费经济学的研究对象，是一定社会经济条件下人们在生活消费领域中结成的消费关系及其运行方式和运动规律。2008 年以来，中国经济面临下行的压

---

① 王崇举，陈新力，刘幼昕. 重庆市学生教育消费对经济增长的带动作用 [J]. 数量经济技术经济研究，2003（5）.

力，如何拉动消费成为理论上关注的焦点问题。教育消费作为消费热点，其研究达到了空前的高潮，但是这些研究普遍存在以下不足：第一，对教育消费的研究大部分停留在现象的描述和分析上，理论的系统性和深度不够；第二，由于研究的出发点主要是解决内需不足的问题，大部分研究停留在政策解释上，所提出的建议受理论研究不足的影响而缺乏完整性、可操作性；第三，没有明确提出对教育消费合理化的研究，因此教育消费合理化研究对消费经济研究和教育消费研究将起到补充作用，而作为研究消费合理化的一个重要组成部分，其探索性研究将填补目前研究的空白。

在实践方面，中国现阶段高等教育消费中存在很多不合理的问题和现象。个人和家庭的高等教育消费负担过重，教育已与住房和医疗共同构成"三座大山"，更成为普通公民的一种经济和精神负担。中国高校收费标准已经超过广大普通居民的承受能力；高校毕业生就业难的问题愈来愈严重；高等教育质量下降；高等教育消费定位存在严重的趋同现象和缺陷；等等。这些问题的存在，已经极大地影响了中国教育消费的健康发展，中国经济结构面临转型升级的压力，消费结构也面临优化升级的挑战。大力发展生产性教育消费，推动产业结构优化升级具有重要的现实意义，既可以为消费结构优化升级提供动力和选择，也是国家经济新常态的可选发展路径。笔者拟从这些问题的现实情况入手，运用教育消费合理化的基本观点分析这些问题的成因及其带来的严重危害，提出高等教育消费合理化的方向、目标和路径，为推动中国教育消费合理化提供决策依据和可行的操作方案。

1.3 研究思路、方法、范围

1.3.1 研究思路

本书从理论和实证两个方面研究教育消费合理化及其在中国的实践。从理论方面而言，要研究教育消费合理化，必须对其进行科学界定。首先，本书从教育学、系统论和哲学的视角，对合理化和教育消费合理化给予界定，并在此基础上确定教育消费合理化的内容；其次，根据所建立的理论对中国教育消费进行实证分析；最后，提出相应的政策建议。

研究思路如图 1-1 所示。

```
           导论
            ↓
          理论基础
            ↓
       教育消费合理化解释
         ↙         ↘
生产性教育消费合理化   消费性教育消费合理化
     ↙    ↘
研究型教育消费合理化  应用型教育消费合理化
            ↓
       教育消费的实证分析
       ↙      ↓      ↘
教育消费状况评价  实证研究——微观视角  实证研究——宏观视角
            ↓
       教育消费合理化目标
            ↓
          政策建议
            ↓
          研究总结
```

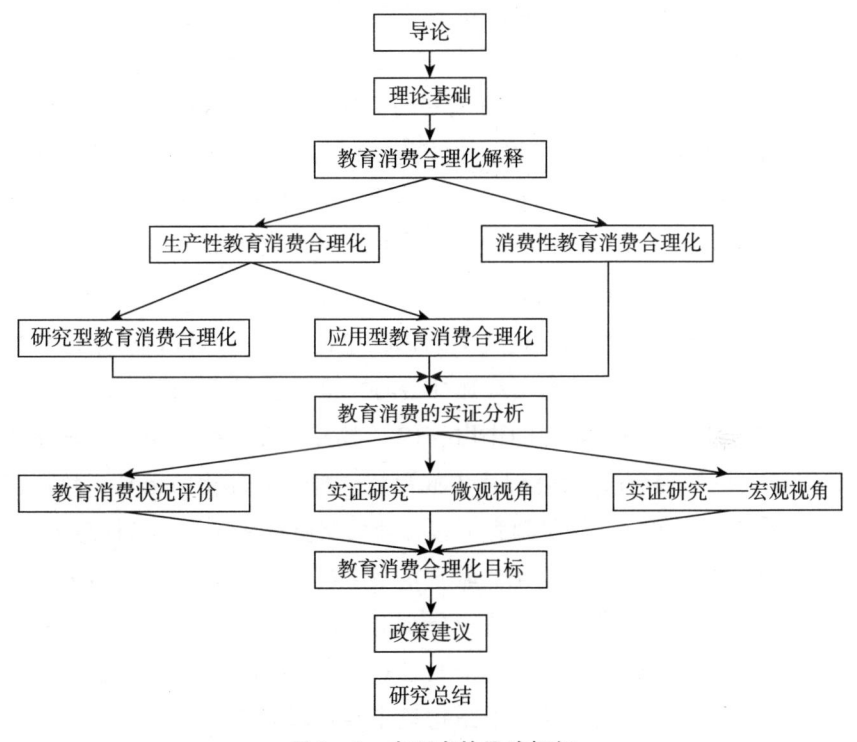

图 1-1 本研究的思路框架

根据上述思路，本研究内容共分十五章。除导论以外，正文分设十四章，从两方面论述主题：第二章与第三章主要论述教育消费合理化的基本理论；第四章至第十五章主要依据前两章所建立的理论对中国教育消费进行实证分析，并提出实现教育消费合理化的相应对策和建议。研究结构和主要内容如下。

第二章是文献综述部分。首先，论述了教育的基本理论，包括教育的内涵、教育的构成、教育的目的与功能、教育消费的内涵、教育收益等；其次，对国内外关于教育与经济增长的理论进行了回顾与评述，这些理论主要包括早期的经济增长理论、近现代经济增长理论、教育与人力资本及技术进步理论、融入教育的经济增长模型及评述、教育消费与中国经济增长的实证研究。从经济增长理论演进的过程中，可以看到经济学家对经济增长影响因素的认识是由一个从物到人、从单一到多元、由外生到内生、由分散到系统的过程。从开始的土地、劳动、资本积累到以人的知识能力为核心的人力资本积累，不断推动着经济的增长。教育对经济增长的作用及其在经济增长理论中的研究地位逐渐得到确立。

第三章是理论解释部分。一方面，在教育消费合理化的概述中主要阐述了以下内容。(1) 根据教育消费的具体内容，将劳动技术教育消费称为"生产性教育消费"，将其他内容的教育消费合并在一起统称为"消费性教育消费"，将生产性教育消费进一步划分为应用型教育消费和研究型教育消费。应用型教育消费是指教育消费者对现有劳动技术知识存量中的知识进行传承的消费，这类消费不增加社会的知识总量；研究型教育消费是教育消费者在现有的知识存量的基础上，探索和创造新知识的消费。研究型教育消费可增加社会的知识总量，对于促进技术进步、保证经济长期增长有决定性的作用。(2) 教育消费收益。(3) 合理化范畴的界定。(4) 教育消费合理化内涵界定。根据合理化的定义，教育消费合理化有两层含义：一是教育消费合理化能使总系统的总目标最大化；二是教育消费行为路径合理化。教育消费合理化的具体内容包括消费性教育消费合理化、生产性教育消费合理化（包括研究型教育消费合理化、应用型教育消费合理化）和教育消费者对教育选择的行为合理化。

另一方面，通过建立理论模型构建了经济增长框架下教育消费合理化的理论。教育消费合理化的理论内容有四个方面。(1) 消费性教育消费和生产性教育消费的合理化。其条件是边际消费性教育消费福利要等于边际生产性教育消费福利。研究表明：在社会发展的三个顺次阶段，家庭和个人的教育消费选择有明显的区别，在第一阶段，因为经济贫困，人们不注重社会福利，只注重经济福利，不注重消费性教育消费，只注重生产性教育消费；在第二阶段，经济较富裕，社会福利开始受到重视，人们开始自觉地投入经济资源、接受消费性教育消费，但其重要性仍低于生产性教育消费；在第三阶段，经济富裕使人们对社会福利的需要比经济福利更强烈，从而自觉地提高消费性教育消费。中国正处在由第一阶段到第二阶段过渡时期，为实现社会总福利最大化，政府必须加大对消费性教育消费的投入及引导力度。(2) 教育消费行为中关于教育消费量的选择要合理化。教育消费者的教育消费行为需要考虑到缴纳教育费用的初始禀赋、家庭生活消费和教育消费的未来收益等因素。(3) 教育规模及其发展速度要与经济发展水平和增长速度相匹配,否则教育的动态发展就会不合理。(4)从经济的长期增长而言,只有研究型教育消费才能创造新知识,通过研发有助于提升经济发展水平的人力资本,保证经济的长期增长。研究型教育消费的扩大是国民经济实现持续增长的内在动力,故研究型教育消费合理化是教育消费合理化的核心。

第四章至第十四章是实证分析部分,主要包括以下内容。

(1)基于因子分析法考察了中国省际教育消费水平的整体情况,研究显示:中国教育消费水平在地区间存在明显的差异,高等教育在地区教育发展中占据核心地位。为促进中国教育消费的合理化,应不断优化各类教育发展环境,从而促进中国教育质量的稳步提升。

(2)基于Theil指数对中国教育消费区域差异及收敛性进行了研究,结果发现:第一,中国教育消费总差异变化有起有落,但是总体幅度不大,总差异都在4%以内,呈现"W"形变化趋势;第二,区域内差异和区域间差异交替主导总差异,具体而言,2005年以前区域内差异占主导地位,2005年之后区域间差异占主导地位,说明目前应该着重关注中国教育发展的区域间差异,促进教育发达地区和教育发展较慢地区的均衡发展;第三,教育消费更多的是受经济发展的影响。

(3)基于经费均衡配置视角,以"双一流"建设高校人均科技经费为代理指标,利用Kernel密度估计、基尼系数与极化指数对研究型教育消费高校间的差异情况进行分析。研究结果表明:研究型教育消费在高校整体间、综合类高校内部和理工类高校内部的差异均逐渐缩小,在农林类高校内部的非均衡程度呈上升趋势,且出现多极分化现象;科技经费在不同类型高校间的差异是研究型教育消费不均衡的主要原因;在极化方面,高校整体的极化程度呈减弱态势。

(4)高等教育资源的配置效率是教育消费质量的重要评价指标,也关系到高等教育的内涵式发展。从资源配置效率的视角出发,利用DEA-Malmquist指数方法,对"一带一路"框架下高等教育消费质量做出评价和对比。结果表明:"一路"区域整体的教育消费质量高于"一带"区域,但两者均低于全国平均水平;经费投入冗余、人才培养数量不足等问题制约着教育资源配置效率的提高;近年来,半数重点圈定省区的教育消费质量有所上升,主要原因在于管理水平的提高与政策环境的改善。

（5）从生产性教育消费角度对中国教育消费贡献度进行了分析，在人力资本和新古典经济增长理论的基础上建立生产性教育消费关于经济增长的理论模型。通过对2000~2016年中国生产性教育消费和同期经济增长数据进行实证分析，发现生产性教育消费和经济增长之间存在正向相关关系，生产性教育消费对同期GDP的贡献率以2%的速度缓慢增长。在此基础上，本书提出要促进研究型教育消费和应用型教育消费均衡发展和促进生产性教育消费总量增长等政策建议。

（6）以研究型教育消费为例，对教育消费和产业结构进行了一定的研究，验证研究型教育消费对中国产业结构升级的影响机理。还对研究型教育消费与信息产业、金融产业和餐饮服务业之间的相互关系进行了研究，为中国产业结构升级提供一定的理论基础。

（7）分析中国未来教育消费的新趋势——教育信息化。从理论和实证两方面对中国教育消费和信息产业发展的关系进行了分析，为实现二者良性循环提出了一定的建议。

（8）经济新常态下，中国经济增长将改变只注重数量的传统发展模式，继而更加注重经济增长的质量；改变传统"高污染、高排放、高消耗"的粗放式发展模式，继而更加注重依托"资本、知识和技术"等要素的内涵式发展模式，要素结构将发生众多变化。在中国经济结构转型升级的大背景下，教育作为知识传承与创造、技术创新、人力资本提升最主要的途径，受到了更多的期盼。因此，笔者以此为契机，继续从政府公共教育消费投资和个人教育消费支出两个视角探析了中国教育消费结构对经济增长数量和质量的影响效应及其区域、阶段性差异，以期为实现中国教育消费合理化和经济增长数量与质量的"双赢"提供一定的政策启示。

（9）中国的居民收入伴随着经济的发展而逐渐增长，对教育的投入也随之增长。教育消费指的是用于教育物化产品和教育劳务上的开支，这里既有政府消费，也有私人消费，它们都属于社会总消费的一部分。家庭教育消费对家庭成员的知识水平发展有重要的作用。因此，笔者从家庭教育消费的视角出发，从消费者介入和感知风险两个方面研究中国家庭的教育消费行为，分析消费者介入、感知风险和教育消费意愿之间的关系。

（10）目前，中国有关户籍的"农"与"非农"的界限虽然逐渐淡化，但是两者之间的差别对教育消费的影响依然存在，二者在收入、文化程度等方面对家庭教育消费的影响并没有消失。实证分析结果表明：家庭总收入和父母受教育程度显著影响着整体家庭教育消费支出，尤其农业户口家庭总收入和父母受教育程度与家庭教育消费支出之间存在更为显著的线性关系。为了更快更好地促进家庭教育消费的合理化，应逐渐打破城乡之间各个方面的待遇差异，真正解决家庭特别是农村家庭的教育隐忧。

（11）以大众熟知的贴吧、论坛等虚拟社区为例，对个人教育消费的新形式以及相关问题进行探究。目前，虚拟社区发展所面临的困难主要是如何促进用户的知识贡献以及最大限度增加虚拟社区的用户黏性。通过实证研究发现：参与型知识贡献和主导型知识贡献对教育消费黏性产生显著的正向影响，且主导型知识贡献的影响程度更深；沉浸体验对教育消费黏性产生显著的正向影响，并在知识贡献对用户黏性的影响中发挥中介作用。本研究明确了虚拟社区中知识贡献行为与用户黏性之间的关系，提出从用户自身行为的角度增强教育消费黏性的思路，对解决虚拟社区持续发展问题具有重要意义。

第十五章是政策建议部分。中国实现教育消费合理化的方向是：遵循教育发展的基本规律，继续加大教育改革力度，通过完善教育消费的环境和政策，推动教育消费向合理化的方向转变；通过合理的区域经济、城乡经济发展政策来促进城乡居民的收入稳步提高，从而提高全社会教育消费水平和消费能力；通过合理的经济政策逐渐消除日益扩大的收入分配和贫富差距，缩小各阶层教育消费差距，实现教育消费公平；通过正确的理论宣传与教育，转变家庭和个人教育消费观念，改变非理性消费观念和行为。

中国教育消费合理化的总目标是：教育消费在促进人的全面发展的基础上实现人的幸福最大化。中国教育消费合理化的分目标是：消费性教育消费、研究型教育消费、家庭和个人教育消费选择的合理化；全社会教育消费水平和结构与经济社会发展相匹配。

最后，从改革教育管理和投资体制，大力推行素质教育，大力发展研究型教育，调整和加强职业教育，鼓励发展民办教育，转变教育发展模式，与时俱进，适应经济新常态，完善收入分配制度，协调政府和市场的调节作用等方面对实现教育消费合理化提出了一些建议。

1.3.2 研究方法

在研究方法方面，以多学科交叉研究方法、逻辑分析为主，注重定性与定量分析相结合、理论与实践相结合，具体方法如下。

（1）多学科交叉研究方法。本研究综合运用了教育学、伦理学、心理学、经济学和数理经济学、系统论等多学科的原理与方法。例如：从教育学入手研究教育的内涵界定、教育的本质与目的、教育的功能、教育的构成内容、教育消费及其分类和教育消费收益等；根据系统论研究了合理化的机制；在消费性教育消费和生产性教育消费的度量上，结合心理学和伦理学，得出了生产性教育消费需求和消费性教育消费需求的增加速度不同的规律。

（2）对经济行为的心理学和伦理学分析方法。在教育收益的度量、消费性教育消费和生产性教育消费的度量方面，依据心理体验规律，本研究认为：人们的消费性教育消费需求和生产性教育消费需求是不同的，即生产性教育消费需求强烈而短暂，消费性教育消费需求虽平淡却持久；从顺序的优先级上分别是人或社会最先满足生产性教育消费需求，消费性教育消费需求居后。再结合效用论，本书得出结论：随着经济增长，收入不断增加，生产性教育消费需求下降，消费性教育消费需求不断增加。

（3）演绎与归纳的逻辑方法。本研究注重定性分析，强调因果之间的逻辑关系。在理论构建方面，先提出假定前提，建立模型，推导并论证结论；在实证方面，运用教育消费合理化理论对中国教育消费进行评判分析，认为中国教育消费存在不合理问题，并从教育体制等三个方面进行了成因分析，最后提出相应的对策建议。

（4）构建定量和计量模型。在研究中，运用数学语言描述教育消费，建立相关的函数。例如，使用函数描述消费性教育消费和生产性教育消费，使理论表述简洁而严密。

（5）均衡分析方法。本研究中教育消费合理化的理论核心就是奠基在社会目标最优的一般均衡理论之上。

1.3.3 研究范围

教育有广义和狭义之分。本书研究狭义的教育,即学校教育,特别是高等教育。

第二部分

理论篇

第二章 相关理论基础与文献综述

教育消费合理化研究，必须在遵循教育基本规律的基础之上展开。本章主要回顾与教育消费合理化密切相关的基本理论，并加以评述，从理论的视角探索教育消费合理化研究的基本依据和研究方向。

2.1 教育的基本理论评述

2.1.1 教育的含义

中国教育界长期以来受韩愈《师说》的影响，认为教育就是"传道、授业、解惑"。[①] 新中国成立以后，学习苏联，长期受凯洛夫《教育学》的影响，认为教育就是有目的、有计划地培养青年一代的活动，它具有历史性、阶级性，是上层建筑。[②] 20世纪70年代末至80年代初，教育界展开了一场关于教育本质的大讨论，但对教育的定义仍没有形成统一认识。在近20年来国内出版的数百部教育学教科书中，对"教育"概念的界定仍是众说纷纭，没有完全达成共识。

先从被称为"教育学之父"的夸美纽斯说起。夸美纽斯在人类社会第一部以教育为专门研究对象的著作《大教学论》一书中开宗明义地指出：教育就是"把一切事物教给一切人的全部艺术"，夸美纽斯把教育看作一门艺术，是一种很有新意的看法。[③] 18世纪法国启蒙思想家卢梭发展了亚里士多德的自然主义教育思想，在他的教育名著《爱弥儿》中提出，教育就是要让儿童的天性获得率性的发展。[④] 19世纪英国实证主义哲学家斯宾塞则从社会的角度看待教育，认为教育是为受教育者未来

---

① 孟宪承. 中国古代教育文选 [M]. 北京：人民教育出版社，1983.
② 凯洛夫. 教育学 [M]. 北京：人民教育出版社，1957.
③ 夸美纽斯. 大教学论 [M]. 傅任敢，译. 北京：人民教育出版社，1979.
④ 卢梭. 爱弥儿 [M]. 李东旭，译. 北京：中国社会出版社，1999.

的美好生活做准备。德国教育家赫尔巴特1806年发表的《普通教育学》对教育世界的面貌产生了根本性的影响,他在书中构建了一个以教师、教材、教室为中心,按教育者的意图主动影响他人的思想和行为的严密的教育学体系,按这个体系实施的教育被称为"传统教育"。① 100多年后,美国哲学家和教育家杜威针对赫尔巴特的"三中心",提出了儿童中心、经验中心和活动中心,他认为教育并不是为未来生活做准备,教育就是生活本身,"教育即生活"、"学校即社会",他的教育理论几乎完全排除了教育是一些人按特定意图主动影响另一些人的活动的观点,成为现代教育的重要基点。

关于"教育"的含义,国内具有代表性的观点如下。李剑萍等认为,教育活动是一种社会实践活动,是传递生产生活经验、传承社会文化的基本途径。② 徐厚道等认为,教育作为特定的科学概念有广义和狭义之分,狭义的教育是指学校教育,它是人类社会发展到一定历史阶段的产物,是教育的一种主要形式,广义的教育是包含学校教育在内的一切形式的教育。③

对教育是什么这个问题,至今还没有一致的看法,出现这种情况主要是基于以下原因。

第一,定义者的哲学观、价值观以及逻辑方法不同,对教育的认识和解释也就不同,定义者总是从某一视角提出对教育的理解。从前面简要介绍可以看出,历史上各国教育家对教育的理解和诠释很大程度上是在不同的历史背景下,根据自己的哲学观点提出对教育的解释,都没有给教育以完整的定义,有的从教育现象的角度,有的从教育本质的角度,有的从教育价值的角度,有的从教育目的的角度,比如杜威就是从教育本质的角度来对教育进行界定的,而斯宾塞则是从教育价值的角度出发的,这样得到的结果自然就不可能一致。

第二,社会科学和人文科学的实验和定量研究尚不成熟,人们对某一概念的定义主要是根据经验和历史事实。由于不同主体的经验及对历史事实的把握和理解可能存在很大的差异,根据经验和历史事实来界定

---

① 任钟印,等. 世界教育名著通览[M]. 武汉:湖北教育出版社,1994.
② 李剑萍,魏薇. 教育学导论[M]. 北京:人民出版社,2006:25-26.
③ 徐厚道,陈仁保. 教育学通论[M]. 北京:北京工业大学出版社,2003:5.

某一概念便很难得出一个统一的定义。

第三，不同的时代对教育有不同的要求，不同利益集团的人群对教育的认识也不尽相同，因此对教育的内涵和外延的诠释也是不一致的，这就决定了人们对教育的理解会随着时代的变迁而变化。比如在中国古代"修道之谓教"，教育的含义基本上等同于现在的德育。到了近现代，由于知识的大量涌现，各个学科纷纷产生和成熟，教育的智育化倾向日甚，智育在整个教育中的比重日益增大，教育的内涵也随之产生了很大的变化，对教育概念的界定当然也就与古代有所差异。

第四，不同民族、不同国家的历史变迁、文化背景不同，从而对教育有不同的认识。

2.1.2 教育构成

首先，从教育内容看，教育包含德育、智育、体育、美育和劳动技术教育这五个方面。

（1）德育：德育是教育者按照社会的要求和学校的培养目标，有计划地对教育消费者施加影响，使其具有良好德行的活动。学校的德育是引导教育消费者认识道德规范，指导教育消费者道德实践，培养教育消费者品德的教育。任何社会、任何阶级都非常重视对年轻一代政治、思想、品德的要求，都高度重视德育，因为德育使每一个个体可实现某种需求和愿望（主要是精神方面的），从中体验满足、快乐、幸福，从而获得一种精神上的享受。

（2）智育：智育旨在育智。智力是一种由天赋、策略、知识等因素合成的能力。智育的任务，一是授予教育消费者系统的科学文化知识、技能，二是发展他们的智力和能力，二者是相辅相成、彼此促进的。智育对帮助教育消费者认识自然规律、社会规律，提高分析问题和解决问题的能力，掌握从事社会工作的实际本领，优化个性发展，提高生活质量，都有十分重要的作用。我们培养的人才必须有文化，掌握现代科学技术，并具有不断追求新知、实事求是、独立思考、勇于创造的科学精神。智育是整个教育的基础，其他各类教育都必须建立在知识和智慧的基础之上。

（3）体育：体育是授予教育消费者健身知识、技能，发展他们的体力，增强他们的体质的教育。现代社会生活节奏的加快对人的身体素质、灵敏度、适应自然和社会环境变化的能力都提出了更高的要求。应特别关注他们的身体，使其能精力充沛、高效率地投入学习和工作。否则，不仅会直接影响德、智的发展，甚至还会造成一生难以弥补的损失。体育的主要任务是：向教育消费者传授基本的运动知识和技能，培养他们锻炼身体和讲究卫生的良好习惯，促进他们身体的正常发育和机能的成熟，增强他们的运动能力和身体素质。

（4）美育：美育是培养教育消费者正确的审美观，发展他们发现美、鉴赏美、创造美的能力，培养他们的高尚情操和文明素质的教育。美育在净化教育消费者心灵，激励教育消费者热爱生活和追求美好事物，促进教育消费者全面发展中具有重要作用。美育可以开发人类心灵中美好的东西，把一个人内在的本质的东西激发出来，并使之升华、丰富，同世界产生一种内在的和谐。没有美育的熏陶，没有丰富、高尚、美好感情的浸润，其他素质就难以具有极为生动的内涵和无比坚实的基础。美育的主要任务是通过音乐、美术、文学教育和其他各种审美活动，充实教育消费者的生活，丰富教育消费者的情感，培养教育消费者欣赏美、鉴赏美的能力，使他们具有健康的审美情趣和高尚的情操，形成朝气蓬勃、乐观向上的精神面貌。

（5）劳动技术教育：劳动技术教育是引导教育消费者掌握劳动技术知识和技能，形成劳动观点和习惯的教育。形成劳动技术方面的素养是培养全面发展的一代新人的需要，它可以使教育消费者把体力劳动和脑力劳动结合起来，为就业和生活打下坚实的基础，同时又强有力地促进社会生产力的发展。无论是脱离生产劳动的教学与教育，或是没有同时进行教学与教育的生产劳动，都不能达到现代技术水平和科学知识所要求的高度。

上述全面发展教育的五个组成部分各有自己的特点、规律和功能，是不能相互取代的，同时它们之间又是相互联系、相互制约、相互依存、相互渗透的。如果只重视知识传授，不重视品德培养，那么生产出来的"产品"很可能是个"危险品"，因此一个没有正确的人生观、价值观和道德观的人，掌握的知识越多可能对社会的危害越大。相反，如果只强调德育消费，而忽视智育消费，教育消费者虽有良好的道德品质，但未能很好地掌握科学文化知识和技能，这样的"产品"就是个"次品"。

其次，从教育的层次结构看，教育包括幼儿园教育、小学教育、中学教育、中等技术教育、专科教育和大学教育等。中学教育之前的学校教育在很多国家被规定为义务教育。

2.1.3 教育的目的与功能

理论界对教育目的有不同的界定。例如，教育目的就是"把受教育者培养成为一定社会所需要的人的总要求"[1]；"是指社会对教育所要造就的社会个体的质量规格的总的设想或规定"[2]；"培养人的总目标，关系到把受教育者培养成为什么样的社会角色和具有什么样素质的根本性质问题"[3]。教育目的有广义与狭义之分：广义的教育目的，是指人们对于受教育者在接受教育以后，能够成为一个"什么样的新人"的期望；狭义的教育目的，是指国家对各级各类学校教育的最根本的要求，它规定了学校教育应当培养具有什么样品质的人才。[4] 狭义的教育目的是由国家规定的，或者通过国家授权的特定组织规定的，它通常反映了国家或者社会对理想人才的需要。关于狭义的教育目的的概念，还有其他一些表述。例如，有的表述为："国家对培养什么样人才的总要求。"[5]《教育学基础》表述为："特指一定社会（国家或地区）为所属各级各类教育人才培养所确立的总体要求。"[6]《教育学》表述为："教育目的规定了通过教育过程要把受教育者培养成什么样质量和规格的人。"[7] 通过对比可以得出，上述理论本质大致相同，皆认为教育的目的是满足国家的根本要求，在内容方面，规定了学校教育培养的人才必须具备的品质。

教育功能是教育学研究的一个基本理论问题，它同教育本质、教育价值、教育目的、教育结构等有着密切的联系。了解教育功能，有助于人们正确地看待教育在人的成长以及社会发展中的作用，也有助于在教

---

[1] 王道俊，王汉澜. 教育学（新编本）[M]. 北京：人民教育出版社，1989：95.
[2] 黄济，王策三. 现代教育论 [M]. 北京：人民教育出版社，1996：211.
[3] 顾明远. 教育大辞典（增订合编本）[M]. 上海：上海教育出版社，1998：765.
[4] 孙喜亭. 教育原理 [M]. 北京：北京师范大学出版社，1993：154.
[5] 袁振国. 当代教育学 [M]. 北京：教育科学出版社，1999：69.
[6] 全国十二所重点师范大学联合编写. 教育学基础 [M]. 北京：教育科学出版社，2002：56.
[7] 南京师范大学教育系. 教育学 [M]. 北京：人民教育出版社，1984：151.

育工作中有效改进和发挥教育的作用。

邵宗杰等认为教育具有经济、政治、文化和育人这四个方面的功能，这种论述显得较宽泛。① 事实上，教育具有多层次、多方面、多样化的功能，各种功能之间相互联系、相互依存，共同作用于人和社会。周金浪从教育功能的性质和基本层次两个角度，将其分为教育的正功能与负功能、教育的个体功能与社会功能。②

(1) 教育的正功能与负功能。教育对人和社会发展的促进作用要建立在一个基本的前提下，这就是教育要适应人和社会发展的规律。按照教育功能的性质来划分，对人和社会产生正面、积极的作用和影响的是正功能，反之则为负功能。教育的育人功能、经济功能、政治功能、文化功能等往往是指教育正面的、积极的功能。然而，在实施教育的过程中只有充分遵循社会和人的发展的客观规律，正确发挥教育的能动作用，才能使这种促进功能真正实现。

(2) 教育的个体功能与社会功能。教育的个体功能，是指教育对人们各方面发展的作用，即教育对人们身心健康产生作用和影响的能力，这是教育的本质体现。教育的社会功能，具体是指教育对社会发展的影响和作用，特别是对社会政治、经济、科技与文化等方面产生作用和影响的能力。

2.2 教育消费与教育成本

2.2.1 教育属性

教育消费的对象——教育服务，是一种劳动产品，这在所有的研究中都是毋庸置疑的。但在教育产品是否为商品的问题上，情况并不一致。卢一峰认为："作为一种劳动购买，教育也是商品。"③ 持这种观点的国内学者有很多，如冯艳飞。④ 就笔者所掌握的资料而言，对于这个问题

---

① 邵宗杰，裴文敏，卢真金. 教育学 [M]. 上海：华东师范大学出版社，2002：19.
② 周金浪. 教育学 [M]. 上海：上海教育出版社，2006：30.
③ 卢一峰. 浅议教育消费 [N]. 河北经济日报，2005 年 7 月 18 日，第 B04 版.
④ 冯艳飞. 中国高等教育产业研究 [M]. 北京：经济管理出版社，2004：22.

并没有明显的争论,也无明确的反对教育是"商品"的研究。

教育的经济属性是指教育属于公共产品、准公共产品或者私人产品。胡鞍钢等认为教育就是一种私人产品,这种观点就是基于教育是商品的认识之上的。[①] 教育服务的非竞争性以及非排他性的程度、外部作用的大小以及与公共产品的接近程度受其阶段与种类的影响,与此同时,存在一些本质上就是非公共物品的特殊教育服务种类。较之义务教育,高等教育更接近私人物品,如职业技术培训、留学辅导培训。因此,胡鞍钢等学者的看法改变了相关理论问题的因果关系。实际上,因为基础的义务教育是一种准公共产品,所以建立了一套以政府投资为主的"强制性"基础教育制度。

2.2.2 教育消费的内涵

与一般商品的消费不同,教育消费存在特殊内涵,我国学者们对教育消费存在一些不一样的观点。一种观点是,教育消费是指用于教育物化产品和教育劳务上的开支,既包括政府消费也包括私人消费,是社会总消费的一个组成部分[②],这是广义的教育消费,它不仅包括政府的教育支出,而且也包括个人和家庭的教育支出。另一种观点则认为,教育消费是当代社会培养人才、促进社会进步所必需的一种独特的消费活动,它能够满足人们对成才的需要,从而提高劳动生产率以及社会整体效益。教育消费就是家庭或个人在上述教育方面的支出[③],这是狭义的教育消费,即居民教育消费。梁前德等认为,当前中国扩大居民教育消费存在两方面问题:一方面,个人教育消费需求没有很好地被满足,现行教育体制出现诸多不适应性;另一方面,教育资源的配置还存在较大的提升空间。[④]

2.2.3 教育收益与教育消费

从教育的功能看,教育所带来的应当是文化、经济、政治和科技等

---

① 胡鞍钢,熊志义.大国兴衰与人力资本变迁[J].教育研究,2003 (4):15.
② 蔡永莲.发达国家教育消费的比较研究[J].外国教育资料,2000 (6).
③ 刘方域.教育消费应大力启动和超前发展[J].上海商业,2001 (8).
④ 梁前德,傅家荣.中国居民教育消费基本问题研究[J].湖北经济学院学报,2004 (3).

方面的多重收益。教育目标实现的程度取决于教育收益的大小,由此决定了教育消费行为。王玉昆认为,教育收益是教育通过培养和提高劳动者的知识和技能,给个人和社会带来巨大的收益。[①] 杨秀芹认为,教育的收益不仅包括投资性收益还包括消费性收益。[②] 投资性收益多以货币的形式出现,因而备受人们的重视,而从教育中获得精神的愉悦和求知欲的满足所体现的教育的消费性收益同样是应该引起我们重视的,它不仅体现在教育过程中,甚至影响个体的一生。同时,重视教育的消费性收益,对很多理论问题具有解释意义。栗建华认为,一方面,教育能够大幅度提升劳动者的相关工作能力,从而促进产出增加,换句话说,教育通过提高劳动生产率为社会创造了更多的物质与精神财富;另一方面,其收益分为社会与个人两个层面,在个人层面,教育能够使社会个体获得物质与精神上的满足,在社会层面,既包括社会整体生产率的提升和经济的发展,又包括国民素质的整体提升。[③] 虽然现有研究提到教育收益存在非物质的精神收益,但如何量度缺乏进一步的研究。在教育收益的理论研究中,国内研究更多地偏向于教育收益的物质性,精神方面的研究几乎没有,由此得出的结论必然显得教育"唯经济至上"。要从教育自身规律出发研究教育消费,就必须考虑教育收益中非经济方面的精神收益因素,而对精神方面的因素如何加以计量是研究中的一个难题。

2.2.4 教育成本

教育事业的发展需要人力、物力与财力的投入,这些投入组成了所谓的教育成本。在高等教育方面,成本大致分为四部分:一是学生生活成本,囊括了学生衣食住行各方面的必要教育成本支出,虽与学校的财政关系不大,但构成了学生接受高等教育所付成本,同时也是社会关注高等教育成本上升的主要方面;二是学校教学方面的支出,包括相关人员工资、设备配置、购买图书、行政活动等支出;三是研究方面的支出,此方面成本的大小取决于各校对于研究的重视程度;四是机会成本,在

[①] 王玉昆. 教育经济学 [M]. 北京:华文出版社,1998:86.
[②] 杨秀芹. 试论教育消费的消费性收益 [J]. 青年探索,2002 (3).
[③] 栗建华. 我国教育投入、经济增长与就业问题 SD 模型研究 [D]. 上海:复旦大学,2005:15-16.

理论方面这是高等教育成本的重要组成部分，无论对于社会还是对于学生个人都是不能忽视的。

高等教育成本的内容众多而复杂，按不同的标准可以有不同的分类，可分为直接教育成本和间接教育成本、社会教育成本和个人教育成本，此外还有其他各种分类。由于国家、企业、团体和个人均从教育中获得了利益，因此国家、企业、团体和个人成为成本补偿的主体。分担与补偿应遵循以下原则。一是收益结构原则。收益结构原是根据社会和个人收益的大小来确定各自分担的成本份额，谁收益谁承担、多收益多承担、少收益少承担，这是市场经济条件下经济公平的内在要求。二是能力结构原则。能力结构原则即以补偿能力为确定高等教育成本补偿标准的依据，谁的能力大谁就多分担一点，谁的能力小谁就少分担一点，这是社会公平的内在要求。[①]

需要特别强调的是，回顾20世纪以来各国高等教育的发展历程，对高等教育的成本补偿机制更多体现在"象征"意义上的经济补偿。从受益的角度分析，因为个体在接受高等教育后，均能得到较高的经济与社会收益，所以每个国家在确定个体承担培养成本补偿额度时，总是将个人和家庭的经济承受能力考虑在内。从理论上看，个人和家庭承担起部分培养成本是理所当然的。但是，从中国现行的高等教育收费体制实际情况看，由于缺乏客观、公正的统一计算标准，高等教育成本基本上都是高校说了算，个人和家庭究竟应该承担多高的成本补偿，仍然是争论的焦点。

2.3 教育与经济增长理论

2.3.1 早期的经济增长理论

古典经济学家，如亚当·斯密[②]、大卫·李嘉图[③]、托马斯·马尔萨

[①] 吕炜，等. 高等教育财政：国际经验与中国道路选择 [M]. 大连：东北财经大学出版社，2004：125-133.

[②] Smith, A. An Inquiry into the Nature and Causes of the Wealth of Nations [M]. New York：Random House, 1776.

[③] Ricardo, D. On the Principles of Political Economy and Taxation [M]. Cambridge：Cambridge University Press, 1951.

斯[1]，以及更晚的弗兰克·拉姆齐[2]、阿林·杨格[3]、弗兰克·奈特及约瑟夫·熊彼特[4]奠定了许多呈现于经济增长现代理论的基本成分，其中李嘉图所阐述的关于经济增长过程的理论较为完整，包括竞争性行为和均衡动态的基本方法、边际报酬递减的作用及其与物质和人力资本积累的关系、人均收入与人口增长率之间的互动、以不断增长的劳动专业化分工以及新产品和新生产方法的发现为形式的技术进步的效果、作为对技术进步的激励垄断力量所起的作用。

在19世纪后半叶到20世纪40年代的这一段时期内，除马歇尔、维克赛尔和熊彼特等人外，绝大多数经济学家都不重视对经济增长理论的研究。在经历了20世纪二三十年代的"大萧条"后，诸多经济学家更坚定地认为，在资本主义经济中重要的是如何实现充分就业，而不是经济增长。具有代表性的是，凯恩斯明确指出，对于工业化国家来说，经济增长并不重要，无须积累率有多大提高，只要有效需求足够就可以实现充分就业。[5]

第二次世界大战后，关于经济增长理论的研究迎来了曙光。从编年史的视角看，现代经济增长理论的起点应是拉姆齐的经典论文[6]，然而拉姆齐的方法和理论直到30年后的20世纪60年代才在经济学界引起注意，得以接受或广泛采用，拉姆齐对跨期家庭最优化分析的意义大大超越了其在经济增长理论上的应用。如今消费理论、资产定价、金融投资以及经济周期理论等相关方面的讨论基本都得涉及由拉姆齐介绍给经济学家的最优性条件及其方法。如今拉姆齐的跨期可分效用函数已和柯布-道格拉斯生产函数一样被广泛应用。

基于20世纪50年代末以来在新古典传统中的贡献，经济增长理论使用新古典方法论及语言，且依赖如总资本存量、总生产函数和代表性

---

[1] Malthus, T. R. An Essay on the Principle of Population [M]. London: W. Pickering, 1986.
[2] Ramsey, F. A Mathematical Theory of Saving [J]. Economic Journal, 1928, 38.
[3] Young, A. Increasing Returns and Economic Progress [J]. Economic Journal, 1928, 38.
[4] Schumpeter, J. A. The Theory of Economic Development [M]. Cambridge MA: Harvard University Press, 1934.
[5] 罗伯特·J. 巴罗，哈维尔·萨拉伊马丁. 经济增长 [M]. 何晖，刘明兴，译. 北京：中国社会出版社，2000：10.
[6] Ramsey, F. A Mathematical Theory of Saving [J]. Economic Journal, 1928, 38.

消费者（总具有无限期界或代际的有限期界）的效用函数之类的概念。在经济增长理论的研究工具上，动态最优和微分方程这样的现代数学方法是其最常用的方法。

从拉姆齐提出该理论至50年代末期，哈罗德[1]和多马[2]试图在凯恩斯的分析中整合进经济增长的因素。哈罗德曾亲自参与凯恩斯经济学的产生与发展。在1935年6月《就业、利息和货币通论》的校样印出后，校样分别送给了哈罗德、卡恩和琼·罗宾逊夫人，在他们的大力帮助下，凯恩斯又做了大量的修改工作。哈罗德帮助厘清了凯恩斯的新的利率理论与那时流行的由事前储蓄和投资之间相互作用决定利率的新古典理论之间的关系。凯恩斯在《就业、利息和货币通论》中阐述了经济如何促进实现充分就业，但没有进一步研究经济连续生产时要保持充分就业的长期条件。哈罗德和多马关于这一问题的研究表明，长期充分就业要求满足的基本条件有两个。第一，每一年的投资必须等于充分就业条件下的储蓄，如果投资低于这一储蓄，那么经济就存在有效需求不足问题，就业则是不充分的。第二，在不考虑技术进步条件下为保持充分就业，经济增长率必须等于实际劳动力的增长率，如果产出增长率低的话，那么新增加的劳动力就找不到工作；在考虑技术进步条件下为保持充分就业，经济增长率必须等于实际劳动力的增长率加上劳动生产率的增长率，如果产出增长率低的话，那么新增加的劳动力同样也找不到工作。

关于增长率，相关学者提出了"有保证的"增长率和"自然"增长率，并采用在投入之间缺乏替代性的生产函数，证明了只有当实际增长率满足和有保证的增长率、自然增长率同时相等这一条件时，经济才能实现连续的充分就业。在有保证的增长率和自然增长率各自的决定和影响因素上，二者是外生给定的，相互之间没有必然联系，除非偶然，否则二者不可能相等，由此得出实际经济要取得连续的充分就业是不可能的。在动态的稳定性方面，其均衡状态是不稳定的，一旦偏离均衡增长

---

[1] Harrod, R. F. Toward a Dynamic Economics: Some Recent Developments of Economic Theory and Their Application to Policy [M]. London: Macmillan, 1942.

[2] Domar, E. D. Capital Expansion, Rate of Growth, and Employment [J]. Econometrica, 1964, 14.

路径便会使经济暴涨或猛跌，由此相关学者认为资本主义体系具有内在不稳定性。但是，因为他们当时正经历历史上的大萧条或处于紧接其后的一段时期，所以大部分经济学家怀着怜悯之心接受了以上充满悲观色彩的理论观点。这些研究观点虽然在当时贡献很大，但在今天其影响已经微乎其微。

之后，索洛和斯旺做出了更为重要的贡献。1956年2月，索洛发表了一篇题为《对经济增长理论的贡献》的著名论文。在该篇文章中，他构建了一个资本产出率可变的经济增长模型。[①] 由于同年晚些时候，斯旺也提出一个相类似的模型，后人将其合称为"索洛-斯旺模型"。[②] 该模型的关键特征在于它的新古典形式的生产函数，假设不变规模报酬，每种投入的报酬递减以及投入之间某种非负且平滑的替代弹性，取代了哈罗德-多马模型中的以资本和劳动为固定系数的生产函数，这种生产函数与不变储蓄率规则结合起来，产生了一个极为简单的一般均衡经济模型，对哈罗德-多马模型中均衡增长的存在性问题和稳定性问题做了肯定的回答，其条件是储蓄等于资本广化，资本深化为零，说明资本主义经济可以通过调整资本产出率，自动实现充分就业这一与凯恩斯相对立的结论。在均衡增长中，经济总量的增加速度等于人口增加速度，人均经济量保持不变。

经验假说模型的一个预测是所谓的条件收敛，其理论是距离均衡状态越远收敛的速度越快（或者说增长率越快），由于资本报酬递减规律，其具有距离越近收敛越慢的性质，那么当经济社会的人均资本更少时，增长率或者回报率会更大。一方面，因为人均产出与资本的稳态水平在索洛-斯旺模型中依赖于生产函数的形态、储蓄率与人口增长率，再加上各国经济特征差异较大，所以其呈现出有条件收敛特征。另一方面，通过相关研究可以得出，有条件收敛的原因还应包含人力资本初始存量与政府政策方面的差异，这也很好地说明了国家与地区间经济增长的差异。与此同时，在资本递减规律的假设下，模型也说明了在技术缺乏连续进步的情况下人均增长将最终停止，虽然其与马尔萨斯和李嘉图所做

---

① Solow, R. M. A Contribution to the Theory of Economic Growth [J]. Quarterly Journal of Economics, 1956, 70 (1).

② Swan, T. W. Economic Growth and Capital Accumulation [J]. Economic Revord, 1956, 32.

的预测相似，但是通过经验研究可以得出正向的人均增长率能够延续一个世纪之久。20世纪中期，新古典增长理论家们通常假定技术进步外生以弥补理论缺陷，那么长期人均增长率就彻底由模型外部的技术进步率决定，进而我们得到了一个能够解释除了长期增长外的一切的增长模型。

2.3.2 近现代经济增长理论

凯斯①和库普曼斯②将拉姆齐的消费者最优化分析吸纳进新古典增长理论中，进而内生决定了储蓄率，对消费者最优化分析的吸纳虽然既容许了更加丰富的转移动态，也保持了条件收敛的假说，但仍然没有改变长期人均增长率对外生技术进步的依赖。新古典增长理论中的凯斯-库普曼斯版本的均衡由分权竞争性框架所支撑，即劳动要素、资本要素和生产要素在各自的边际产品水平被偿付。也就是说，在规模报酬不变的假设下，总收入能够把总产品消费尽。与此同时，凯斯-库普曼斯版本的均衡是帕累托最优的。

技术变迁理论很难引入新古典框架中，因为这种引入将打破标准的竞争性假设。技术进步包括新观点的创造，但是创造新观点是非竞争性的，具备公共品的特征。

在给定相关技术、知识水平的情况下，以同等的劳动、资本和土地水平克隆一个企业进而得到两倍的产出是可能的，但是如果生产要素中包括非竞争性观点，则规模报酬应该是逐渐增加的。阿罗③和谢辛斯基④建立了一种将观念看作投资或者生产的副产品的模型，这个模型机制又被称作"干中学"。由于知识的非竞争性，任何一个个体的观念发现都能够马上外溢到整个经济中，上述过程在技术上是可行的。一方面，任何一个生产者可以通过实践经验的积累提升生产效率；另一方面，鉴于

---

① Cass, D. Optimum Growth in an Aggregative Model of Capital Accumulation [J]. Review of Economic Studies, 1965, 32.
② Koopmans, T. C. On the Concept of Optimal Economic Growth [M] //Econometric Approach to Development Planning, Amsterdam, North Holland, 1965.
③ Arrow, K. J. The Economic of Learning by Doing [J]. Review of Economic Studies, 1962, 29.
④ Sheshinski, E. Optimum Accumulation with Learing by Doing [M] //Karl Shell. Essays on the Theory of Optimum Economic Growth, Cambridge MA, MIT Press, 1867: 31-52.

知识的扩散与传播，一个生产者生产效率的提高同样能够促进其他生产者效率的提升。一种经济资本存量的规模越大，这个经济中每个生产者生产的技术水平也就越高。罗默认为，可以在竞争性框架中决定一个均衡的技术进步率，但值得注意的是，在这种情形下将不会是帕累托最优的增长率。①

竞争性框架崩塌需要满足两个条件：一是个体的创新创造仅能够传播给其他生产者；二是其创新创造部分来自带有目的性的 R&D 努力。带有技术进步的分权理论需要将非完全竞争理论融合到模型中，即要求新古典模型的根本性变化。遗憾的是，这种分权理论的后续研究直到 20 世纪末期才从罗默开始。② 20 世纪 80 年代中期以来，罗默③和卢卡斯④的研究开启了相关经济增长研究的崭新局面。1986 年，美国经济学家罗默在《政治经济学》杂志发表了一篇题为《收益递增和长期经济增长》的论文。新增长理论的最重要特点是，经济增长是由经济的内生因素决定的，而不是外部因素，因而新增长理论也被称为"内生增长理论"。由于经济长期增长决定因素研究的重要性远超财政和货币政策的逆周期效应研究抑或是经济周期机理研究，从而促成了内生增长理论的出现。但是，单单意识到重要性是远远不够的，只有摆脱假定技术进步外生的新古典模型的束缚，才能对经济长期增长进行更加深入的研究，内生增长理论的最大贡献就是在模型之内解释了经济的长期增长。罗默⑤、卢卡斯⑥、雷

---

① Romer, P. M., Sasaki, H. Scarcity and Growth Reinterprete: Endogenous Technological Change and Falling Resource Prices [R]. Rochester Center for Economic Research Working Paper, 1986 (19).
② Romer, P. M. Growth Based on Increasing Returns Due Specialization [J]. American Economic Reuiew, 1987, 77 (2).
③ Romer, P. M., Sasaki, H. Scarcity and Growth Reinterpreted: Endogenous Technological Change and Falling Resource Prices [R]. Rochester Center for Economic Research Working Paper, No. 19, 1986.
④ Lucas, Robert E., Jr. On the Mechanics of Economic Development [J]. Journal of Monetary Economics, 1988, 22 (1).
⑤ Romer, P. M., Sasaki, H. Scarcity and Growth Reinterpreted: Endogenous Technological Change and Falling Resource Prices [R]. Rochester Center for Economic Research Working Paper, 1986 (19).
⑥ Lucas, R. E., Jr. On the Mechanics of Economic Development [J]. Journal of Monetary Economics, 1988, 22 (1).

贝多[①]所做的第一波新研究建立于阿罗[②]、谢辛斯基[③]和宇泽[④]的工作之上,而且技术变迁理论并没有在真正意义上被引入其中。在经济发展过程中,由于人力资本等资本要素的投资收益率递减不存在必然性,这就使得人均经济量递增,所以在上述模型中,持续增长不具有确定性。罗默最先把不完全竞争理论与 R&D 理论引入增长框架。[⑤] 在这些模型中,有目的 R&D 活动的必然结果就是技术进步,与此同时,这种有目的的 R&D 活动被允许由一定时期的垄断经营给予回报。如果经济中不存在想法、观念耗竭的趋势,那么增长率可以在长期保持为正。然而,由于新产品及新生产方法的创造使经济产生扭曲,增长率不一定在帕累托最优状态中。新的研究还包含了技术扩散模型。虽然对新发现的分析与领先经济中的技术进步率有关,但是对扩散的研究属于分析后进经济在这一进步过程中如何通过模仿来分享好处。创新相对于模仿来说更加困难,扩散模型由此呈现出条件收敛形式,这与新古典增长模型的预测相似。除此之外,人口增长率是另外一个至关重要的外生变量,每一个生产者的产出与资本稳态水平都随着人口增长率的提高而降低,因此在给定人均产出开始水平的条件下,趋向于降低其人口增长率,但是标准的模型没有考虑工资率与人均收入对人口增长的影响。20 世纪 60 年代的增长理论与 90 年代相比,最显著的差别就是:90 年代的相关研究更加注重实证与理论之间的关系,也更加关注经验含义,相关应用型研究很好地延续、引申了之前理论研究的经验含义,著名者如新古典增长模型的条件收敛预测。最新的内生增长理论更加直接地运用了报酬递增、技术扩散、人力资本等相关分析。

---

① Rebelo, S. Long-Run Policy Analysis and Long-Run Growth [J]. Journal of Political Economy, 1991, 99 (3).
② Arrow, K. J. The Economic of Learning by Doing [J]. Review of Economic Studies, 1962, 29.
③ Sheshinski, E. Optimum Accumulation with Learing by Doing [M] //Karl Shell. Essays on the Theory of Optimum Economic Growth, Cambridge MA, MIT Press, 1867: 31 – 52.
④ Uzawa, H. Optimal Technical Change in an Aggregative Model of Economic Growth [J]. International Economic Review, 1965, 6.
⑤ Romer, P. M. Growth Based on Increasing Returns Due to Specialization [J]. American Economic Review Papers and Proceeding, 1987, 77 (2).

2.3.3 教育与人力资本及技术进步理论

即使一个生产者在提高人力资本的过程中需要学习，但是模糊抽象的知识与人力资本之间在注重人力资本积累的模型中还是存在明确的定义差别。人力资本由特定工人的能力、技能和知识构成，因此与传统经济产品一样，人力资本是竞争性的和可排他的[①]，即如果一个工程师的全部精力被用于一项活动，那么该工程师的技能就不能被用于另一项活动，相反，如果一种计算方法被用于一项活动，这并不会加大其在另一项活动中应用的难度抑或是在应用过程中造成生产率的下降。纳尔逊和菲尔普斯则更加注重教育在提升人力资本以及提高个人能力方面的作用，其在增加人力资本方面的作用首先体现在发明新产品、新技术等创新活动上，其次体现在新技术、新产品的应用上，最后体现在加快新技术扩散上。[②]

在新增长理论中，技术进步来自研发活动，R&D 活动和教育水平间存在互补作用，对政策的制定具有重要意义。这解释了"影响创新和投资的宏观经济政策将影响对按教育水平分类的不同工人的需求，然后影响总的就业和收入的技能分布"的含义。政府不仅能够通过积极鼓励支持 R&D 活动来提高教育的平均水平，也能够通过教育政策推动教育事业的发展。与此同时，相关政府部门通过提升 R&D 活动的产出效率可以推动技术进步，从而提高人力资本，以保证经济的长期增长。

2.3.4 融入教育的经济增长模型及评述

近现代的经济增长理论强调了人力资本在经济长期增长中的作用。教育水平的提升在相当程度上促进了人力资本的增加，因此经济增长理论必须考虑教育水平，对教育与经济增长关系的研究也不在少数。卢卡斯就是内生增长理论的开拓者，他认为经济可持续增长的重要力量来自人力资本的积累。更确切地说，卢卡斯对两种人力资本积累（或技能获取）的来源进行了区分，即教育与边干边学。在分析教育、边干边学与

---

① 戴维·罗默. 高级宏观经济学 [M]. 苏剑, 罗涛, 译. 北京：商务印书馆, 1999: 30 – 35.

② Nelson, R., Phelps, E. Investment in Humans, Technological Diffusion, and Economic Growth [J]. American Economic Review, 1966, 61.

工资不平等之间关系时，其理论仍被证明是行之有效的。

目前存在两种分析经济增长与教育之间关系的理论方法。第一种由卢卡斯提出，贝克尔的人力资本理论对其做了进一步的推广工作。[①] 简言之，该理论的观点基本是人力资本的积累是经济增长的主要动力源泉，人力资本积累速率的差异造成了国家之间、地区之间经济增长率的差异。第二种来自纳尔逊和菲尔普斯的研究工作[②]，熊彼特内生增长理论又对其进行了推广。该理论认为地区经济增长动力来自人力资本的存量，同时人力资本存量也显著影响着一个国家或者一个地区的创新、创造能力，这将决定发展中国家是否具备了赶超欧美发达国家的能力。人力资本存量间的差距导致了地区间经济增长率的差异，从而进一步造成了地区间技术进步能力上的差距。对这两种理论方法进行比较可发现，二者均深入分析了教育政策对经济增长的影响。通过比较可以发现，纳尔逊-菲尔普斯的内生技术变迁模型更适合探究以下问题：一是教育事业发展与经济增长间的关系；二是教育政策的倾斜性问题，是更加注重精英教育还是更应该注重全面教育；三是政府融资客体的选择性问题，是应该为正规教育融资还是更应该为培训教育融资（如在岗培训、学徒计划）；四是政府政策倾向性问题，是应该偏向初、中等教育还是更应该偏向高等教育。经过修正的卢卡斯模型更适合探究以下两个问题：一是教育的融资主体问题，是地方（私人）还是国家；二是政府的教育政策到底能不能促进经济的增长。

在已有的关于教育与经济增长之间关系的实证研究中，笔者认为较有代表性的是巴罗和萨拉-伊-马丁的增长回归[③]，以及本纳比和斯派格尔[④]对曼昆、罗默和魏尔[⑤]的经验批判，它们都为未来的教育以及经济增长的理论和经验工作开辟了新的途径。

---

① Becker, G. Human Capital [M]. New York: Columbia University Press, 1964.
② Nelson, R., Phelps, E. Investment in Humans, Technological Diffusion, and Economic Growth [J]. American Economic Review, 1966, 61.
③ Barro, R. J., Sala-i-Martin, X. Economic Growth [M]. New York: McGraw-Hill, 1995.
④ Benhabib, J., Spiegel, M. M. The Role of Human Capital in Economic Development: Evidence from Aggregate Cross-Country Data [J]. Journal of Monetary Economics, 1994, 34 (2).
⑤ Mankiw, N. G., Romer, D., Weil, D. N. The Growth of Nations [J]. Brookings Papers on E-conomic Activity, 1994, 25.

本纳比和斯派格尔试图分解人力资本和教育对经济增长的贡献。[1]如果采用曼昆、罗默和魏尔的经济增长的索洛模型,过去的教育水平(作为当前人力资本存量的度量)仍然与经济增长毫无关系。[2]在这个模型中,人力资本仅作为总产出函数的一般投入。如果采用纳尔逊和菲尔普斯的假设,技术创新速度和已有创新的传播速度或采纳速度都对经济增长产生显著影响,人力资本存量也对这两个速度产生影响,(过去的)教育水平对当前增长率的影响变得十分显著。[3]事实上,即使在前一种情况下相关系数是零(甚至为负),在后一种情况下相关系数也可以为正。

雷贝多在人力资本积累方程式中引进物质资本,并保持技术进步对人力资本和物质资本存量的报酬不变的假设,这就允许其分析税收政策对稳定状态增长率的影响。特别是,尽管在卢卡斯模型中提高收入税税率对稳定状态增长率不产生任何影响,当物质资本被引入作为人力资本积累的投入时,提高收入税税率将影响稳定状态增长率。[4]

卢卡斯模型精致而简单,但缺乏一定的现实性,其方程式意味着个体教育报酬在其一生中保持不变,这个假设与关于教育的经验证据以及贝克尔的人力资本理论不符。贝克尔指出,在一个当事人的一生中,教育报酬倾向于减少。[5]一个简单处理这个矛盾的方法是在迭代框架下重新设定卢卡斯模型,在迭代框架下当事人可以继承其父母所积累的人力资本。在这个方向上一个特别成功的尝试是阿扎里阿迪斯和德泽恩的非常有影响的贡献,他们认为:在具有人力资本积累的迭代模型中存在一个低发展陷阱。[6]

---

[1] Benhabib, J., Spiegel, M. M. The Role of Human Capital in Economic Development: Evidence from Aggregate Cross-Country Data [J]. Journal of Monetary Economics, 1994, 34 (2).

[2] Mankiw, N. G., Romer, D., Weil, D. N. A Contribution to the Empirics of Economic Growth [J]. Quarterly Journal of Economics, 1992, 107 (2).

[3] Nelson, R., Phelps, E. Investment in Humans, Technological Diffusion, and Economic Growth [J]. American Economic Review, 1966, 61.

[4] Rebelo, S. Long-Run Policy Analysis and Long-Run Growth [J]. Journal of Political Economy, 1991, 99.

[5] Becker, G. Human Capital [M]. New York: Columbia University Press, 1964.

[6] Azariadis, C., Drazen, A. Threshold Externalities in Economic Development [J]. Quarterly Journal of Economics, 1990, 105 (2).

2.4 教育消费与中国经济增长

在教育消费对中国经济增长的实证方面，国内研究颇多。谢万华认为教育是可经营的特殊产业，能扩大内需，拉动中国国民经济的快速增长。同时，他还指出，在过去的20多年中国消费增长对GDP增长的贡献率一直在60%以上，并且他还推算出了1998年教育消费增长拉动GDP增长1.38%。[1] 杨雪松等认为扩大高校招生规模能拉动经济持久增长。[2] 嵇春梅也认为教育消费是经济发展新的增长点，教育产业对经济的贡献是非常直接的，它对GDP增长的直接贡献一般不少于4%。[3] 认为教育消费是新的经济增长点的研究很多，持此类观点的人还有孙发利[4]、李永生[5]、黄通菊[6]、文方[7]、姚艳红[8]、梁前德[9]、吕颖[10]、吕炜[11]等。

2005年，国内对教育消费拉动中国经济增长的研究要理性得多。[12] 叶茂林指出教育消费对生产产出的影响途径包括两种：一是社会教育消费能够促进技术革命，进而提升生产效率，提高投入产出比；二是教育消费通过个体人力资本的积累实现产出的增加。[13] 叶扬和贾中正探究了人力资本在农村居民家庭层面形成与积累的问题，认为相比于其他的经

---

[1] 谢万华. 教育消费对我国经济增长的贡献 [J]. 教育与经济, 1999 (4): 17-19.
[2] 杨雪松, 杨作书. 扩大高校招生规模拉动经济持久增长 [J]. 渝州大学学报（社会科学版）, 1999 (4).
[3] 嵇春梅. 扩大内需要启动教育消费 [J]. 中国职业技术教育, 1999 (8): 40.
[4] 孙发利. 论教育消费力对经济增长的拉动作用 [J]. 辽宁教育学院学报, 2002 (7): 41.
[5] 李永生. 满足高等教育消费, 促进经济发展 [J]. 广州航海高等专科学校学报, 2000 (6).
[6] 黄通菊. 培育教育消费拉动经济增长 [J]. 中国成人教育, 1999 (9): 3.
[7] 文方. 教育要真正成为拉动经济增长的产业 [J]. 中国经贸导刊, 2002 (6): 16.
[8] 姚艳红, 易红. 引导教育消费成为新的消费热点 [J]. 消费经济, 1998 (4): 34.
[9] 梁前德, 傅家荣. 中国居民教育消费基本问题研究 [J]. 湖北经济学院学报, 2004 (3): 41.
[10] 吕颖. 高等教育对经济增长贡献的定性分析 [J]. 学术交流, 2004 (5): 88.
[11] 吕炜, 等. 高等教育财政: 国际经验与中国道路选择 [M]. 大连: 东北财经大学出版社, 2004: 125-133.
[12] 时彦怀. 辩证看待教育消费对经济增长的拉动作用 [J]. 邢台职业技术学院学报, 2005 (4): 78.
[13] 文启湘, 高觉民. 消费经济学导论 [M]. 西安: 陕西人民出版社, 2000: 183.

济投资活动，农村居民家庭通过教育消费形成积累的人力资本更加具备长期价值。[①] 宋家乐和李秀敏认为人力资本的溢出效应显著促进着我国经济增长。[②] 毛盛勇和刘一颖在国民经济生产函数之中引入人力资本要素，得出高等教育层面的教育消费发展速度较快，并且区域性差异明显，他们还认为教育消费将长期影响我国经济增长。[③] 不过，近期持反对意见的研究也越来越多，笔者认为教育是产品而不是商品，不能予以产业化、市场化，并以此作为拉动经济增长的手段。教育消费是一种居民在教育上的支出，在 GDP 中占有一定的比重，不能就此增加教育消费、扩大内需。同样的道理，不能因为政府支出在 GDP 中占有一定的比重，就说扩大政府消费能拉动经济增长。

2.5 已有研究述评

关于教育的基本理论，从教育学的所有研究中我们可知，"教育"定义的共同之处，首先在于把教育定义为一种活动或社会活动。作为一种培养人的社会实践活动，教育是传递生产生活经验、传承社会文化的基本途径，存在狭义与广义上的区别。在广义层面上，教育是指全部有目的地促进人的身心发展的一种社会实践活动。这种教育自有人类社会以来就已产生，广泛存在于生产生活中，如文化、家庭、宗教、政治、经济等。广义的教育系统包括家庭教育、社会教育、学校教育三种教育形式。狭义的教育主要指学校教育。教育目的同样存在狭义与广义层面上的区别：在狭义层面上，教育目的限定了学校应该培养出具备何种品质的人才，它是国家对各级各类教育的最基本的要求；在广义层面上，教育目的是指一种人们在接受教育之后成为什么样的人的期望。狭义的教育目的是由国家规定的，或者通过国家授权的特定组织规定的，它通常反映了国家或者社会对理想人才的需要。

在这些目的下，教育具有经济、政治、文化和育人这四个方面的功

---

① 叶扬，贾中正. 农村家庭跨期的人力资本投资行为的经济学分析 [J]. 统计与决策，2008 (9).
② 宋家乐，李秀敏. 中国经济增长的源泉：人力资本投资 [J]. 中央财经大学学报，2010 (12).
③ 毛盛勇，刘一颖. 高等教育劳动力与中国经济增长 [J]. 统计研究，2010 (5).

能。所谓育人的教育功能更多地体现为个体性。从教育内容看，教育包括德育、体育、美育、智育和劳动技术教育五个方面，通过这五个方面教育就能实现其所有功能。正是由于教育学关于教育的论述，对教育消费合理化的研究就必须服从教育自身的规律，而不能把教育纳入经济领域，完全服从于经济增长的目的。以"经济至上"的研究使教育违背其自身的发展规律，将会造成非常严重的后果。

所以，关于教育消费合理化的研究是在以符合教育目的为前提下进行的。教育消费的收益有精神的和物质的两个方面，二者互相联系，不可偏废。在精神方面，教育消费能提高个体的综合素质，提升整个社会的道德水平；在物质方面，通过技能教育，可增加经济的人力资本，促进技术进步，从而保证经济长期增长。

当前，对于教育消费的研究多是以经济增长为目的的研究，而忽视了教育的育人功能，对教育的非经济功能方面的研究非常缺乏，对教育消费合理化方面的研究更是缺乏。可以说这是目前教育消费研究的最大不足，而如何以符合教育自身规律为前提界定教育消费合理化以及如何研究教育消费合理化理论，则具有开拓意义。

第三章 教育消费合理化的理论解释

本章从教育的基本理论入手,从伦理学角度,运用教育经济学、消费经济学、行为科学和经济增长理论等,对教育消费合理化做出定性和定量分析研究。

3.1 教育消费合理化概述

3.1.1 教育消费及其分类

教育是一种具备自身运行规律、具有自身特色功能与目标的产品,我们不能为实现经济增长而将教育当作商品纳入经济系统。在遵循教育规律的前提下,教育消费就是相关客体有组织、有目的,并且系统地接受教育的一种实践活动。

从教育的来源形式看,教育消费存在狭义与广义层面上的区别。广义的教育消费是指一切形式的教育消费,既包括学校教育,同时也包括家庭、社会等方面的教育实践活动;狭义的教育消费指的是学校的教育消费,本书主要研究的是狭义的教育消费。

根据消费的具体内容,教育消费包含德育消费、体育消费、智育消费、美育消费和劳动技术教育消费。

美育消费是满足教育消费者审美需要的教育消费,属于精神消费需要的满足;体育消费是满足教育消费者健身和健康的需要,以增强体质的教育消费;德育消费是教育消费者提高自身的政治品质、思想品质和道德品质的精神的高尚需要。它们虽然在具体内容上存在差别,但都是满足教育消费者自身提高生活质量的需要,同消费品一样,能直接满足消费者的欲望,所以本书把这些方面的教育消费合并在一起,统称为"消费性教育消费"。

劳动技术教育消费是教育消费者掌握劳动技术知识和技能,形成劳动观点和习惯的教育。其目的是提高自身的人力资本、从事生产活动,以获得收入,它不能直接满足教育消费者自身的欲望,因此把劳动技术教育消费称为"生产性教育消费"。

智育消费实质是提高教育消费者接受教育的学习能力,包含在消费性和生产性教育消费之中,在此不做特别区分。

在生产性教育消费中,根据具体内容又进一步划分为应用型教育消费和研究型教育消费。应用型教育消费是指教育消费者对现有劳动技术知识存量中的知识进行传承的消费,这类消费不增加社会的知识总量,受教育者通过这种教育消费提高其自身的生产技能或人力资本,进而参与生产,创造国民收入。研究型教育消费是教育消费者在现有的知识存量的基础上,通过研究性学习,探索和创造新知识的消费。研究型教育消费者从事新知识的创造,能提高整个社会的人力资本。可见,研究型教育消费对于促进技术进步、保证经济长期增长有着决定性的作用。

以上以教育内容为标准对教育消费进行了划分,各类之间具有层次结构关系,具体如图3-1所示。

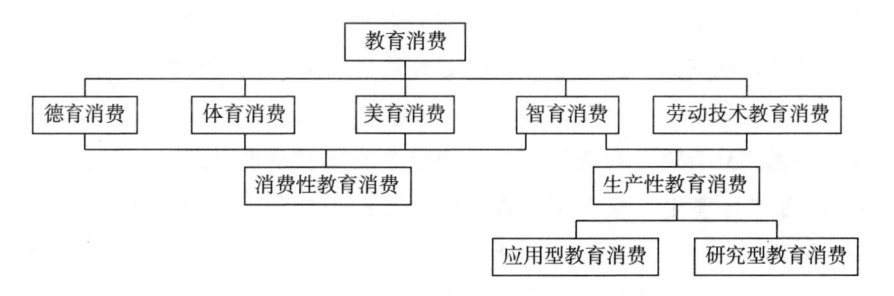

图3-1 根据教育内容划分的教育消费的层次结构

3.1.2 教育消费收益

虽然教育消费不能与商品消费一样被纳入经济范畴,但在消费性质上与商品消费有一致的特性。"服务产品虽无实物形态,但有其运动形态和有用属性,可在消费中满足人的需要。"[1] 商品消费能满足人的需要或欲望,同样,教育消费能满足人的教育需要或欲望。通过教育消费,教育消费者教育需要或欲望的满足程度就是教育收益。

---

[1] 文启湘,高觉民. 消费经济学导论[M]. 西安:陕西人民出版社,2000:183.

在教育消费的划分中，消费性教育消费使教育消费者得到健康和精神收获以及欣赏能力的提升，从而提高生活质量与国民素质，其中包括社会的政治、精神文明以及文化水平等各个方面的提高。可见，消费性教育消费能给教育消费者带来直接的欲望满足，即对消费者产生直接的效用，是一种社会福利，不能用货币进行衡量。生产性教育消费提高了个人的人力资本，使其在从事生产活动过程中获得收入。虽不能直接产生效用，但所增加的收入能给教育消费者带来经济福利。所以就满足教育消费者的欲望而言，生产性教育消费通过获得收入给教育消费者带来的效用是间接的。

从上述分析可见，教育消费收益包括两部分：一是消费性教育消费产生的直接效用，即社会福利；二是生产性教育消费所获得经济收入的间接效用，即经济福利。

3.1.3 教育消费合理化界定

（1）合理化范畴的界定。合理化有两层含义：一是合理化本身就是一种目标，既要实现纵向总体目标的合理化，又要实现横向个体之间的协调；二是过程上的合理化，即实现合理化目标的途径与方法要合理化，换句话说，只有通过合理的方法和途径才能实现整体合理化的目标。由此可见，"合理化"包含了两方面的含义：一是合理化的整体目标，二是合理化的路径。总而言之，就是每部分通过合理化途径实现整体目标的合理化，达到真正的合理化。社会由相互关联的不同子系统组成，子系统之间的联系也分为正性与负性联系。具体而言，正性联系是指各个子系统之间相互促进与依存，没有相关利益冲突，抑或是任何子系统均存在正的外部性，即实现任何一个子系统的目标都将促进其他子系统利益的增加；子系统之间的负性联系指的是各子系统之间存在此消彼长的利益冲突，抑或是任何子系统均存在负的外部性，即实现任何一个子系统的目标都将减少其他子系统的利益。所以，只有找到负性联系系统之间的平衡点，而不是追求每个子系统的利益最大化，才能实现整体目标的利益最大化。由此可以得出子系统合理化的衡量标准，即如果总系统的总目标能达到利益最大化，则子系统的行为以及目标就是合理的，否则，就不是。那么，如何实现总系统与总目标的利益最大化呢？由于合理化的定义包含路径和方法上的合理化，所以在此层面上就需要平衡各子系统之间的关系，实现子系统方法和路径的合理化。子系统的合理化并不等同于子系统自身目标的利益最大化。换句话说，如果总系统目标没有达到利益最大化，那么子系统的所有行为及目标都是不合理的。追求目标利益最大化等于最优化是需要条件的，即这种等同关系存在于正性联系的子系统之间，在此条件下某个子系统的最优化不会以牺牲其他子系统利益为代价。假如子系统之间存在负性联系，那么任何一个子系统的最优化将是以牺牲其他子系统的利益为代价的。从系统论的角度出发，因为全部子系统都应在总系统目标利益最大化的条件之下，所以总系统的合理化是一直等同于总系统的最优化的。

（2）教育消费合理化内涵界定。根据以上从系统论和哲学的角度对"合理化"的分析可知，要界定教育消费合理化，首先要清楚教育所处的总系统及其目标，其次要知道在总系统中有哪些子系统，以及教育处在哪一个层次，最后要认知教育和总系统、其他子系统的各种联系。

在社会中，总系统就是社会本身，其目标就是追求人类幸福。从功能上来看，构成社会总系统的子系统有很多，主要有政治、经济、科技、文化和教育等。教育自身的目的是促进人和社会的发展并服从于社会总目标。教育与其他子系统的关系要平衡与协调，这体现在教育为它们提供服务的功能上，具体表现为，教育的经济功能、政治功能、科技功能和文化功能。有如经济过程分为生产、流通、分配和消费四个环节一样，从教育系统的内部看，教育顺次地表现为教育供给、教育分配和教育消费。从系统论的角度出发，合理化的教育消费、教育供给以及教育分配构成了教育的合理化。

需要强调的是，我们只研究教育消费合理化，或者说只从需要、消费者和消费这三个方面研究教育合理化的问题，教育供给和教育分配虽然在本研究中有所涉及，但那只是研究教育消费合理化的需要而已，并不涉及对其本身的研究。

根据合理化的定义，教育消费合理化也有两层含义：一是教育消费合理化能使总系统的总目标利益最大化；二是教育消费行为路径合理化。首先，衡量教育消费合理化的标准就是能否实现社会幸福最大化。从这一层次上说，社会幸福达到最大化时教育消费必然是合理的。另外，教育消费合理化意味着在教育资源既定时,不但要追求幸福的增加,而且要充分有效地利用现有的教育资源。其次,从合理化路径通向合理化目标这一层次来说,教育消费合理化就是和其他横向平行子系统以及纵向子系统之间达到平衡和协调。

在总系统中,社会由政治、经济、科技、文化和教育构成。实现社会总目标的合理化就要求在政治、经济、科技、文化和教育之间达到平衡和协调。从教育出发,就需要教育为政治、经济、科技、文化提供服务,实际上,这是教育的政治功能、经济功能、科技功能和文化功能。为实现社会整体目标利益最大化,合理化的教育不但需要完成所有的教育功能,而且还需要社会在教育的政治功能、经济功能、科技功能和文化功能之间进行平衡和协调。换言之,在这些功能之间需要合理分配教育资源,不可偏废,否则就不是合理的。

由于本书只是在经济增长框架下研究教育消费合理化问题,所以本书主要在教育的经济功能下研究其合理化问题,没有直接考虑政治功能、科技功能和文化功能,而是将其纳入素质教育或消费性教育消费予以必要的论述。

鉴于教育由教育供给、教育分配和教育消费构成,所以合理化的教育包括合理化的教育消费、合理化的教育供给以及合理化的教育分配。

如前所述,教育消费由消费性教育消费和生产性教育消费构成。生产性教育消费又可进一步划分为研究型教育消费和应用型教育消费。所以,从教育消费内部来说,教育消费合理化要求消费性教育消费和生产性教育消费要平衡和协调。换言之,教育消费合理化由消费性教育消费合理化和生产性教育消费合理化构成。而生产性教育消费合理化又是由研究型教育消费合理化和应用型教育消费合理化构成的(见图3-2)。

以上论述的消费性教育消费合理化、生产性教育消费合理化(包括研究型教育消费合理化和应用型教育消费合理化)都是教育消费行为对象,是教育消费的客体。教育消费的主体是教育消费者,教育消费者要对教育进行行为选择,即学什么和学多少的问题。由此可见,教育消费合理化还要考虑到教育消费者对教育选择的行为合理化。

在图3-2中,根据本书设定的研究范围,社会总系统只有经济和教育两个子系统。这两个子系统都实现合理化时,社会总系统就达到最优,即总目标达到利益最大化，否则，社会就不是最优状态。如果经济或教育中有一个未实现合理化时，要达到合理化，必须把教育的目标和经济的目标置于社会总系统最优前提下，进行平衡和协调。从教育的角度，除自身目标外，还要完成教育的经济功能。当然，对于经济来说也是如此，除自身目标外，还要执行经济对教育的投入和其他的服务，也就是经济的教育功能。

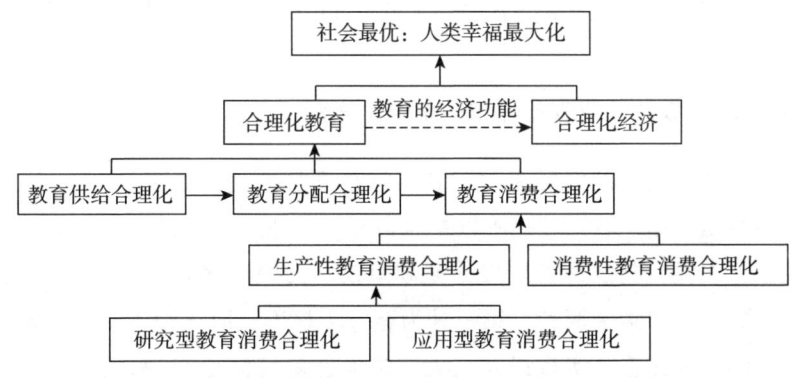

图 3-2 本书研究的教育消费合理化的结构与层次

至此，可以对教育消费合理化做一个概括性的定义，并给出教育消费合理化的具体构成内容。

教育消费合理化，是指以促进社会的最大发展为目标，能和社会其他子系统处于平衡协调状态下的教育消费。在本书的研究中，教育消费合理化具体包括消费性教育消费合理化、生产性教育消费合理化（包括研究型教育消费合理化、应用型教育消费合理化）和教育消费者对教育选择的行为合理化。

以上主要阐述了以下内容。

（1）教育消费的具体内容：教育消费包含德育消费、体育消费、智育消费、美育消费和劳动技术教育消费。根据特性，劳动技术教育消费又称为"生产性教育消费"；其他内容的教育消费合并在一起统称为"消费性教育消费"。在生产性教育消费中，根据具体内容又可进一步划分为应用型教育消费和研究型教育消费。

（2）教育消费收益：教育消费收益包括两部分，一是消费性教育消费产生的直接效用，即社会福利；二是生产性教育消费所获得经济收入的间接效用，即经济福利。

（3）教育消费合理化内涵界定：教育消费合理化有两层含义，一是教育消费合理化能使总系统的总目标利益最大化；二是教育消费行为路径合理化。教育消费合理化是指以社会总福利最大化为目标，能和社会其他子系统处于动态平衡和协调状态下的教育消费。

3.2 消费性教育消费与生产性教育消费的合理化

3.2.1 教育消费收益评判的伦理学分析

教育消费以人的发展为本，其目标是满足人类的最大需要。人类追求的最高境界是"幸福"，所以幸福的最大化是社会的目标。那么幸福到底是什么呢？其定义长期以来充满争议，回顾诸多理论观点，可以将对幸福的研究归纳为两种：第一种为客观幸福论，即认为幸福是客观的，是自我的一种完善、实现以及成就，进而能够完满地实现自我潜能，这个过程不依赖自我的主观感受，持有这种观点的代表人物包括阿奎纳、亚里士多德等人；第二种是主观幸福论，即认为幸福是人们的一种主观的心理感受，主观幸福论也被称作"快乐论"，持有这种观点的代表人物包括霍布斯、穆勒以及休谟等。但是不论争论有多少，关于幸福是一种重大的、持久的、符合伦理标准的心理愉悦状态是他们一致的根本认识。[1]

马斯洛提出的需求层次理论最为学术界所认可，人类欲望、需求以及目标的类型完全影响着幸福的类型。马斯洛在《动机与人格》前言中把人类的需求划分为三种类型：第一种是生理需要，也被称作物质上的需要，相比较而言，它是低层次的而且出于物质性动机；第二种是社会需求，它是中层次的且出于社会性动机，包括安全需求、爱的需求以及自尊需求三个层次；第三种是精神层面的需求，是高层次的且出于超越性动机，其中也包含三个层次，即理解需求、审美需求、自我实现需求。[2] 除此之外，马斯洛还探究出了需求的心理体验规律，他认为心理

---

[1] 王海明. 伦理学原理 [M]. 北京：北京大学出版社，2001：237.
[2] 马斯洛. 动机与人格 [M]. 许金声，程朝翔，译. 北京：华夏出版社，1987.

体验随着需求层次的降低而愈加强烈,随着需求层次逐渐升高而变得愈加淡泊,因此,低层次需求优先于高层次需求,高层次需求也将是低层次需求被满足之后的必然结果。在心理体验的持久度上,高层次需求被满足之后,心理体验淡泊却持久;低层次需求被满足之后,心理体验强烈却短暂。

教育消费合理化实现幸福的目标,就是来自通过纯消费性教育消费(德育、体育和美育)而获得的精神需要的满足,以及通过生产性教育消费,人力资本得以提高而获得的更多的收入。根据马斯洛的需求层次理论,经济上的物质需要比德育、体育和美育等精神需要的层次低。这是因为结合心理体验规律人们对经济的需要强烈而短暂,而对德育、体育和美育的需要淡泊且持久。

3.2.2 教育消费收益的经济学描述

幸福是一种心理愉悦状态,它们虽无法具体测量,但有高低之分,所以不同的心理愉悦状态可以比较。在经济学里,对心理愉悦状态是采用效用论进行分析的,序数效用论并不具体测量效用的多少,而是通过排序来比较效用的大小。由此看来,在方法上用序数效用论来研究"幸福"的心理愉悦状态是适当的。经济学家对幸福感抑或是主观心理的愉悦状态除了采用效用论的方法以外还从福利的角度对其进行了探究,在福利层面上,幸福被划分为社会福利与经济福利。其中,社会福利与消费性教育消费相关,包含体育、德育以及美育消费;经济福利与国民收入呈正相关关系。设定 y 为收入,生产性教育消费为 e_1,教育消费者消费了 e_1 后,其人力资本增加为 A,生产性教育消费与人力资本的函数为:

$$A = A(e_1) \qquad (3-1)$$

教育消费者因为增进的人力资本从事经济生产获得了收入 y,其人力资本给教育消费者带来收入的函数为:

$$y = y(A) \qquad (3-2)$$

显然,生产性教育消费 e_1 和收入 y 是隐函数,人力资本 A 是中间变量,隐函数为:

$$y = y[A(e_1)] \qquad (3-3)$$

最后,通过生产性教育消费获得收入,其经济福利为:

$$u_1[y[A(e_1)]] \qquad (3-4)$$

e_2 为社会福利中人所消费的德育、体育和美育三类教育产品(为简单起见,把它们合并在一起)。社会福利是人所消费的德育、体育和美育三类教育产品产生的效用之和,来自消费者对德育、体育和美育素质教育消费需要的满足程度,为:

$$u_2 = u_2(e_2) \qquad (3-5)$$

此外,这些教育产品需要教育消费者缴纳学费才能够获得 e_1 和 e_2,以满足教育消费者这两方面的需要。在教育消费的即期,教育消费者的经济收入或禀赋是一定的,因此,教育消费者所投入的教育费用也既定,为 $\tilde{w}$,其教育消费总量 e 也随之既定不变,产出函数为:

$$\tilde{e}(\tilde{w}) = e_1(w_1) + e_2(w_2), w_1 + w_2 = \tilde{w} \qquad (3-6)$$

由式(3-6)可见,在接受教育消费总量既定时,消费者是在 e_1 和 e_2 之间进行选择以达到福利最大化的最优化问题。mu_1、mu_2 分别代表边际生产性教育消费效用和边际消费性教育消费效用,或者说是经济福利和社会福利的边际量,即消耗每单位学费投入所消费的 e_1 和 e_2,它们给教育消费者带来的福利增量,分别为:

$$mu_1 = \frac{\partial u_1}{\partial w_1}, mu_2 = \frac{\partial u_2}{\partial w_2} \qquad (3-7)$$

用简化的线形表示,如图 3-3 所示。

由于经济需要的层次低于纯消费性教育消费需要的层次,根据心理体验规律,经济福利的需要强烈而短暂,而社会福利的需要淡泊且持久。结合效用论,需要强烈就意味着初始边际效用大,需要短暂就意味着效用递减的速度大;需要淡泊就意味着初始边际效用小,需要持久就意味着效用递减的速度小。因而我们可以使用经济学的效用论语言对以上内容做出论述。

在起点,经济福利的边际量 mu_1 要大于社会福利的边际量 mu_2,表明对生产性教育消费的欲望要更强烈,但 mu_1 下降速度要比 mu_2 更快,表明

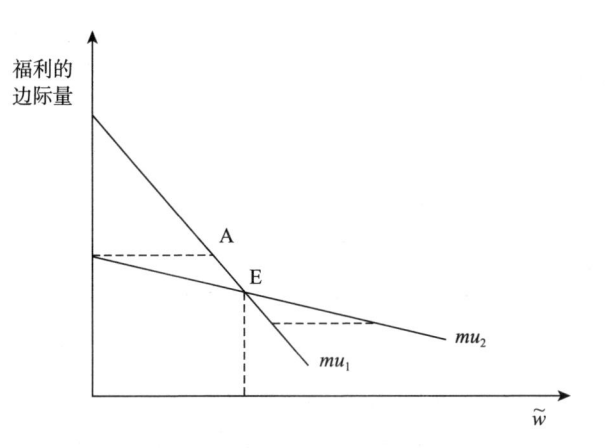

第三章 教育消费合理化的理论解释

图 3-3 经济福利和社会福利的边际量

该欲望不持久；mu_2 起点低，表明对消费性教育消费的欲望淡泊，其下降速度慢是该欲望持久使然。福利的边际量下降原因是：经济增长使教育消费者投入的学费更多，人力资本增加，收入增加。

3.2.3 建立模型

以幸福为目标的社会追求总福利最大化，也就是经济福利和社会福利之和最大化。社会总福利最大化的求解问题为：

$$\text{Max}\ u_1\{y[A[e_1(w_1)]]\} + u_2[e_2(w_2)] \tag{3-8}$$

教育消费者约束投入的学费既定，预算约束为：

$$w_1 + w_2 \leq \tilde{w} \tag{3-9}$$

对于式 (3-8)(3-9) 假定存在内点解，求解得：

$$\frac{\partial u_1}{\partial w_1} = \frac{\partial u_2}{\partial w_2} \tag{3-10}$$

式 (3-10) 为社会幸福目标最大化的均衡式，如图 3-3 中两条水平的虚线。为方便分析，式 (3-10) 可重新表述为：

$$\frac{\partial u_1}{\partial u_2} = \frac{\partial w_1}{\partial w_2} \tag{3-11}$$

其中，$w_1 + w_2 = \tilde{w}$。图 3-3 揭示了社会发展的三个顺次历程。在 A 点前，即使 $w_1 = \tilde{w}, w_2 = 0$，都存在 $mu_1 > mu_2$，那么，式 (3-10)

(3-11) 不成立,式 (3-8) 存在角点解。教育消费者把所有的资源用于生产性教育消费,消费性教育消费为0,即:

$$e_2 = e_2(0) = 0, e_1 = e_1(\bar{w}) \qquad (3-12)$$

在图 3-3 的 A 点和 E 点之间,式 (3-10) 成立,在经济增长的过程中,人们对社会福利有需要,开始关注消费性教育消费。在式 (3-11) 左边,单位资源的经济福利的微分增量 $\partial u_1(\cdot)$ 大于社会福利的微分增量 $\partial u_2(\cdot)$,显然,在式 (3-11) 右边,用于生产性教育消费所投入的学费 w_1 就大于用于消费性教育消费所投入的学费 w_2,仍占绝对比重。在这个阶段,温饱问题得以解决,经济越来越富裕,开始需要精神消费。

在 E 点,经济福利和社会福利的边际量合为一点,由式 (3-11) 得,用于生产性教育消费所投入的学费 w_1 等于用于消费性教育消费所投入的学费 w_2。此后,w_1 就小于 w_2,比重下降。与前两个阶段相比,经济高度发达,社会更重视福利,每个个体及社会自觉注重精神层面的消费,以提高自身和社会的层次。

无论是社会福利还是经济福利都以"在生产过程中不是独立存在的"这一条件为基础。假如忽视社会福利而仅注重经济福利,一方面,在人与人的关系中,诚信危机、道德沦丧不可避免,从而进一步导致交易费用的增加与社会福利的损失;另一方面,在人与自然的关系中,经济增长的过程将伴随着生物物种的灭绝、环境的持续恶化以及自然资源的枯竭。相反,如果注重社会福利,至少不会减少经济福利,从长期来看,正效应更明显。

以上研究表明,在经济社会发展的三个顺次阶段,家庭和个人教育消费选择有明显的区别:在第一阶段,经济发展处于低层次,将会造成经济福利优先,社会福利被忽视,生产性教育消费优先于消费性教育消费;在第二阶段,经济得到一定的发展,人们逐渐关注社会福利,渐渐自觉地接受消费性教育消费,但在这一阶段消费性教育消费的重要性依然比生产性教育消费低;在第三阶段,经济发展到发达阶段,人们自觉地提高消费性教育消费,对社会福利的需求逐渐超越了对经济福利的需求,与此同时,通过消费性教育消费,社会和个人自觉地保护环境、维护和遵守社会道德,社会交易费用降到最低,接近于 0 的水平,每个人为社会发展做出一份属于自己能力范围内的、实实在在的贡献,不存在任何寄生于社会的丑恶行为,如经济食利者,这就是通过消费性教育消费使社会达到了帕累托最优状态。中国正处在由第一阶段到第二阶段的过渡时期,因此为实现社会总福利最大化,政府必须加大对消费性教育消费的投入,并加强对消费性教育消费的引导。

式(3-10)(3-11)为社会幸福目标最大化的均衡式,也是通向最优社会教育消费合理化的路径。在第一阶段,式(3-10)(3-11)不成立,式(3-8)存在角点解,社会不是最优的,则教育消费不合理;在第二阶段,式(3-10)(3-11)成立,但是对经济福利的需要强烈于对社会福利的需要,人们没有更大的动机和热情投注于消费性教育消费;在第三阶段,因为对社会福利的需要强烈于对经济福利的需要,人们就有动机和热情付诸消费性教育消费。

由此可以断定,消费性教育消费对人类的发展必不可少,随着经济的发展,它对人类"幸福"的贡献率越来越大,而且越来越重要于"经济增长"对"幸福"的贡献。如果人类没有消费性教育消费,社会就不可能得到发展(经济水平也不能得到进一步提高),也达不到一个更高的层次。在经济欠发达时,社会和个体都不愿投入经济资源进行消费性教育消费,如果没有消费性教育消费,危害性很大。那么,为了维护社会道德水平,政府就必须提供经济资源支持消费性教育消费,同时开发家庭教育和社会教育等其他非学校教育形式,以弥补学校教育在消费性教育方面的不足。

3.3 教育消费合理化的行为选择与教育平等

本书所建立的模型是世代交叠模型。该模型与拉姆齐-凯斯-库普曼斯模型的核心区别是,此处假定人口是不断生死交替的,并不是假定有数量不变的长生不老家庭,而是假定新人不断出生,老人不断死亡。在存在人口生死交替的情况下,为简化问题,假定时间为离散而非连续的。也就是说,模型中的变量定义于离散值 $t = 0, 1, 2, 3, \cdots$,而非 $t \geq 0$ 的所有连续值。为进一步简化分析,该模型假定每一个人仅生存三期,即出生、成年和老年状态。不过,对于该模型的结论来说,关键是要有人口在不断新老交替这个一般性假定，而不在乎离散时间和三期寿命这两个具体假定。

在生命三期的顺次阶段中，由 t 期出生的年轻人，接受教育；到 $t+1$ 期出生在 t 期的人口，学业有成，成为工作的成年人；到 $t+2$ 期出生在 t 期的人口衰老，成为退休的老年人。这三个阶段的人口数分别设为 L_t^t、L_{t+1}^t 和 L_{t+2}^t。①

在 t 期，社会总人口设为 L_t，分别由 t 期出生的年轻人 L_t^t、$t-1$ 期出生的成年人 L_t^{t-1} 和 $t-2$ 期出生的老年人 L_t^{t-2}，则 t 期的社会总人口为：

$$L_t = L_t^t + L_t^{t-1} + L_t^{t-2} \qquad (3-13)$$

3.3.1 模型基本假定

个体存活于三个阶段：在第一阶段幼儿时期，接受教育，家长提供教育费用，全职接受教育，进行人力资本投资；在第二阶段成年时期，获得收入，同时获得支配家庭的家长地位，并抚育子女和赡养老人；在第三阶段进入老年，从工作岗位退休，家长地位也让位于获得收入的子女。这三个阶段使总人口在时间维度上保持不变，生命得以繁衍而生生不息。对于单个的个体，只有在生命的第二阶段，获得收入。从一个家庭上来说，只凭一代成年人个体获得的收入不能保证家庭的延续，家庭的延续是建立在前代成年人和后代成年人两代的收入连续起来的基础之上的，所以一个完整的环节由前后两代成年人构成。由此，采用的模型是前后两代成年人代际的迭代模型。在无限延伸的迭代中，所割裂的一个完整环节是从成年人赡养自己的父母，抚育子女并承担其教育费用起，到自己的父母年老逝去，自己也衰老，子女长大成人，膝下孙子女相绕为止。至于孙辈的教育问题放在下一环节，不在本环节考虑。这样，这些环节相接，人类绵绵不绝。

假设初始状态时的个体是异质的，即有不同的人力资本存量（初始收入），并假定一代人的收入是服从对数正态分布（lognormal distributed）

---

① L_t^t 中上标代表出生日期，下标代表实际时间。如 L_t^{t-2} 表明这些人口在 $t-2$ 期出生，在 t 期已是老年人。

的。在初始状态下,各个社群中个体的分布不是均匀的,即各个社群的平均收入是存在差异的。教育是社群的公共物品,教育由社群的税收收入(假设所有的税收都用于教育支出)和所收取的学杂费支持。因此,可认为教育质量由各个社群的税收总量决定。由于各个社群内个体收入水平的差异,社群间的税收总量是有差异的,各社群所提供的教育质量也是存在差异的。此外,收入高的个体给予相同房屋的主观评价要比收入低的个体高,因此,各社群的租金是存在差异的,平均收入较高的社群内房屋的租金相对较高。这里将租金差异从物价水平差异中抽取出来是基于如下考虑:商品可在不同地域间流动,若一区域某一商品的价格较其他区域高将导致更多的商品流入该区域,使该种商品在该区域的价格下降。因此,我们认为社群间物价指数的差异相对较小。而房屋的租金则不同,由于房屋租金的上升在短时间内不能引起房屋数量的上升,因此社群间租金的差异较大。

综上所述,社群可用教育质量和租金这个二维向量 (e, Ψ) 来表示。这两个变量都由社群的平均收入决定,因此可认为社群是由其平均收入 ($\bar{h}$) 这个一维向量决定的。其中,$\Psi'_t(\bar{\mu}_t) > 0$。父母在第二阶段开始时要选择居住的社群,考虑社群的教育质量对子女人力资本存量的影响,社群租金的高低对其消费的影响,并基于这些情况,选择最优的子女受教育年限。

家长在 t 期的收入除用于消费外还要支付房屋租金、子女的学费和向社区缴纳的税收,因此家长的预算空间可表示成:

$$\varphi y_t + C_t + \Psi_t(\bar{h}) + np_t \leq y_t \quad (3-14)$$

这里,φ 是社区的税率水平,C_t 表示在 t 期整个家庭的消费,即:

$$C_t = C_t^{t-2} + C_t^{t-1} + C_t^t \quad (3-15)$$

其中,C_t^{t-2} 是指出生在 $t-2$ 期,在 t 期已衰老的老年人 L_t^{t-2} 的消费;C_t^{t-1} 是指出生在 $t-1$ 期,在 t 期处于家长地位的成年人 L_t^{t-1} 的消费;C_t^t 是指出生在 t 期,在 t 期正在接受教育的 L_t^t 人口的消费。

$\Psi_t(\bar{h})$ 是家长在 t 期向社群支付的租金,n 为子女受教育年限,p_t 是家长为家庭子女所缴纳的年学杂费。其中,p_t、φ 和 y_t 是常数,之所以认为 y_t 是常数是因为在 t 期该成年人已成年,不再接受教育,其人力资本既定,所以该代成年人收入既定。

在 t 期已衰老的老年人 L_t^{t-2} 到 $t+1$ 期就成为 L_{t+1}^{t-2},走完了人生的三个阶段,已死去;在 t 期处于家长地位的成年人 L_t^{t-1} 到 $t+1$ 期就成为老年人 L_{t+1}^{t-1},由父母成为第三代人的爷爷奶奶,他们退休赋闲在家,颐养天年,他们的消费为 C_{t+1}^{t-1};出生在 t 期,接受了教育的 L_t^t 人口到 $t+1$ 期时,学有所成,成为工作的成年人,并且婚配育子,$t+1$ 期新出生人口为 L_{t+1}^{t+1},他们的消费分别为 C_{t+1}^t 和 C_{t+1}^{t+1}。最后可得出在 $t+1$ 期的家庭消费为:

$$C_{t+1} = C_{t+1}^{t-1} + C_{t+1}^t + C_{t+1}^{t+1} \quad (3-16)$$

为简单起见,假设家庭人口增长率为 0,那么三代人的人口总数一样,并在时间动态上保持结构不变。在前面,由于假设了个体在不同的生命阶段其效用函数不变,可得出家庭消费不变,即:

$$C_t(\cdot) = C_{t+1}(\cdot) = C_{t+2}(\cdot) = \cdots \quad (3-17)$$

在 $t+1$ 期,新出生人口的教育问题放在下一环节,不在本环节考虑。假设人力资本为 h_{t+1} 的家庭家长的劳动收入全部用于家庭消费,则家长的预算空间可表示成:

$$C_{t+1} \leq y_{t+1} \quad (3-18)$$

在以往构建的大部分人力资本理论模型中,一般只考虑教育年限对人力资本存量的影响,而较少考虑教育质量这一影响因素,但格洛姆和拉维库玛考虑了这个问题[1],班纳布对此问题进行了详细的分析[2],Card 实证探究了在其他条件相同的情况下,人力资本积累受教育质量的影响程度[3],地方财政制度的不同导致了教育质量存在地区间的不平衡,所以在探究地区人力资本积累时不得不将地区教育质量考虑在内,这一因素也可以归纳到社区(学校)溢出之中。此外,家长的影响主要是通过

---

[1] Glomm, G., Ravikumar, B. Public vs Private Investment in Human Capital: Endogenous Growth and Income Inequality [M]. Journal of Political Economy, 1992, 100 (4).

[2] Benabou, R. Heterogeneity, Stratification, and Growth: Macroeconomic Implications of Community Structure and School Finance [J]. American Economic Review, 1996, 86 (3).

[3] Card, K. Target Nominial Income: An Appriaisal [J]. Economic Journal, 1992, 93.

学前非正式教育、家庭环境和社会关系等途径实现，可并入子女的人力资本存量函数。因此，子女的人力资本存量函数可表示成如下形式：

$$h_{t+1} = \theta n^\alpha e_t^\beta h_t^\gamma \qquad (3-19)$$

其中 h_{t+1} 表示在 t 期出生，经过教育消费后，在 $t+1$ 期成长为家长的成年人所拥有的人力资本；θ 为个体的学习能力，且假设 $\theta > 0$，θ 值越大说明该个体的学习能力越强，学习资质和天分就越高；n 是父母为子女选择的受教育年限，假设其是连续而非离散的；e_t 是社区（学校）溢出效应，反映教育系统的质量，由于它是由社区人均收入水平决定的，因此可用人均教育经费支出表示，即：

$$e_t = \varphi \bar{h} \qquad (3-20)$$

h_t 是其父母的人力资本存量。为了简化模型，假设当前拥有人力资本禀赋为 h_t 的家长的个体边际产出为 h_t，因此劳动的工资或收入也等于 h_t，即：

$$y_t = h_t \qquad (3-21)$$

同样，当人力资本增加为 h_{t+1} 时边际产出也为 h_{t+1}，因此劳动工资为 h_{t+1}，即：

$$y_{t+1} = h_{t+1} \qquad (3-22)$$

同时，还假定 α、β 和 γ 是参数，取值范围在 0 和 1 之间。此外，构成人力资本存量的所有因素是满足边际报酬递减条件的，这样教育消费和人力资本存量函数将上一代和下一代之间的收入联系起来。最后，整理可得通过教育消费给子女增加的人力资本函数为：

$$h_{t+1} = \theta n^\alpha (\varphi \bar{h})^\beta h_t^\gamma \qquad (3-23)$$

假定各期的个体有相同的偏好且是理性关系。家庭中做决策的个体是家长，既考虑自己的实际消费数量，同时还考虑子女将来的收入水平（人力资本存量）。家庭的效用函数可表示成如下形式：

$$U = \ln C_t + \frac{1}{1+\rho} \ln C_{t+1}, \rho > -1 \qquad (3-24)$$

其中，ρ 为贴现率，其值越小，说明与现期消费相比，家庭更注重未来消费，对现期消费评价则越低。如果 $\rho > 0$，则个人赋予第 1 期消费的权数大于其赋予第 2 期消费的权数；如果 $\rho < 0$，则出现相反的情况。$\rho > -1$ 这个假定保证了家庭第 2 期消费的权数为正。至此，对禀赋、技术、偏好及其他相关条件做了简化假定。

3.3.2 收入、教育费用与教育消费个体的合理行为选择

家庭最优化问题就是家长选择所居住的社群以及子女的受教育年限，以最大化其效用，函数如下：

$$\text{Max } U = \ln C_t + \frac{1}{1+\rho} \ln C_{t+1} \qquad (3-25)$$

$$\text{s.t. } \varphi y_t + C_t + \Psi_t(\bar{h}) + np_t \leq y_t \qquad (3-26)$$

$$C_{t+1} = y_{t+1} = h_{t+1} = \theta n^\alpha (\varphi \bar{h})^\beta h_t^\gamma \qquad (3-27)$$

家长的收入由在 t 期他的人力资本给定而给定，迁居 $\bar{h}$ 高的社群，可以提高子女的教育质量，进而能增加子女在 $t+1$ 期的收入，然而在 $\bar{h}$ 更高的社区租金也更高，会降低整个家庭的消费数量 C_t。另外，年限的增加会增加学费支出，减少家庭在 t 期的消费，但同时年限的增加又会增加子女在 $t+1$ 期的人力资本收入，从而增加 $t+1$ 期的家庭收入。为使家庭生活更美好，追求家庭经济福利最大化的家长在决策时，需要权衡居住社群的类型、教育费用和子女的受教育年限等因素。

将约束条件式（3-26）（3-27）代入效用函数式（3-25），得到：

$$U = \ln[(1-\varphi)y_t + \Psi_t(\bar{h}) + np_t] + \frac{1}{1+\rho} \ln(\theta n^\alpha e_t^\beta h_t^\gamma) \qquad (3-28)$$

一阶条件为：$\frac{\partial U}{\partial n} = 0$ 和 $\frac{\partial U}{\partial \bar{h}} = 0$。在给定父母所选择社区的情况下，也就是说教育溢出既定，那么子女的最优受教育年限为：

$$n = \frac{\alpha[(1-\varphi)y_t - \Psi_t(\bar{h})]}{p_t(1+\alpha)(1+\rho)} \qquad (3-29)$$

式（3-29）是教育消费行为中关于教育消费量的合理选择。教育消费量 n 与家庭家长收入呈正相关关系，说明家庭越富裕，或者家长人力资本越高，则其后代教育消费量就越高，人力资本也就越大。同时，

与教育费用和贴现率呈负相关关系,就是说教育费用越高,教育消费量就越低,如果贴现率低,注重未来收益的家长给子女的教育消费投入就越大。

同样,将式(3-29)代入家庭效用函数,或者说在给定子女的最优受教育年限下,父母所选择的社区,也就是最优教育溢出为:

$$\bar{h} = \frac{\beta[(1-\varphi)y_t - \Psi_t(\bar{h})]}{p_t \Psi'_t(\bar{h})(1+\alpha)(1+\rho)} \quad (3-30)$$

在家长人力资本 h_t、教育费用 p_t、教育消费者的个体学习能力 θ 既定时,式(3-29)(3-30)分别是教育消费合理化行为要求的教育消费量和教育质量。或者说,在其他条件既定时,根据式(3-29)(3-30)决定教育消费量和选择教育溢出,就能使家庭的经济福利最大化,此时的教育消费行为选择是合理的,能使一定的教育投入实现教育消费的目标利益最大化。

3.3.3 收入差异与教育消费平等

教育消费平等问题反映在多个方面。在此,只研究教育消费质量平等和教育消费量平等。

(1)收入差异与教育消费质量平等。目前,国内外研究发现,特定的教育组织形式抑或是教育体系在很大程度上影响着人力资本积累的分层或异质性,进而影响着收入的增长与不平等。[1] 在这方面的开拓性贡献是格洛姆和拉维库玛做出的。[2] 通过教育消费获得人力资本积累的动态方程如下:

$$h_{t+1} = \theta n^\alpha e_t^\beta h_t^\gamma \quad (3-31)$$

在式(3-31)中,如果根据线性的一对一技术,总产出用人力资本来生产,则存在:

$$e_t^i = \varphi \bar{y}_t^i = \varphi \bar{h}^i \quad (3-32)$$

---

[1] 菲利普·阿吉翁,彼得·霍依特.内生增长理论[M].陶然,倪彬华,等,译.北京:北京大学出版社,2004:298.

[2] Glomm, G., Ravikumar, B. Public vs Private Investment in Human Capital: Endogenous Growth and Income Inequality [J]. Journal of Political Economy, 1992, 100 (4).

式 (3-32) 中，e_t^i、$\bar{y}_t^i$、$\bar{h}^i$ 分别为 i 社区 t 期的教育质量、平均收入和平均人力资本禀赋；φ 为税率。由式 (3-32) 可见，社区的人力资本不同，其平均收入就不同，则又使得社区的教育质量不同，即人力资本或收入差异会导致社区教育质量的差异。

但如果教育系统是公共性的，且完全由国家税收融资，就有：

$$e_t^i = \varphi \bar{y}_t^i = \varphi \bar{h}^i = e_i = \varphi \bar{h} \quad (3-33)$$

式 (3-33) 表明，每个社区的教育都是由国家通过税收统一融资，最终使每个社区的教育质量趋同而不存在差异。在这个例子中，具有较少人力资源禀赋的个体间接地由人力资源禀赋较多者进行融资，于是最终家庭间的人力资本禀赋异质性将消失。具体而言，当 $\alpha + \beta = 1$ 时，人力资本积累的动态方程式变成：

$$\frac{h_{t+1}}{h_t} = \theta\left(\frac{\bar{h}_t}{h_t}\right) \quad (3-34)$$

很显然，那些人力资本禀赋较少的个体会经历较高的增长率，最终由收入差异导致的教育消费质量差异消失，说明公共教育系统在收入差异方面不存在教育质量不平等问题。

另外，当教育是私人性的，而且直接由父母融资时，i 社区平均收入不等于国家平均收入，有：

$$\bar{y}_t^i \neq \bar{h} \quad (3-35)$$

由此，社区和社区的教育质量不同，存在：

$$e_t^i \neq e_i \quad (3-36)$$

进一步，由于教育系统是私人性的，人力资本积累的动态方程式就不存在趋同关系，存在：

$$\frac{h_{t+1}}{h_t} \neq \theta\left(\frac{\bar{h}_t}{h_t}\right) \quad (3-37)$$

显而易见，在这种情况下，初始人力资本的异质性将一直存在。

(2) 收入差异与教育消费量平等。教育消费量平等问题实质是社会中，每个个体不要因为贫富差异而接受程度不同的教育，这就是平常意义上的教育机会平等问题。为了能清楚地看到一些教育平等问题的性质，为简单起见，设社区租金函数过原点，为线性的，即：

$$\Psi_t(y_t) = \psi \bar{h} \quad (3-38)$$

其中，$\psi > 0$，ψ 为参数。进一步可得：

$$n = \frac{\alpha(1-\varphi)y_t}{p_t(1+\alpha+\beta)(1+\rho)} \quad (3-39)$$

$$\bar{h} = \frac{\beta(1-\varphi)y_t}{p_t(1+\alpha+\beta)(1+\rho)} \quad (3-40)$$

可以看到，教育年限 n 与收入 y_t 呈现正相关关系。子代受教育年限受父代收入差异的影响，换句话说，父母（教育消费者）收入禀赋不同，子女接受教育的年限随之不同。除机会成本（此处未加考虑）外，教育消费所需的成本主要是指学费，由于教育消费成本的降低对不同的家庭或者个体效用不同，那么在教育消费支出减少使得现期其他消费增加的情况下，收入较高的父母更倾向于在下一代的人力资本方面投资，因此子女的受教育年限 n 是父母收入 h 的增函数。父代人力资本存量对子代人力资本存量的影响分为直接与间接两个方面，前者主要是通过家庭交往的途径，后者主要通过作用于受教育年限的方式。一方面，因为经济水平存在代际传递的特性，子代的经济水平依赖于父代的经济状况；另一方面，最优受教育年限受产出弹性与成本支出（学费缴纳）的影响，与产出弹性成正比，与成本支出成反比。与此同时，通过探究发现，父母的收入水平还会受其居住社区平均收入水平的影响，收入相对较高的父母定居平均收入更高的社区之后，新的初始状态便形成，进一步造成收入差距的加大。因此，父母选择社区的平均收入 $\bar{h}$ 是教育质量 e 的产出弹性 β 的增函数，即教育质量对人力资本存量的作用越大，父母越倾向于选择具有更高平均收入的社区。

3.4 教育与经济增长理论

3.4.1 人力资本、技术进步与教育概述

教育通过有组织、有计划、有目的地影响受教育个体，从而满足个

体身心发展需求与社会需求，进而培养出社会或者阶级需要的人才。通过定义可得，教育是一种培养人的社会活动。从经济功能层面上看，教育的主要作用分为三部分，即培养下一代、传递社会生活经验以及教授生产经验。人力资本形成的根本就在于教育。

斯密认为，居民个人通过在学校学习或者当学徒的方式接受教育，在知识技能方面可以得到很大的提升，这种才能既属于社会财产的一部分，也属于个人财产的一部分。对于前者，由于教育能够提升生产者的工作熟练度，这种才能可以与机器工具等一起被看作社会的固定资本。[1] 更进一步的，李斯特认为教育工作者的工作就是将下一代培养成生产者，而且在生产性方面，教师工作的生产性要远大于其他体力劳动者的生产性。因此，他认为下一代教育工作促进与培养了一个国家未来的生产力，教育工作者应当被归纳到社会生产者的队伍中。[2] 马歇尔同样认为提升生产者工作质量和效率的最优路径就是教育培训，他认为好的教育能够让普通的工人提升智力、规范行为与提高品位，是物质财富生产的重要手段。

在强调人力资本积累的模型中，虽然人力资本的获取需要生产者不断学习，但是从定义上来看，抽象的知识技能与人力资本间还是有明显的差异，与普通的经济产品相同，人力资本具备排他性以及竞争性，由生产者的技能、知识等组成。[3] 举例来看，假设某一生产者的全部精力都投入一项活动，那么其技能就不可能投入另一项活动。与此相反，当某一知识或者方法应用到某一活动中时，并不会影响该知识或方法在其他活动中的应用，也不会降低在其他活动中的生产效率。以知识积累为基础的理论难以解释收入的国家间差别。因此，纳尔逊和菲尔普斯开辟了增长理论的新思路，他们重点关注了教育能够提高生产者个体能力这一方面，不再将人力资本看作经济增长的简单要素。[4] 生产者个体能力的提升主要体现在以下三个方面：第一，创新活动，如新产品、新技术

---

[1] 袁伦渠，涂其松. 教育投资与经济增长 [J]. 中国人力资源开发，2003 (3).

[2] 马骁，涂浪. 我国高等教育投资社会收益率测算 [J]. 财经科学，2001 (4).

[3] 戴维·罗默. 高级宏观经济学 [M]. 苏剑，罗涛，译. 北京：商务印书馆，1999：30-35.

[4] Nelson, R., Phelps, E. Investment in Humans, Technological Diffusion, and Economic Growth [J]. American Economic Review, 1966, 61.

以及新活动的发明；第二，新技术的应用；第三，经济发展中技术的传播扩散。

在新增长理论中，技术进步来自 R&D 活动，R&D 活动与教育水平具有互补作用，互补性质对政策的制定具有重要意义。宏观经济政策不仅能够影响创新活动与技术资本的积累，还将影响不同教育水平的生产者的需求，进而影响社会总体的收入分布与就业水平。换句话说，政府可以分别通过鼓励 R&D 活动和制定相关教育政策来提高总体教育水平。与此同时，政府在教育事业上的投入将大大提升 R&D 活动的产出效率，从而增加人力资本积累、加速技术上的进步，保证经济长期稳定地增长。

3.4.2 国民经济与教育规模、结构的决定

随着科学技术的发展，尤其是"知识经济时代"的到来，以劳动密集或资本密集为特征的第一、二产业在整个经济中所占的比重越来越少。在西方发达国家，第三产业从业人员比重和 GDP 比重约为 70%，且仍呈增加趋势。第一、二产业的生产函数为：

$$Y = F(AL, K) \tag{3-41}$$

其中，L 的含义是从事产品生产的劳动力，从狭义上说，就是产业工人。他们经过一定的技能培训即可从事生产。在第二产业占绝对比重时，情况尤其如此。在知识经济时期，第三产业的从业人员都是知识型，他们需要接受更多的教育，同时对第一、二产业的生产提出了更高的技术要求。总之，在现代的经济生产中，劳动力需要接受更多的教育。反过来，经济的发展对教育也提出了更高的要求。一定的经济总量、结构决定了一定的就业总量和结构，由此也决定了教育消费的总体规模和结构状况。

为简单起见，假设社会是两部门经济，只有两个产业，以 i 表示，分别生产两种用于最终消费且相互独立的产品 q_1、q_2。

按照消费档次，这两种消费品可划分为生活必需品和享受品。显然，分属这两个档次的商品之间的收入弹性是不同的。生活必需品的收入弹性低，享受品的收入弹性高。随着收入的增加，人们对收入弹性高的商品的需求要多于对收入弹性低的商品的需求，结果，生活必需品占 GDP 的比重越来越小，而享受品的比重越来越大（见图 3-4）。假设 q_1 为享

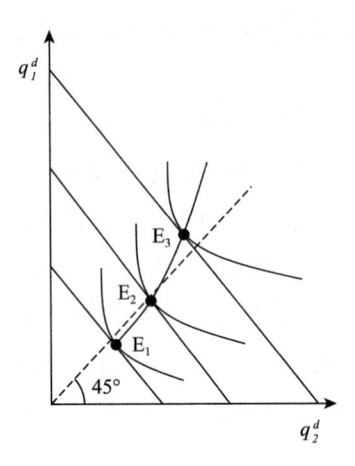

图 3-4 两种产品均衡需求的动态

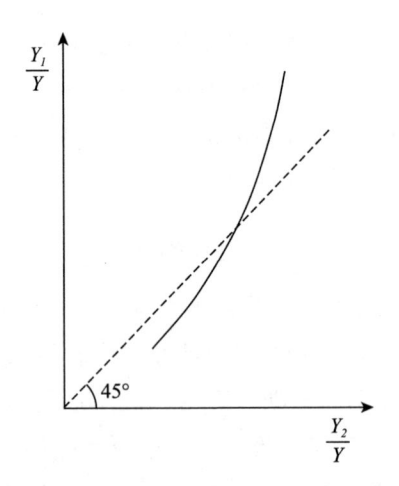

图 3-5 两种产品均衡需求的结构动态

受品，q_2 为生活必需品。在图 3-4 中，E_1、E_2 和 E_3 是消费者的消费均衡状态。随着收入的增加，享受品 q_1 的需求增加要大于 q_2 的需求增加。由此可设两个产品的个体需求函数分别为：

$$q_1^d = q_1^0 + \alpha y, q_2^d = q_2^0 + \beta y, 0 < \alpha, \beta < 1 \qquad (3-42)$$

其中，y 为个体的收入，同时 $\alpha > \beta$。原因是 q_1 为享受品，其收入弹性比 q_2 大。假定社会中每个个体的消费状况和偏好一样。社会中总人口设为 $L = L_1 + L_2$，则两种产品的总需求 Q_1^d、Q_2^d 分别为：

$$Lq_1^d, Lq_2^d \qquad (3-43)$$

两种产品的产出分别为 Q_1 和 Q_2，那么，产出函数分别为：

$$Q_1 = F_1(AL_1, K_1), Q_2 = F_2(AL_2, K_2) \tag{3-44}$$

生产函数中两个自变量（资本和有效劳动）是规模报酬不变的。这就是说，如果资本和有效劳动的数量加倍（例如，K 和 L 加倍而 A 不变），则产量加倍。更为通俗地说，在第 i 产业生产函数中，两个自变量同时乘以任意非负常数 c 将使产量同比例变动：

$$cY_i = F_i(AcL_i, cK_i), 对于所有 c \geq 0 \tag{3-45}$$

规模报酬不变的假定可被认为结合了两个假定。第一个假定是，宏观经济中，经济总量足够大，从而专业化中可得的收益已被穷尽。在一个很小的经济总量中，进一步专业化很可能存在收益可图，即投入加倍将使产出得到更大的加倍。不过，在索洛的新古典增长模型中就假定，经济总量足够大，从而在资本和劳动投入加倍时，对新投入品的使用方式实际上与对已有投入品的使用方式一样，因而产量加倍。本书的各产业生产函数也完全采用这种假定。

第二个假定是，资本、劳动和知识以外的投入品是相对不重要的。具体而言，该模型忽视了土地和其他经济资源。如果自然资源是重要的，那么资本和劳动加倍可能使产量少于投入的加倍数。实际上，自然资源的可得性不是一个主要的约束。因此，资本和有效劳动规模报酬不变就是一个合理的近似假定。

在生产函数中，二维向量 $L = (L_1, L_2)$，代表以产业为特征的劳动力结构，二维向量 $K = (K_1, K_2)$，是生产两种产品的资本结构。L_1、K_1 是第一产业生产 q_1 产品的劳动力和所用的资本；L_2、K_2 是第二产业生产 q_2 产品的劳动力和资本。为简单化，理论只假定教育仅仅是知识传承，没有前文所说的研究型教育，所以，新知识的创新和人力资本的增进是外生于该经济的。A 是社会已有的知识存量，通过教育的传承，劳动力接受了知识，与劳动力的结合就形成了有效劳动 AL。

如果接受了教育，并从事第一产业的生产，那么为第一产业提供的教育就为 AL_1，同时，为第二产业提供的教育为 AL_2。从为经济生产提供的服务上来看，教育规模为 $AL_1 + AL_2$。

首先，在生产技术一定的条件下，当国民收入既定，即 $Y = \bar{Y}$ 时，由需求函数可得两种产品的需求总量及其结构就一定。根据需求等于供给的均衡条件，供给及其结构一定，由此就得出就业量一定，那么，培养应用型人才的教育规模和结构一定。可见，在教育的经济功能方面，经济水平及其结构决定了教育的规模及其结构。

其次，从动态上，由于出现新知识使得人力资本增进，当新知识的创新促进收入增加，两种产品的需求都增加，但 q_1 产品增加的需求要大于 q_2 产品增加的需求，由式（3-43）可知：

$$\Delta(Lq_1^d) > \Delta(Lq_2^d) \qquad (3-46)$$

由式（3-42）可知，q_1 产品需求、q_2 产品需求的增长速度分别为 α、β。根据需求恒等于供给，得 q_1 产品、q_2 产品的供给增长速度也分别为 α、β。由式（3-44）（3-45）得增加的供给分别为：

$$\alpha Q_1 = F_1(A\alpha L_1, \alpha K_1), \beta Q_2 = F_2(A\beta L_2, \beta K_2) \qquad (3-47)$$

由式（3-46），得：

$$\alpha Q_1 > \beta Q_2 \qquad (3-48)$$

由式（3-47）可知生产两种产品的劳动力增加量为 $A\alpha L_1$ 和 $A\beta L_2$。由于 $\alpha > \beta$，显然，在劳动力的增加中，存在：

$$A\alpha L_1 > A\beta L_2 \qquad (3-49)$$

新增加的劳动力必须受教育，所以教育规模也随着经济水平的提高而扩大。同时，q_1 产品的生产扩大要大于 q_2 产品，因此在内部结构上，教育为第一产业培养的人才要大于第二产业。只有符合这种结构，教育消费才是合理的，不仅能使社会经济福利达到最大化，同时不存在结构性失业。如果教育结构与经济结构不一致，那么社会经济福利就会减少，进而导致结构性失业，至少使得收入不平等，此时的教育消费是不合理的。

3.4.3 研究型教育消费合理化和经济长期增长

在罗默的新增长理论之前，所有这些理论对经济增长中心问题的回答都不能令人满意。均衡增长是其核心，围绕"均衡"，它们寻求其稳定的路径，同时也论证经济收敛于均衡增长。但是，世界各国的经济增长史说明经济增长并没有稳定在一个"均衡增长率"的水平上，经济的人均量都在不同程度地持续增长着。显然，这些理论的主要结论是否定性的：如果源自资本的收入反映了资本对产量的贡献，并且这种贡献在总收入中所占的份额很小，那么资本积累既不能解释经济长期增长的大部分，也不能解释资本差别不大的国家间收入差别却很大的大部分。而且，在这些人均量的增长模型中，决定人均收入的因素有两个，一个是资本人均装备量，另一个是劳动有效性。关于劳动有效性，这些模型并没有进行严格的界定，同时，在生产函数中，总是被当作外生变量。

对能解释经济增长大部分的劳动有效性进行严格界定，并将其纳入模型的内生中的开创性工作，主要由罗默、豪伊特等人完成。在他们的模型中，有两个部门，一个是生产产品的部门，一个是专门研究和开发新知识的部门，后者使知识存量增加，增进了劳动的有效性。他们也认为新知识的生产取决于投入研究和开发部门的资本和劳动力的数量以及该部门自身研究和开发的技术水平。关于投入研究和开发部门的劳动力及其自身的研究和开发能力，新增长理论并没有进一步研究下去。

从人力资本的角度来看，生产部门与研发部门中的劳动力投入存在根本性差异。从教育的培养内容与培养目标的角度来看，生产性工作的劳动力与创造性工作的劳动力接受的教育有本质上的不同。

从教育的经济功能角度来看，教育活动能够为经济社会培养出两种人才，即应用型人才与研究型人才。前者服务于生产性部门，后者服务于研究与开发部门。应用型人才不负责创造新的知识（即便其有时也能创造出新的知识，但是这种创造活动不是他们的职责），只是学习与掌握已经存在的知识技能，生产工作的熟练程度与生产经验是其人力资本积累的主要来源。

为简单起见，假设社会经济总人口是一定的，且规范为一个人。当全部教育资源都投入应用型人才的培养过程时，则研究与开发部门中将不会有新知识的创造，假设其一生的贴现的现期收入为 y，那么：

$$y = \int_t^\infty e^{-\rho t} h_t \, dt \qquad (3-50)$$

其中，ρ 为贴现率，$\rho > 0$。如果分为两期的话，上式就变成一个简单的迭代模型，为：

$$y = h_t + \rho h_{t+1} \tag{3-51}$$

其中，h_t 为经济中已有的知识或人力资本，通过教育把它们传授给后来者。由于没有研究型教育，教育培养的人才全是应用型人才，所以，上式中，

$$h_t = h_{t+1} \tag{3-52}$$

可见，没有知识创新的教育，经济社会的人力资本 h_t 或者说劳动有效性不会增进，经济的长期增长就会停滞于均衡增长率上。

如果，社会中存在知识创新的教育，培养了一批从事新知识研究和开发工作的人才，在总人口为1时，设为 v，其中，$0 \leq v \leq 1$，那么，经济社会的人力资本就会增进，经济存在长期增长。在 t 期经济社会的教育把已有的知识传授给所有人。$t+1$ 期的研究和开发人员继承了 t 期的人力资本，创造出新知识，由此，$t+1$ 期的总人力资本为：

$$h_{t+1} = (1 + \gamma v_{t+1}^\theta) h_t \tag{3-53}$$

其中，γ 表示教育传授已有知识的效力，$\gamma \geq 0$；θ 代表在 $t+1$ 期研究和开发人员 v 创造新知识的工作效力。在 $t+1$ 期研究和开发人员 v 所创造的新知识为：

$$h_{t+1} - h_t \tag{3-54}$$

下面，我们界定如何积累人力资本。我们假设，对任意 t 有：

$$h_{t+1} = (1 + \gamma v^\theta) h_t \tag{3-55}$$

式（3-55）中，v 为在总人口为1时，接受研究型教育，并从事研究和开发新知识工作的人员。拥有的人力资本为 h 的边际产出也为 h，所以工资收入也为 h。经济的问题就是分配多少教育资源用于培养研究型人才，创造出多少新知识，从而促进经济长期增长，以使两期跨时收入最大化（消费效用最大化）。假设线性偏好 ρ 表示贴现率因子，最优研究型人才 v^* 是下面社会最大化问题的解。

$$\text{Max}(1-v) h_t + \frac{1}{1+\rho} h_{t+1} \tag{3-56}$$

约束条件为：

$$h_{t+1} = (1 + \gamma v^\theta)h_t \qquad (3-57)$$

式 (3-57) 中，当 γ 为常数时，构成一个特殊的例子，可得到唯一解：

$$v^* = \left(\frac{\theta\gamma}{1+\rho}\right)^{\frac{1}{1-\theta}} \qquad (3-58)$$

在其他条件既定的情况下，应用型教育消费和研究型教育消费合理化的最优路径就是对 v^* 的选择。一旦确定这种教育的最优路径，那么，整个经济的教育就应该为经济生产部门培养应用型人才 $1-v^*$，为研究和开发部门，即为经济长期增长所需的新知识培养研究型人才 v^*。由此也可得出，社会的教育资源在培养 $1-v^*$ 和 v^* 之间进行合理分配，从宏观来看，整个国民经济对教育的消费才是合理的。在这种情况下，其对应于唯一的稳定状态增长路径，增长速度 g 为：

$$g^* = \frac{h_{t+1}}{h_t} = 1 + \gamma v_{t+1}^{*\theta} = 1 + \gamma\left(\frac{\theta\gamma}{1+\rho}\right)^{\frac{\theta}{1+\theta}} \qquad (3-59)$$

当然，$v=0$ 时，社会不存在新知识的创造，人力资本不变，经济也就不存在持续的长期增长。和卢卡斯模型中的情况一样，g^* 被认为是用 γ 度量的教育生产力的增函数，为时间偏好率 ρ 的减函数。

在教育发展过程中，新知识的创造水平受创新型人才培养投入大小影响，进而影响人力资本积累进程。在该过程中，将有众多发展路径使其达到包含低发展陷阱在内的稳态水平，但是这种稳态下的增长率均会低于合理化教育消费状态下的速率。低发展陷阱很好地解释了人力资本存量的不同将导致不同经济增长速度的问题，低发展陷阱的形成原因可以归结为在过去一段时间在教育方面尤其是创新性教育等方面投入不够，造成了生产知识和技能等的进步上的困难，进而导致了该国家或者地区经济增长较缓慢。

从教育收益的角度出发，需要注意以下几点。第一，风险性。目前仅仅知道知识的创新创造与研究型教育是正相关的，但是知识创新创造的数量与质量是不确定的。换句话说，直接在知识创新创造与研究型教育之间建立函数关系是存在风险的。与此同时，假如经济社会的教育体制规范完备，那么从长期来看这种风险将大大降低。第二，机会成本。

研究型教育资源的投入是具有机会成本的，以上述教育消费最优路径为例，人力资本增进 h_{t+1} 或培养 v^* 的机会成本就是 vh_t。第三，时滞性。研究型教育要比应用型教育的投入大，但其经济利益见效慢，尚需一个产业化过程。相比之下，人们更倾向于接受应用型教育消费。从理论研究可以得到，研究型人才的培养可以大大促进人力资本的积累，从而给予经济增长长期保障。因此，政府在此方面的投入和资助是不可或缺的。

在这方面，阿扎里阿迪斯和德泽恩[1]提供的理论解释比卢卡斯[2]的理论更自然一些，而且他们指出了政府在干预教育部门中可能发挥的作用，即能够避免低发展陷阱，促进较高速度的持续发展。

3.5 本章小结

第一，从定性角度看，教育消费合理化主要有以下内容。

(1) 教育消费包含德育消费，体育消费，智育消费，美育消费和劳动技术教育消费。根据特性，把劳动技术教育消费又称为"生产性教育消费"；把其他内容的教育消费合并在一起统称为"消费性教育消费"。生产性教育消费可进一步划分为应用型教育消费和研究型教育消费。

(2) 教育消费收益包括两部分：一是消费性教育消费产生的直接效用，即社会福利；二是生产性教育消费所获得经济收入的间接效用，即经济福利。

(3) 教育消费合理化内涵界定。教育消费合理化有两层含意：一是教育消费合理化能使总系统的总目标最大化；二是教育消费行为路径合理化。教育消费合理化是指以社会总福利最大化为目标，和社会其他子系统处于动态平衡协调状态下的教育消费。教育消费合理化包括消费性教育消费合理化、生产性教育消费合理化（包括研究型教育消费合理化、应用型教育消费合理化）和教育消费者对教育选择的行为合理化。

第二，从定量角度看，教育消费合理化的内容有四个方面。

---

[1] Azariadis, C., Drazen, A. Threshold Externalities in Economic Development [J]. Quarterly Journal of Economics, 1990, 105 (2).

[2] Lucas, R. E. On the Mechanics of Economic Development [J]. Journal of Monetary Economics, 1988, 22 (1).

（1）消费性教育消费和生产性教育消费的合理化，其条件是边际消费性教育消费福利要等于边际生产性教育消费福利。研究表明，在社会发展的三个顺次阶段，家庭和个人教育消费选择有明显的区别：在第一阶段中，经济贫困导致人们更加关注教育的经济福利从而忽视其社会福利，相比之下，此阶段人们会更重视生产性教育消费；在第二阶段中，随着经济的不断发展壮大，虽然消费性教育消费的重要性依旧不及生产性教育消费，但是人们逐渐开始关注教育消费的社会福利，消费性教育消费也渐渐获得更多的经济资源；在第三阶段中，经济已经发展到发达阶段，人们对教育社会福利的需要将大大超过对教育经济福利的需要，此阶段消费性教育消费的重要性也将超过生产性教育消费。目前，我国正处在由第一阶段到第二阶段的过渡时期，为实现社会总福利最大化，政府必须加大对消费性教育消费的投入，并加强对消费性教育消费的引导。

（2）教育消费行为中关于教育消费量的合理选择，需要考虑到缴纳教育费用的初始禀赋、家庭生活消费和教育消费的未来收益等因素。在这些因素中，要平衡考虑，不可偏废，只有满足式（3-29）的教育消费量行为才是合理的选择。通过式（3-29）可知，教育消费量 n 与家庭家长收入呈正相关关系，说明家庭越富裕，或者家长人力资本越高，则其后代教育消费量就越高，人力资本也就越大。同时，教育消费量与教育费用和贴现率呈负相关关系，也就是说教育费用越高，教育消费量就越低；贴现率越低，注重未来收益的家长让子女所接受的教育消费量就越大。

如果教育系统是私立的，那么，教育消费存在不平等。收入高的家庭能接受更多的教育消费量，且教育消费质量也越高。这又导致他的收入更高，形成更大的贫富差距：贫困家庭的教育消费量和教育消费质量都低于富裕家庭，使人力资本低于富裕家庭，从而劳动收入也低。如果教育系统是公立的，那么教育就公平，不会形成由这方面原因导致的收入不公平。

（3）教育规模随着经济水平的提高而扩大。同时，q_1 产品的生产要大于 q_2 产品的生产，因此在内部结构上，教育为第一产业培养的人才要多于第二产业。只有符合这种结构，教育消费才是合理的，不仅能使社会经济福利达到最大化，同时不存在结构性失业。如果教育结构与经济结构不一致，那么社会经济福利就会减少，将会导致结构性失业，至少使收入不公平,此时的教育消费是不合理的。

(4)社会的教育资源在培养应用型人才 $1-v^*$ 和研究型人才 v^* 之间应进行合理分配,或者说应用型教育消费和研究型教育消费之间需要合理化。从宏观来看,整个国民经济的这种教育消费合理才能保证经济的长期增长。在这种情况下,应用型教育消费和研究型教育消费合理化的最优路径就是对 v^* 的选择,那么,应用型教育消费和研究型教育消费的合理化路径就是:

$$1-v^*$$

那么,整个经济的教育就应该为经济生产部门培养应用型人才 $1-v^*$;为研究和开发部门,即为经济长期增长所需的新知识创造培养研究型人才 v^*。一旦确定这种教育的最优路径,其对应于唯一的稳定状态增长路径,经济的增长速度 g 为:

$$g^* = \frac{h_{t+1}}{h_t} = 1 + \gamma v_{t+1}^{*\theta} = 1 + \gamma \left(\frac{\theta\gamma}{1+\rho}\right)^{\frac{\theta}{1+\theta}}$$

当然,$v=0$ 时,说明社会经济中,所有的教育资源都用于应用型人才的培养,即应用型教育消费占用了全部教育资源,而研究型教育消费为 0。这种状况表明,社会不存在新知识的创造,人力资本不变,经济不存在长期增长。那么,经济增长速度为:

$$g = 1$$

经济增长速度为 1,说明经济社会只存在人均量保持不变的均衡增长,而没有人均量增长的长期增长。只有 $v>0$,社会存在研究型教育消费,所培养的研究型人才不断创造出新知识,在研发部门的作用下,最终导致经济中的人力资本增进,经济才会存在持续的长期增长。经济增长速度大于 1,即:

$$g > 1$$

经济增长速度大于 1,说明人均量增长,经济存在长期增长。

如果社会遵循应用型教育消费和研究型教育消费的合理化路径 v^*,那么,经济社会最终就能实现社会福利最大化的目标。支撑这个目标的实质内容就是教育消费合理化时的经济增长速度 g^*。

第三部分

教育消费状况评价篇

第四章 中国教育消费总体状况
——省际教育消费水平综合评价

改革开放几十年来，中国经济得到了较快的发展，然而2008年全球金融危机以来，中国经济增长速度在波折中持续放缓。各项研究都表明，当前中国经济增长速度正在向中高速转变，在这样的背景下中国政府根据中国经济发展和经济增长的阶段特征对中国经济做出了新常态的新判断。[1] 经济新常态表明在新的历史阶段，中国必须有效地应对市场的新变化，寻求经济增长的新动力，实现产业结构的加速升级，不断提高社会创新能力，提高社会生产效率。[2] 劳动力、资本、劳动生产率是推动经济增长的三个主导因素，在经济增长的不同阶段，三个要素对经济增长的影响也是不同的。[3] 在经济新常态发展阶段，中国经济将不断实现从要素驱动向创新驱动的转变，要素禀赋结构将发生很大的变化。[4] 随着中国人口老龄化程度的不断加深，传统意义上的人口红利在中国正渐渐消失[5]，因此，在未来要将中国经济增长稳定在"新常态"下，必须不断提高中国劳动生产率，不断发展高精尖科学技术，提高社会人力资本存量，实现社会创新能力的稳步上升。众多学者的研究表明，教育是形成人力资本的根本途径，教育和培训是提高劳动效率和质量的最有效方法。新增长理论指出，技术进步来自科研活动，而教育水平和科研活动具有密切的联系，因此政府可以通过为教育融资来提高研究和开发的产出水平，然后加速科技进步，从而通过提高人力资本来促进经济的长期增长。在中国经济发展方式转变的新背景下，教育消费作为一种消费

---

[1] 任保平，宋文月. 新常态下中国经济增长潜力开发的制约因素 [J]. 学术月刊，2015（2）.
[2] 李建民. 中国的人口新常态和经济新常态 [J]. 人口研究，2015（1）；余斌，吴振宇. 中国经济新常态与宏观调控政策取向 [J]. 改革，2014（11）.
[3] 齐建国，王红，彭绪庶，等. 中国经济新常态内涵和形成机制 [J]. 经济纵横，2015（3）.
[4] 任保平，宋文月. 新常态下中国经济增长潜力开发的制约因素 [J]. 学术月刊，2015（2）.
[5] 齐建国，王红，彭绪庶，等. 中国经济新常态内涵和形成机制 [J]. 经济纵横，2015（3）.

和投资活动，不但可以直接促进消费，扩大内需，给经济注入新鲜血液，还能从根本上解决人力资本和社会创新能力方面的关键问题。但是，长期以来中国教育消费在各区域、省市之间表现出很大的差异性，教育资源分布不均，同时这种教育消费的不均衡也在一定程度上助推了地区经济发展的差距。因此，本章希望通过对我国教育消费相关指标的统计和分析，综合考量各省区市的教育消费基本情况，从而为提高中国教育消费合理化建设决策的科学性和准确性提供一定的政策参考。因此，建立教育消费水平综合评价体系，可以有效地指导和促进中国教育消费合理化建设，为各地区制定教育发展规划和促进社会经济发展提供科学量化的依据，对推动新常态背景下国家教育和经济的良性互动提供一定的理论支撑。

4.1　研究现状及评价指标构建

4.1.1　研究现状

关于教育消费的含义，陶美重等认为教育消费是现代社会增进社会文明、培养人才所必需的特殊消费活动，它包括家庭（私人）用于教育方面的消费和政府教育消费投资支出等方面。[①] 国内一些学者从教育消费合理化本身及合理化实现目标的途径等方面对教育消费合理化进行了一定研究，他们指出衡量教育消费合理化的标准就是看它是否实现了社会总系统的"幸福"最大化。他们进一步将教育消费分为生产性教育消费和消费性教育消费。[②] 其中生产性教育消费又称"劳动技术教育消费"，是促进教育消费者掌握劳动技术知识和技能，形成劳动观点和习惯的教育，同时根据其具体内容又可分为应用型教育消费和研究型教育消费。而消费性教育消费包括德育消费、体育消费、智育消费、美育消费，它们是为了满足教育消费者生活质量提高的需要。因此实现教育消费的合理化就是实现生产性教育消费合理化和消费性教育消费合理化，这与马克思在《资本论》中所指出的实现人的全面发展不谋而合。其他国内

---

① 陶美重. 论教育消费的本质 [J]. 教育与经济, 2007 (4): 17.
② 刘湖. 我国教育消费合理化问题研究 [J]. 消费经济, 2011 (8).

学者在研究教育消费的相关问题时，大多数是从教育消费的不合理之处和存在的问题等方面入手。王焕培指出，作为社会的一种重要的发展和投资性消费，教育消费是否和谐、合理，直接关系到社会是否和谐，同时他从中国教育行政、学校和学生与家长等方面指出了我国教育消费存在不和谐问题[①]；刘焱和宋妍萍通过对中国3~6岁儿童学前家庭教育消费方面支出的研究，指出中国儿童学前教育消费在保教费和捐资助学费方面存在很大的差异，同时分析了影响中国儿童学前教育消费差异的各种因素[②]；杨天平和汪玉霞对高中家庭选择性教育消费进行了相关研究，他们通过对浙江省四所高中的调查，指出了高中家庭选择性教育消费中存在的问题，并为政府和学校在促进教育消费和教育资源配置方面提出了一定的政策建议。[③] 通过以上分析，可以看出国内对于教育消费合理化的相关研究还比较少，因此笔者希望通过构建中国教育消费水平综合评价体系，了解中国各省份教育消费水平的基本情况，并分析各省份教育消费存在的不合理问题，从而为推动中国教育消费合理化建设进行一定的理论探索。

4.1.2 指标构建

教育消费水平综合评价体系的构建应遵循的原则如下。

（1）全面性。应该从教育消费的合理化内涵来构建教育消费水平综合评价体系，教育消费水平综合评价体系应是测量和反映中国各省份教育消费合理化程度和发展情况的科学手段，应该包括教育消费的全部或主要因素，因此构建教育消费水平综合评价体系应该从教育消费合理化内涵入手，以教育消费主要因素为基础，全面反映我国各省份教育消费合理化的现状。

（2）系统性。中国省份众多，且省份之间经济禀赋具有显著的差异，是一个极其复杂的大系统。与此同时，很多研究表明中国教育消费

[①] 王焕培. 论我国教育消费存在的问题及对策 [J]. 消费经济，2008（6）.
[②] 刘焱，宋妍萍. 我国城市3-6岁儿童家庭学前教育消费支出水平调查 [J]. 华中师范大学学报（人文社会科学版），2013（1）.
[③] 杨天平，汪玉霞. 普通高中学生家庭选择性教育消费研究——基于浙江省金华市四所高中的调查 [J]. 教育与经济，2014（1）.

表现出城乡消费差异、区域消费差异和教育资源分布不均等特点。[①] 同时，在这个大系统下，各省份教育消费既有一定相似性，又有很大的差异，即使在同一省份，教育资源状况、教育结构也有很大不同。因此，这就要求选取的教育消费水平综合评价指标覆盖面要宽，要具有很强的代表性，能够较全面地反映我国各省份教育消费合理化的整体情况。

（3）层次性。层次性是指教育消费水平综合评价指标结构自身的多重性，即一个指标由若干个其他指标所决定而构成树形结构。

（4）科学性和可操作性。科学性和可操作性要求教育消费水平综合评价指标应该能够客观、正确地反映教育消费的实际情况，同时教育消费水平综合评价指标体系设计要简明扼要、含义明确和科学合理，要充分考虑获取教育消费相关数据资料的可能性，并且可以对设计的相关指标进行有效统计和测量。

基于以上分析，结合国内外相关研究，并考虑到中国教育消费的现实情况以及指标的可获取性，本章建立了以下综合评价体系，比较科学全面地反映了中国教育消费水平（见表4-1）。

表4-1 教育消费水平综合评价体系

一级指标	二级指标	三级指标	
教育消费合理化	教育经费	V1	教育经费占GDP比例（%）
		V2	社会捐助占教育经费比例（%）
	高等教育	V3	每十万人中在校人数（人）
		V4	每百万人中高等学校数目（所）
	师资力量	V5	小学生师比（教师人数=1）
		V6	初中生师比（教师人数=1）
		V7	高中生师比（教师人数=1）
		V8	中等职业学校生师比（教师人数=1）
		V9	普通高校生师比（教师人数=1）
	继续教育	V10	每万人中在职人员攻读硕士学位在校生数（人）

---

① 尹向东．消费差异与中、西部消费发展战略［J］．消费经济，2000（2）；钟晓玲．我国教育投入的城乡及地区差异分析［J］．价格月刊，2007（4）．

续表

一级指标	二级指标		三级指标
教育消费合理化	居民文教娱乐支出	V11	城镇居民人均文教娱乐支出（元）
		V12	农村居民人均文教娱乐支出（元）
	全社会文教体育娱乐投资	V13	全社会文化体育娱乐固定投资占 GDP 比例（%）
		V14	全社会教育投资占 GDP 比例（%）

相关教育消费水平综合评价分为以下三个层次。

第一层次（G1）是教育消费的目标层，在教育消费水平综合评价体系中最终目标为教育消费合理化。

第二层次（G2）是对目标层的解释与说明，二级指标层有六项，分别为：教育经费、高等教育、师资力量、继续教育、居民文教娱乐支出和全社会文教体育娱乐投资。

第三层次（G3）是教育消费水平综合评价体系的基础层，由单个评价指标组成，详细情况见表 4-1。

4.2 实证分析

本章以 2016 年为例，利用 SPSS 24.0 软件，通过因子分析法对中国教育消费水平做出综合评价，其基本原理是将具有相关关系的多个变量综合起来，用少数几个变量来代表错综复杂变量关系的一种统计分析方法。所有指标数据均来自 2017 年《中国统计年鉴》及各省份的教育统计年鉴，数据具有较高的权威性与实用性。

4.2.1 公因子提取

本章对相关评价指标进行标准化处理后，经过相关分析，选取了如表 4-2 所示的四个特征值大于 1 的公因子。其中，各个公因子的方差贡献率依次为 42.58%、20.21%、9.23%、7.39%。它们的累计方差贡献率为 79.41%，即可以反映教育消费水平相关信息的 79.41%。因此，将其作为评价我国各省份教育消费水平情况的综合变量。

表 4-2 公因子特征值及贡献率

单位：%

公因子	特征值	方差贡献率	累计方差贡献率
因子 1	5.961	42.58	42.58
因子 2	2.830	20.21	62.79
因子 3	1.292	9.23	72.02
因子 4	1.036	7.39	79.41

4.2.2 因子命名和解释

采用 Varimax 法得到旋转后的因子载荷矩阵（见表 4-3）。由此可得：首先，因子 1 在教育经费占 GDP 比例、全社会教育投资占 GDP 比例、全社会文化体育娱乐固定投资占 GDP 比例等指标上的载荷系数较大，从实际角度出发，上述变量反映了政府宏观教育投入力度，因此可以将因子 1 命名为"宏观教育投入水平"；其次，因子 2 在每万人中在职人员攻读硕士学位在校生数、每十万人中在校人数、每百万人中高等学校数目等指标上的载荷系数较大，上述变量反映了地区高等教育发展状况，因此将因子 2 命名为"高等教育发展水平"；再次，因子 3 在小学、初中、高中生师比等指标上的载荷系数较大，其衡量了地区师资力量，故将其命名为"地区师资水平"；最后，因子 4 主要解释了教育经费中社会捐赠部分的比例状况，因此可以将因子 4 命名为"社会捐赠水平"。

表 4-3 旋转后的因子载荷矩阵

指标	因子 1	因子 2	因子 3	因子 4
教育经费占 GDP 比例（%）	0.938	-0.092	-0.093	-0.067
社会捐助占教育经费比例（%）	-0.137	-0.138	0.334	-0.777
每十万人中在校人数（人）	-0.084	0.849	-0.331	0.061
每百万人中高等学校数目（所）	-0.404	0.779	-0.197	0.151
小学生师比（%）	0.183	-0.373	0.831	0.013
初中生师比（%）	-0.139	-0.120	0.865	-0.238
高中生师比（%）	0.143	-0.544	0.659	0.327
中等职业学校生师比（%）	0.187	-0.142	0.877	-0.118

续表

指标	因子1	因子2	因子3	因子4
普通高校生师比（%）	-0.088	-0.397	0.436	0.493
每万人中在职人员攻读硕士学位在校生数（人）	-0.219	0.896	-0.209	-0.038
城镇居民人均文教娱乐支出（元）	-0.552	0.571	-0.057	-0.216
农村居民人均文教娱乐支出（元）	-0.741	0.243	-0.100	0.212
全社会文化体育娱乐固定投资占GDP比例（%）	0.750	-0.130	0.013	0.326
全社会教育投资占GDP比例（%）	0.873	-0.174	0.228	0.145

4.2.3 计算因子得分与综合得分

利用上述指标数据，采用回归分析方法，进一步得到"宏观教育投入水平"、"高等教育发展水平"、"地区师资水平"与"社会捐赠水平"因子的得分系数矩阵（见表4-4）。将标准化后的变量数值带入即可得到各因子得分，并以各因子的方差贡献率为权重进行加权求和，如式（4-1）所示，从而得到各省份教育消费水平的综合得分。

$$F = 53.62\% F_1 + 25.45\% F_2 + 11.62\% F_3 + 9.32\% F_4 \quad (4-1)$$

其中，F表示综合得分，F_1至F_4分别表示各因子得分。

表4-4 因子得分系数矩阵

指标	因子1	因子2	因子3	因子4
教育经费占GDP比例（%）	0.338	0.099	-0.040	-0.129
社会捐助占教育经费比例（%）	-0.018	-0.069	0.044	-0.612
每十万人中在校人数（人）	0.119	0.381	0.096	0.094
每百万人中高等学校数目（所）	-0.017	0.324	0.135	0.194
小学生师比（%）	0.029	0.068	0.294	0.048
初中生师比（%）	-0.027	0.140	0.348	-0.116
高中生师比（%）	-0.047	-0.064	0.189	0.278
中等职业学校生师比（%）	0.086	0.205	0.372	-0.037
普通高校生师比（%）	-0.124	-0.077	0.133	0.421

续表

指标	因子1	因子2	因子3	因子4
每万人中在职人员攻读硕士学位在校生数（人）	0.088	0.410	0.154	0.036
城镇居民人均文教娱乐支出（元）	-0.086	0.186	0.099	-0.103
农村居民人均文教娱乐支出（元）	-0.251	-0.019	0.014	0.231
全社会文化体育娱乐固定投资占GDP比例（%）	0.240	0.104	0.029	0.214
全社会教育投资占GDP比例（%）	0.298	0.152	0.106	0.074

通过上述处理，我国各个省份（除西藏、香港、澳门、台湾外）的教育消费水平综合得分情况如表4-5所示。相关结论如下。

首先，宏观教育投入水平将对教育消费合理化进程起到至关重要的作用。2016年7月，教育部、发改委等联合印发《推进共建"一带一路"教育行动》，文件明确了教育在"一带一路"建设中具有基础性和先导性作用，政府也将加大"一带一路"地区的教育资源投入。从表4-5可以看出，陕西、甘肃等作为西部教育文化中心，其教育资源方面的投入在地区生产总值中的占比较大，使得其教育消费水平一直处在领先地位。与此同时，在经济新常态的背景下，将有力地带动西部经济的发展。那么，如何保持经济稳步增长成为西部地区今后工作的重点。以陕西为例，一些学者近年来的研究发现经济增长虽显著促进了教育消费，但教育消费对经济增长的反向带动作用并不理想。西北大学师萍教授指出，改革开放以后陕西几次教育规模扩张都是被动的发展，陕西更多的是承载了国家教育人才基地培养的功能。因此，今后陕西应该更加注重如何实现教育消费和经济增长的良性循环，拓展人才培养机制，从而实现经济的持续增长。[①] 甘肃地处我国大西北，受自然条件限制，经济发展状况位于较低水平，但它是"丝绸之路经济带"的核心区域，一方面，国家不断加大甘肃地区的教育资源投资，据统计2016年甘肃教育经费占地区生产总值比例为8.52%，全社会教育投资占地区生产总值比例为4.09%，皆远高于全国平均水平，从而在上述教育消费水平综合评价

---

① 师萍. 陕西省高等教育和经济增长的关系研究 [J]. 西北大学学报（哲学社会科学版），2007 (6).

排名中位次较高；另一方面，从表4-5可以看出，其在地区师资水平与高等教育发展水平方面还需进一步提高，为实现经济新常态下西部地区的崛起奠定坚实的人才基础。

其次，东部沿海地区教育经费在GDP中的占比较低，社会捐赠在教育经费中的占比较高，使得在此评价体系下部分相关地区排名靠后。众所周知，社会捐赠指境内外社会各界及个人对教育的资助和捐赠，教育消费的合理化进程主要靠政府的宏观调控力量，此消彼长。因而在此评价体系中作为制约教育消费合理化进程的因素，进一步地使广东、江苏地区虽在地区生产总值方面领跑全国，但教育消费合理化程度不高。与此同时，北京作为我国经济、文化和政治中心，其教育消费水平综合得分排在第二位。得益于教育资源丰富，高等教育发展水平较高，截至2014年，北京共有211院校24所（其中985院校8所）。改革开放以来，北京市为中国现代化建设培养了一大批科学技术人才，为我国经济增长做出了巨大贡献。

最后，中部及东北地区教育消费水平处于全国中等水平，教育消费水平提升潜力巨大。在经济新常态背景下，努力制定相关教育政策，拓展相关地区的教育投资渠道，加强基础教育方面的资源投入，尤其是教育的信息化建设，继续完善相关政策法规，努力提升教育的投入产出效率，同时注重教育消费的公平，优化各类教育发展环境，逐步实现教育消费的合理化。

表4-5　2016年我国各省份教育消费水平综合得分情况

地区	因子1	因子2	因子3	因子4	综合得分	排序
甘肃	2.091	0.035	-0.872	1.078	1.129	1
北京	-0.063	4.147	-0.554	-0.027	0.955	2
贵州	0.909	0.246	1.632	0.829	0.817	3
青海	1.165	0.003	0.453	-0.680	0.615	4
陕西	0.506	0.938	-0.096	1.218	0.613	5
广西	0.432	0.032	2.122	0.464	0.529	6
宁夏	0.228	0.376	1.147	-0.611	0.294	7
云南	0.516	-0.489	0.858	0.185	0.269	8
江西	-0.046	0.061	1.506	0.223	0.187	9

续表

地区	因子1	因子2	因子3	因子4	综合得分	排序
海南	0.181	-0.303	0.375	0.647	0.124	10
天津	-0.707	1.278	-0.498	1.143	-0.005	11
安徽	-0.147	-0.330	0.805	0.590	-0.015	12
重庆	-0.263	0.191	0.520	0.072	-0.025	13
湖南	-0.534	0.112	1.357	0.646	-0.040	14
新疆	0.567	-0.729	-0.332	-1.639	-0.073	15
湖北	-0.325	0.198	-0.183	0.352	-0.113	16
河南	-0.216	-0.745	0.857	0.907	-0.121	17
上海	-0.814	1.537	-0.589	-0.920	-0.199	18
四川	0.122	-0.869	0.418	-1.335	-0.232	19
山西	-0.079	-0.592	-1.282	0.914	-0.257	20
福建	-0.249	-0.134	0.134	-1.480	-0.290	21
河北	-0.233	-0.874	-0.235	0.273	-0.349	22
山东	-0.482	-0.744	-0.329	0.556	-0.434	23
黑龙江	-0.326	-0.579	-1.627	0.174	-0.495	24
江苏	-0.739	0.115	-0.507	-1.617	-0.577	25
辽宁	-1.091	-0.086	-1.006	0.603	-0.667	26
吉林	-0.768	-0.592	-1.735	0.807	-0.689	27
浙江	-0.974	-0.236	-0.363	-1.159	-0.733	28
广东	-0.921	-0.813	0.521	-1.962	-0.823	29
内蒙古	-1.124	-0.951	-1.089	0.838	-0.893	30

4.3 政策意义

制定教育消费水平综合评价体系对中国各省份了解自身教育发展实际情况和自身地位具有重要的现实意义。本章构建了包含14个教育消费相关指标的中国教育消费水平综合评价体系，同时通过因子分析方法提取了4个公因子，分别命名为"宏观教育投入水平"、"高等教育发展水平"、"地区师资水平"和"社会捐赠水平"。这4个公因子的方差总贡献率达到79.41%，表明这4个公因子能够反映中国教育消费水平的大部分情况。其中，宏观教育投入水平与高等教育发展水平对各地区教育消费的发展具有重要影响，高等教育中的研究型教育更是培养高等人才、促进人力资本增加的关键。同时，应当看到部分地区基础教育消费体系还不够完善，应进一步出台相关政策来促进这些省份教育消费的合理化，从而实现教育消费和社会发展的良性互动。

真正的教育是实现人的全面发展，因此更加合理化的教育消费水平综合评价体系应该从德、智、体、美、劳等方面全面考量。但是由于这些方面的教育消费相关测量指标很难获得，本章对这方面考察得还不是很全面，将会在以后的研究中做更进一步的探讨。

第五章　公共教育消费状况

——中国公共教育消费区域差异及收敛性研究

李克强总理在十二届四中全会做政府工作报告时指出：十三五期间中国将发展更加高质量、更公平的教育，统一城乡义务教育经费保障制度，公共教育投入要加大向中西部和边远、贫困地区倾斜力度。这表明中国政府在未来努力促进区域教育消费公平的决心。目前，中国的消费结构正面临转型升级，教育消费作为居民消费的一个重要组成部分，长期以来受到了众多学者的关注。对教育消费的研究有利于实现教育消费的合理化，能够促进中国人才培养机制的改善，实现教育、社会、经济的良性循环。

经济社会发展差异一直是中国宏观经济学研究的热点。[①] 长期以来，受到地理、历史、经济、文化及资源禀赋等因素影响，教育消费在地区间和地区内形成了明显的差异，以往对中国教育消费区域差异的相关研究主要集中在理论方面，相关的实证分析较少，同时相关研究大多数仅将区域分为东、中、西部，缺乏更加详细的比较。随着中国经济发展的转型，教育消费也面临新的挑战，中国各大区域教育消费差异现状如何？教育消费差异在区域间和区域内又有怎样的趋势？同时，这种教育消费区域差异是收敛还是发散？鉴于此，本章希望以中国公共教育消费为例，通过一定的统计方法分析，对以上问题进行探讨，同时给出定量结论，以期为中国统筹区域教育发展规划和制定合理的教育投资政策提供参考。

---

① 王康，王磊，罗玉波. 中国区域食品价格差异收敛性检验——基于微观价格数据的空间计量与动态效应分析［J］. 统计与信息论坛，2016（5）.

5.1 前期研究基础

耿修林认为消费支出构成是居民消费结构质量的重要反映。[①] 教育消费作为居民消费结构的重要组成部分，对居民消费结构升级具有重要的作用。以中国城镇居民娱乐文化教育人均消费来看，2004年为2115.9元，2012年为3696元，8年里增加了74.7%，平均年增长7.2%。随着中国经济的发展，人民生活水平提高，人们会把收入中更多的部分用于文化教育消费。陶美重认为教育消费是人们为了获得自身知识技能的增加，从而对自身人力资本的一种投资，教育消费具有一定的竞争性和排他性，同时教育消费还具有阶段性和非重复性的特点。[②] 另外，徐其虎也指出教育消费具有主动消费和被动消费的特点，消费者个体的差异导致消费的差异。[③] 因此，不同地区、不同人群的教育消费具有显著的差异，以往很多学者对这方面进行了研究：蒋乃华认为城市教育消费在男女之间存在差异，并对江苏省扬州市进行了相关研究，但发现由于当前中国城市独生子女政策的作用，扬州市家长对孩子教育的期望和投资在性别上没有显著的差异[④]；孙彩虹通过2万份调查数据，分析了重庆市中小学教育消费支出的差异，结果发现父母学历、家庭收入、家庭人口规模、地区发达程度等因素对家庭教育消费具有重要的影响，并且认为适当降低学校教育收费标准，继续实行计划生育、优生优育政策等措施对实现教育消费公平具有重要的作用[⑤]；沈百福分析了中国城乡义务教育消费的差异性，发现中国东部地区小学生人均经费的城乡差异最大，而中部地区的初中生人均经费城乡差异最大[⑥]；刘维奇、靳共元从收入分配视角对教育消费的结构进行了分析，指出收入高低对教育消费有重要

---

① 耿修林. 不同收入等级下城镇居民消费结构的动态比较 [J]. 统计与信息论坛, 2009 (12).
② 陶美重. 论教育消费的本质 [J]. 教育与经济, 2007 (4): 17.
③ 徐其虎. 论教育消费的特点 [J]. 杭州师范大学学报（社会科学版）, 2003 (1).
④ 蒋乃华. 城市教育消费中的性别差异——以江苏省扬州市城区为例 [J]. 中国人口科学, 2002 (2).
⑤ 孙彩虹. 重庆市中小学生家庭教育消费支出差异分析 [J]. 重庆工商大学学报（西部经济论坛）, 2003 (1).
⑥ 沈百福. 义务教育投入的城乡差异分析 [J]. 教育科学, 2004 (6).

的影响，收入分配影响着不同层次教育消费行为，结果有可能导致教育消费结构的失衡①；刘录护通过建立社会不平等的微观研究机制，发现家庭子女教育差异导致了家庭教育不平等向子女教育不平等渗透，因此社会应该继续加大教育投资，从而减弱家庭教育消费差异对教育领域的影响②；钟晓玲发现中国城乡教育消费出现差异在很大程度上是因为我国教育投入体制的影响，而且教育消费差异大于地区经济差异，并且导致中国农村和边远地区的教育经费长期不足③；施永、彭海艳基于基尼系数、教育消费支出份额、人均教育消费支出增长率、人均教育支出负担率等多个综合指标全面考察了中国农村教育消费的差异，发现中国农村教育消费差异正在进一步缩小，但是2006年以后有扩大的趋势④；者贵昌指出，有效增加教育投入、提升农村居民的素质对缩小城乡差距具有重要的时代意义⑤；林少真从实证方面探讨了厦门市社会分层对家庭教育消费的影响，认为家庭收入和父母受教育程度对家庭子女教育消费具有显著的影响⑥；王梅、陶美重和王琪等对中国高等教育中城乡教育消费的差异性进行了分析，发现城乡教育消费在需求意愿、需求方式、需求结果、需求效应等方面存在明显的差异，这些差异深刻影响着中国教育消费的公平性⑦；赵萍和刘洋等对城市和农村大学生教育消费进行了探讨，发现在中国城乡二元格局的背景下，城乡高等教育消费的差异日益明显⑧。

　　从现有的研究文献来看，目前对中国教育消费差异的分析，主要还是集中在家庭教育消费层面，同时大多数局限于省份内，少数分析全国

---

① 刘维奇，靳共元. 我国教育消费结构失衡研究：收入分配视角的考察 [J]. 工业技术经济，2006 (7).
② 刘录护. 家庭子女教育消费：社会不平等机制的微观建构 [J]. 辽宁教育研究，2007 (2).
③ 钟晓玲. 我国教育投入的城乡及地区差异分析 [J]. 价格月刊，2007 (4).
④ 施永，彭海艳. 我国农村居民教育消费支出的差异分析 [J]. 商业经济研究，2008 (33).
⑤ 者贵昌. 中国西部新农村建设中教育消费问题的分析与研究 [J]. 云南师范大学学报（哲学社会科学版），2009 (2).
⑥ 林少真. 社会分层视野下的教育消费问题：以厦门市为例 [J]. 中共福建省委党校学报，2010 (3).
⑦ 王梅，陶美重，王琪. 我国高等教育消费需求城乡差异表现形式分析 [J]. 中国农业教育，2013 (6).
⑧ 赵萍，刘洋. 大学生教育消费投入之城乡差异分析 [J]. 亚太教育，2015 (2).

教育消费差异的,也只是简单对东部、中部、西部三个区域进行研究,缺乏更进一步的细分。因此,接下来本章将以中国政府宏观层面的公共教育消费投资为例,对这一问题进行更加深入的分析。

5.2 实证方法设计及指标选择

5.2.1 区域划分

众多学者在研究中国教育消费差异的时候,通常将中国分为东部、中部和西部三部分来对比,但是中国省份众多,且各地实际情况有很大差异,因此这样的分法在某种程度上有一定的粗糙性。本章按照"十一五"期间将中国分为八大经济区(不含港、澳、台)的划分方法来进行差异比较,具体包括东北地区经济区、北部沿海经济区、东部沿海经济区、南部沿海经济区、黄河中游经济区、长江中游经济区、西南地区经济区、西北地区经济区,每个经济区具体包括的省份如表5-1所示。

表5-1 八大经济区具体省份情况

经济区名称	省份	经济区名称	省份
东北地区经济区	吉林 辽宁 黑龙江	黄河中游经济区	陕西 山西 内蒙古 河南
北部沿海经济区	北京 天津 河北 山东	长江中游经济区	湖北 湖南 江西 安徽
东部沿海经济区	江苏 浙江 上海	西南地区经济区	云南 贵州 四川 重庆 广西
南部沿海经济区	广东 福建 海南	西北地区经济区	甘肃 青海 宁夏 西藏 新疆

资料来源:国务院发展研究中心。

5.2.2 研究方法选择

5.2.2.1 差异性分析

目前,关于宏观经济差异和不平衡的研究主要有以下几种方法:基尼系数、Theil 指数、Kernel 密度估计等。本章采用 Theil 指数来刻画教育消费差异,Theil 指数最初是由锡尔和亨利提出的,最开始主要用于测算国家之间的收入差距。Theil 指数不受其空间单元个数的影响，因此可以比较系统内的差异。本章构建的公共教育消费的 Theil 指数计算公式如下：

$$T = \sum_{i=1}^{N} \frac{E_i}{E} \ln \frac{E_i/E}{X_i/X} \qquad (5-1)$$

式（5-1）中，T 代表 Theil 指数，i 表示省份，N 表示研究省份个数，E_i 和 E 分别表示第 i 个省份的和总的公共教育消费，X 和 X_i 分别代表总的及第 i 个省份的与公共教育消费相关的变量。笔者在本章中选取人口数和生产总值来代理公共教育消费的相关变量 X，则 Theil 指数分别为 $T(P)$ 和 $T(GDP)$。

根据定义，当 X 选取相同的变量时，如生产总值，则 $T(GDP)$ 越大代表公共教育消费区域差异越大；当 X 选取不同指标时，所得到的 Theil 指数 $T(P)$ 和 $T(GDP)$ 可以进行比较，如 $T(GDP) > T(P)$ 代表区域的公共教育消费水平和人口发展相似度更高，反之同理。Theil 指数可以进一步分为区域内和区域间的差异，分别记作 T_{WR} 和 T_{BR}，其计算公式如下。

区域内差异：

$$T_{WR} = \sum_{i} \frac{E_i}{E} T_{pi} = \sum_{i} \frac{E_i}{E} \left(\sum_{j} \frac{E_{ij}}{E_i} \ln \frac{E_{ij}/E_i}{X_{ij}/X_i} \right) \qquad (5-2)$$

区域间差异：

$$T_{BR} = \sum_{i} \frac{E_i}{E} \ln \frac{E_i/E}{X_i/X} \qquad (5-3)$$

总差异 Theil 指数如下：

$$T = T_{WR} + T_{BR} \qquad (5-4)$$

其中，E_{ij}、E_i 和 E 分别代表第 i 个区域 j 省、第 i 个区域和所有省份的公共教育消费；X_{ij}、X_i 和 X 分别代表第 i 个区域 j 省、第 i 个区域和所有省份的人口数或者生产总值；T_{pi} 代表第 i 个区域内部的省级差异。同时，笔者将区域间差异和区域内差异占总差异的百分比分别称为：区域间差异贡献度和区域内差异贡献度。

区域内贡献率：
$$W_{WR} = T_{WR}/T \qquad (5-5)$$

区域间贡献率：
$$W_{BR} = T_{BR}/T \qquad (5-6)$$

5.2.2.2 收敛性研究

众多学者在研究区域经济增长收敛性时常用 δ - 收敛的检验方法。δ - 收敛用于考察各区域某经济变量偏离整体平均的差异及其不平衡的动态过程，相关的计算方法如下：

$$CV = \sqrt{\frac{\sum(E_i - \overline{E})^2}{m}} / \overline{E} \qquad (5-7)$$

式（5-7）中 E_i（$i=1,2,\cdots,31$）代表各地区的公共教育消费指标，$\overline{E}$ 为这一指标的平均值。CV 越大，说明不同区域间公共教育消费差距越大，如果 CV 呈下降趋势，则说明不同地区公共教育消费存在 δ - 收敛。

5.2.3 研究指标选取

首先，本章在研究对象上，主要从政府角度出发考察公共教育消费投资的区域差异及收敛性情况，然后进一步选用教育经费作为政府公共教育消费投资的代理变量。本研究时间跨度为 2000~2011 年（δ - 收敛分析除外），选取每个省份年末常住人口（万）和生产总值（亿元）作为公共教育消费的相关变量，所有数据均来自 2001~2014 年《中国统计年鉴》。表 5-2 描述了 2000~2011 年八大经济区公共教育消费情况。

从表 5-2 可以看出，12 年间中国公共教育消费由 2000 年的 3503 亿元增加到了 2011 年 22071 亿元，增加了 5.3 倍，年均增长 18%，远大于同期国内生产总值的增长速度。同时，还可以看出东部沿海经济区的公共教育消费最多，而西北地区经济区最少，不到总公共教育消费的 6%，但西北地区经济区公共教育消费增长速度比较快，12 年间增长 7.5 倍。

表 5-2 2000~2011 年八大经济区公共教育消费情况

单位：亿元

年份	东北地区经济区	北部沿海经济区	东部沿海经济区	南部沿海经济区	黄河中游经济区	长江中游经济区	西南地区经济区	西北地区经济区	教育消费总额
2000	314	599	619	593	361	463	415	140	3504
2001	418	871	852	799	501	609	585	209	4844
2002	476	995	1018	972	592	722	701	248	5724
2003	547	1111	1184	1126	664	807	771	273	6483
2004	627	1270	1440	1314	771	949	902	312	7585
2005	725	1494	1657	1480	910	1104	1058	367	8795
2006	724	1383	1687	1513	1015	1123	1133	390	8968
2007	899	1694	1989	1838	1302	1419	1491	511	11143
2008	1089	2009	2276	2038	1632	1730	1885	662	13321
2009	1184	2221	2490	2226	1927	1951	2277	792	15068
2010	1374	2664	2935	2625	2291	2285	2697	948	17819
2011	1694	3369	3506	3230	2919	2931	3232	1191	22072

注：表中数据均为四舍五入后的约数。
资料来源：2001~2012 年《中国统计年鉴》。

5.3 实证结果及分析

5.3.1 公共教育消费区域差异性分析（Theil 指数）

根据 Theil 指数计算公式和相关数据，计算结果如表 5-3、5-4 所示。

表 5-3 2000~2011 年区域公共教育消费 $T(P)$ 及其分解

年份	区域内差异	区域间差异	总差异	区域内差异贡献度（%）	区域间差异贡献度（%）
2000	0.094004	0.065699	0.159703	58.9	41.1
2001	0.108653	0.064370	0.173023	62.8	37.2
2002	0.098335	0.064258	0.162593	60.5	39.5
2003	0.094166	0.069306	0.163471	57.6	42.4
2004	0.094776	0.070625	0.165401	57.3	42.7

续表

年份	区域内差异	区域间差异	总差异	区域内差异贡献度（%）	区域间差异贡献度（%）
2005	0.087388	0.062576	0.149963	58.3	41.7
2006	0.041496	0.053096	0.094592	43.9	56.1
2007	0.034800	0.040575	0.075376	46.2	53.8
2008	0.029718	0.028607	0.058324	51.0	49.0
2009	0.027725	0.021833	0.049558	55.9	44.1
2010	0.023941	0.019829	0.043770	54.7	45.3
2011	0.025393	0.016904	0.042297	60.0	40.0

表 5-4　2000~2011 年区域公共教育消费 $T(GDP)$ 及其分解

年份	区域内差异	区域间差异	总差异	区域内差异贡献度（%）	区域间差异贡献度（%）
2000	0.018123	0.004871	0.022994	78.8	21.2
2001	0.024760	0.006567	0.031327	79.0	21.0
2002	0.020505	0.007183	0.027688	74.0	26.0
2003	0.020159	0.006315	0.026474	76.0	24.0
2004	0.020646	0.006280	0.026926	76.7	23.3
2005	0.021930	0.008457	0.030387	72.1	27.9
2006	0.008771	0.012872	0.021643	40.5	59.5
2007	0.006761	0.016862	0.023623	28.6	71.4
2008	0.009028	0.022088	0.031116	29.0	71.0
2009	0.010561	0.029213	0.039774	26.6	73.4
2010	0.008920	0.026066	0.034986	25.5	74.5
2011	0.009715	0.021760	0.031475	30.9	69.1

由表 5-3、5-4 可知，2000~2011 年期间总差异都是 $T(GDP) < T(P)$。由此可知，中国公共教育消费更多的是受到了经济增长方面的影响。因此，选择经济增长（GDP）指标的计算方法更加合理。接下来，进一步对以 GDP 为相关变量指标的区域内部的差异进行细分，结果如表 5-5 所示。

表 5-5 2000~2011 年八大经济区公共教育消费内部差异 T_{WR}

年份	北部沿海经济区	东北地区经济区	东部沿海经济区	南部沿海经济区	黄河中游经济区	长江中游经济区	西南地区经济区	西北地区经济区
2000	0.069777	0.017292	0.003598	0.005819	0.014723	0.004908	0.005956	0.003948
2001	0.098836	0.011819	0.004282	0.005590	0.032203	0.003164	0.004056	0.001642
2002	0.079821	0.011759	0.004029	0.004215	0.030421	0.001976	0.005427	0.003592
2003	0.079782	0.007472	0.003476	0.002300	0.035515	0.001230	0.005311	0.009462
2004	0.083803	0.001744	0.004995	0.005227	0.029473	0.001784	0.007496	0.012401
2005	0.089234	0.003108	0.005342	0.005530	0.027277	0.000750	0.007976	0.016753
2006	0.019070	0.001455	0.005750	0.001117	0.016296	0.002722	0.014077	0.011031
2007	0.014921	0.000631	0.001896	0.000264	0.011995	0.003182	0.009990	0.019984
2008	0.021323	0.003501	0.002009	0.001355	0.016667	0.003524	0.011398	0.017379
2009	0.025072	0.002884	0.003780	0.001056	0.020208	0.003474	0.013085	0.016104
2010	0.018278	0.002890	0.003779	0.000701	0.009509	0.006540	0.016009	0.014187
2011	0.011372	0.001871	0.002464	0.000160	0.010707	0.016798	0.019761	0.016319

为了能够更清楚地刻画公共教育消费区域差异的变化趋势，笔者通过作图来进一步刻画（见图 5-1、5-2）。

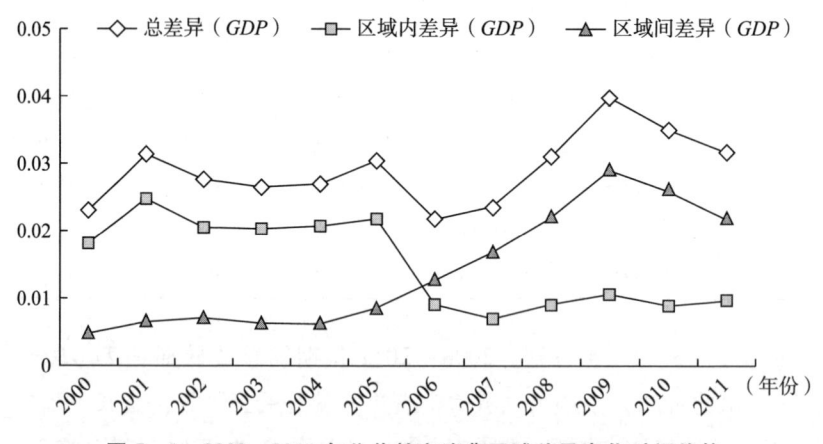

图 5-1 2000~2011 年公共教育消费区域差异变化时间趋势

由图 5-1 和图 5-2 看出，全国公共教育消费总差异 12 年间基本都不大，都在 0.04 以内，总体有略微的增加，12 年共增加了 36.9%，其中在 2009 年达到最大，为 0.039774，2006 年达到最小，为 0.021643，

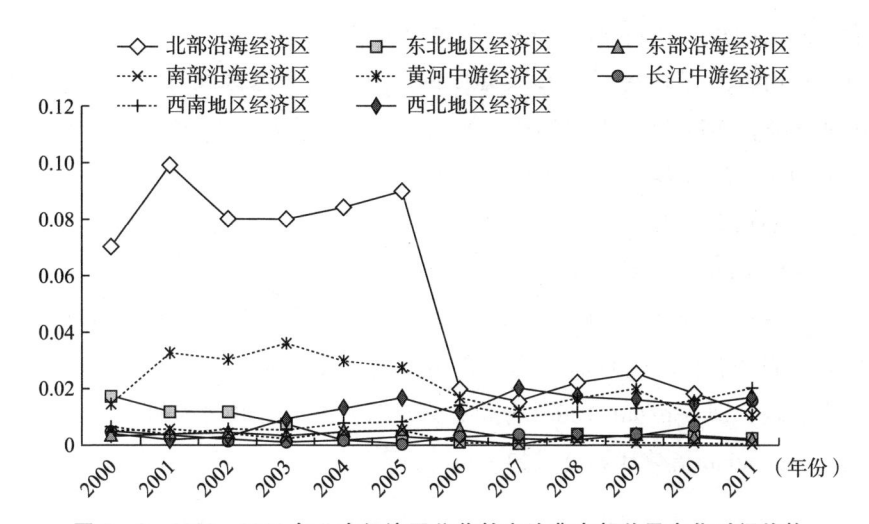

图 5-2 2000~2011 年八大经济区公共教育消费内部差异变化时间趋势

表现为"W"形的变化趋势。

在总差异的贡献度方面,在大概 2005 年以前,绝大多数的差异是由区域内差异贡献的,区域内和区域间差异贡献度大概比例为 3:1;2005 年以后,大多数的差异由区域间差异贡献,2010 年达到最大差距,区域内差异贡献度为 25.5%,区域间差异贡献度为 74.5%。

从表 5-5 和图 5-2 可以看出两点。第一,内部差异表现出明显的收敛性,特别是北部沿海经济区和黄河中游经济区两个地区自 2001 年以后表现出显著的收敛性。2001 年北部沿海经济区的内部差异为 0.098836,是八个经济区内部差异最大的地区,大概是同时期黄河中游经济区的 3.1 倍,东北地区经济区的 8.4 倍,其他区域的 17 倍以上;黄河中游经济区仅次于北部沿海经济区,为 0.032203。第二,到 2011 年北部沿海经济区和黄河中游经济区的内部差异分别下降为 0.011372 和 0.010707,仅为 2001 年的 11.5% 和 33.2%。这主要是因为 21 世纪初以后这两个地区内各省份的经济在各方面都得到了快速的发展,尤其是国家对教育资源的配置更加公平化,使得两个区域公共教育消费的内部差异都在不断缩小。

改革开放以来,南部沿海经济区和东部沿海经济区内部各省份教育事业基本都得到了快速的发展,尤其是广东、浙江、上海三省教育消费一直处于全国领先水平,因此其内部差异在 12 年间基本没有太大上升或者下降的趋势，且差异值很小。西南地区经济区和西北地区经济区两区域，12年里区域内差异有较大幅度的上升，西北地区经济区2000年为0.003948，2011年为0.016319，增长3.1倍，西南地区经济区2000年为0.005956，2011年为0.019761，增长2.3倍，但是两地区的差异一直都不大，都在2%以内，因此对整体公共教育消费的差异影响不大。

• Separation 指数分析

为更进一步描述中国公共教育消费时空差异，本研究借鉴 Walsh 和 O'Kelly 的方法[1]，对 Theil 指数中的区域间差异和区域内差异做了进一步数据处理，即 Separation 指数分析，来反映八大经济区之间的相对分离程度。Separation 指数计算公式如下：

$$SEP = \frac{T_{BR}}{\ln(\frac{E}{E_m})} \times \frac{\ln(E_m)}{T_{WR}} \quad (5-8)$$

式（5-8）中 E_m 代表八大经济区内公共教育消费较少的那个区域的公共教育消费值，E 代表八大经济区总的公共教育消费值，其他符号如前文所定义。根据式（5-8）中定义，选取八大经济区中公共教育消费较少的西北五省份为参考，计算出 2000~2011 年公共教育消费的区域分离系数，结果如图 5-3 所示。

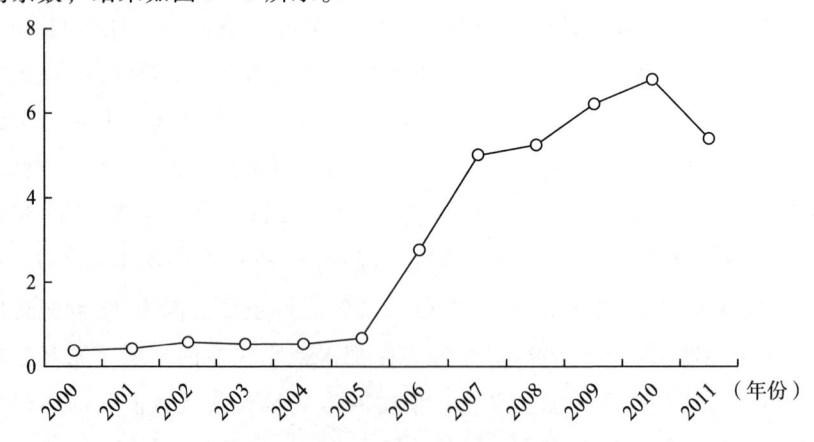

图 5-3　2000~2011 年中国公共教育消费的区域分离系数

---

[1] Walsh, J. A., O'Kelly, M. E. An Information Theoretic Approach to Measurement of Spatial Inequality [J]. Economic & Social Review, 1979 (4).

由图 5-3 知，在 2000~2005 年，八大经济区的总体公共教育消费区域分离指数不大，且保持稳定。2005 年以后不断增加，2010 年达到峰值。这说明我国公共教育消费的区域之间还存在一定的差异，且公共教育消费在八大经济区内存在一定程度的空间极化现象。

5.3.2 收敛性分析

δ-收敛分析的结果如表 5-6 所示。

表 5-6　2000~2013 年中国总体公共教育消费 CV 值

年份	2000	2001	2002	2003	2004	2005	2006
CV 值	0.6853	0.6697	0.6748	0.6971	0.6994	0.6915	0.6904
年份	2007	2008	2009	2010	2011	2013	
CV 值	0.6731	0.6253	0.6063	0.6057	0.5952	0.5930	

注：由于国家统计局 2012 年相关数据缺失，故本表格未包含 2012 年公共教育消费的 CV 值。

由表 5-6 看出，2000~2013 年中国总体公共教育消费的 CV 值整体处于下降趋势，由 2000 年的 0.6853 下降到 2013 年的 0.5930。因此公共教育消费差异表现出显著的 δ-收敛，这对缩小公共教育消费差距来说是一个积极的信号。

5.4　研究结论

本章采用全国 31 个省份公共教育消费相关数据，将中国分为八大经济区，采用 Theil 指数对中国公共教育消费差异进行刻画，并将公共教育消费差异分为区域内差异和区域间差异进行分析，同时用 δ-收敛方法检验了全国公共教育消费收敛情况。通过以上研究，本章得出以下结论。

第一，公共教育消费总体差异有起有落，但是总体幅度不大，总差异都在 0.04 以内，呈现"W"形的变化趋势。第二，区域内差异和区域间差异交替主导总差异。具体来说，2005 年以前区域内差异占主导地位，2005 年以后区域间差异占主导地位，说明中国现在应该着重关注各地区公共教育发展的区域间差异，促进教育发达地区和教育发展较慢地区的均衡发展。第三，公共教育消费更多的是受经济发展的影响。国内外的许多研究都已经表明教育消费和经济增长具有相互影响、相互促进的关系。例如：范柏乃、来雄翔对中国教育投资和经济贡献率进行了研究，发现我国教育投资和经济增长存在双向因果关系。[①] 第四，中国公共教育消费存在明显的 δ - 收敛。

[①] 范柏乃，来雄翔. 中国教育投资对经济增长贡献率研究 [J]. 浙江大学学报（人文社会科学版），2005（4）.

第六章　教育消费公平性问题探究
——基于高校科技经费配置的视角

推进世界一流大学和一流学科建设是我国深化教育领域综合改革的重要举措，标志着我国高等教育建设进入了新时期。长期以来，高等教育的不平衡不充分发展是社会各界广泛关注的问题，其不平衡性主要体现在经费等教育资源的非均衡配置上，这种非均衡配置既存在于区域之间也存在于学校之间。党的十九大报告指出，要加快"双一流"建设，要努力让每个孩子都能享有公平而有质量的教育。在高等教育方面，高校承担着我国人才培养和科学探究的重任，研究型教育消费的差异势必对教育的公平性产生重要影响。尤其是高校科技经费，作为研究型教育消费的宏观层面集合体，其在区域间、校际的均衡配置既可以实现高等教育整体水平的提升，又会使教育结构更加合理、高等院校更具类别特色。

与此同时，《国家中长期教育改革和发展规划纲要（2010—2020年）》的落实，也需要以科技经费为代表的研究型教育消费发挥引导作用。因此，不同类别高校间和相同类别高校间科技经费配置的均衡状况分别如何？科技经费在高校间的差异具有怎样的特征？是否存在极化现象？成为本章对研究型教育消费探究的重点。

6.1　前期研究基础

教育消费相比于其他形式的消费来说，是种更高层次的消费形式，有学者提出，"文化教育是第一消费力，是提高人的素质、生产力和消费力的基础"[1]，而且"教育消费是现代社会培养人才、增进社会文明

---

[1] 尹世杰. 消费经济学 [M]. 北京：中国财政经济出版社，2001：27-29.

所必需的一种特殊的消费活动,是满足人们对成才需要的消费,它能增进劳动生产率和社会整体效益"①,研究型教育消费作为教育消费的一种,是通过研究性学习,探索和创造新知识的消费②。将每个微观主体的该种消费集合起来,上升到宏观层面,那么,高校及科研院所的科技经费投入可以作为研究型教育消费的一种代表形式。随着知识经济的兴起,教育消费尤其是研究型教育消费在经济发展中起到愈发重要的作用。国内外学者对于教育消费的研究主要集中在两个方面,一方面是对教育消费的经济效应的研究,另一方面是对其非均衡状况的探究。

在关于教育消费经济效应的研究中,内生增长理论提供了理论基础。丹尼森以 C-D 生产函数法为基础,计算出教育要素投入所带来的国民生产值的提高速度占国民生产总值增速的比值,用这种方法测算出 20 世纪初期美国教育对经济增长的贡献率为 20% 左右。③ 麦迪逊利用同样的方法计算出了西方六国高等教育消费对国民生产总值平均增长率的贡献,之后这种增长因素分析法成为主流研究方法。④ 在国内,吴兴玲、田应福通过 Granger 因果关系分析论证了高等教育对经济发展的推动作用,并运用 ADL 模型和 ECM 模型对研究结果进行了验证,同时也说明了刘易斯的教育推动经济发展理论在经济落后地区的适用性⑤;刘国清结合面板数据与菲德模型实证探究了高等教育投资对非高等教育部门的溢出效应及对经济增长的促进作用,研究结果表明,相对而言我国中部地区具有较高的经济增长效应,西部地区非高等教育部门具有更高的高等教育投资溢出效应。⑥

在对教育消费非均衡状况的探究方面,众多学者将衡量区域经济差

---

① 陶美重. 论教育消费的本质 [J]. 教育与经济, 2007 (4): 17.
② 王焕培. 论我国教育消费存在的问题及对策 [J]. 消费经济, 2008 (6).
③ Denison, E. F. The Sources of Economic Growth in the United States and the Alternatives before Us [M]. New York: Committee for Economic Development, 1962: 546-550.
④ Maddison, A. Growth and Slowdown in Advanced Capitalist Economics: Techniques of Quantitative Assessment [J]. Journal of Economic Literature, 1987: 25 (2).
⑤ 吴兴玲,田应福. 基于 ADL 模型的贵州省高等教育与经济增长关系的实证分析 [J]. 管理科学, 2015 (23).
⑥ 刘国清. 我国区域高等教育投资的经济效应——基于东、中、西部面板数据 [J]. 系统工程, 2012 (9).

异的方法应用在教育经费投入等相关问题的分析上,为教育消费差异的研究提供了理论和实证上的支持。在高等教育阶段,杜鹏、顾昕总结出我国高校生均经费存在"不均衡"、"增长慢"和"低水平"的特征,认为虽然高校生均教育经费绝对水平在提高,但增长是不稳定且不连续的,教育经费支出分布呈现"东高西低,中部塌陷"的格局,而且经费配置水平的学校间差异要大于省际差异[①];刘华军、张权以生均教育经费、专任教师数等五种指标为代理变量,采用 Dagum 基尼系数方法,对我国高等教育资源的空间非均衡问题进行了探究,该方法很好地将基尼系数分解为组内差距、组间差距和超变密度,通过贡献率的对比,可以得出地区间差距是造成高教资源非均衡问题的主要原因,同时利用 Moran's I 指数说明了高校教育资源存在正向空间相关性。[②] 在其他教育阶段,王奔、晏艳阳利用 Kernel 密度估计方法考察了普通中学、普通小学等四类学校教育消费差异的动态变化,探究结果显示普通小学生均教育消费的省际不均衡发展趋势与普通中学一致,均在样本期间先扩大后缩小[③];叶杰、周佳民以各省小学、中学和大学生均教育经费数据为基础,得出三级教育经费支出差异以不同的时间拐点均呈先扩大后缩小的趋势,并通过 Theil 指数的分解表明,相比于义务教育阶段,省际生均教育经费的支出差异主要体现在高等教育阶段,但高等教育对总支出差异的贡献率呈递减状态。[④]

国内学者在探究影响其差异的因素上同样做了大量的工作,于伟、张鹏先通过结合 MLD 指数、基尼系数和 Theil 指数说明了高校教育消费省际差异先扩大后缩小,存在倒"U"形时间序列分布,后基于 shapley 值分解的方法说明人均财政收入和城镇化水平(以非农业人口比重衡量)的差距是影响高等教育消费省际差异的重要因素,且人均财政收入

---

① 杜鹏,顾昕.中国高等教育生均教育经费:低水平、慢增长、不均衡[J].中国高教研究,2016(5).
② 刘华军,张权.中国高等教育资源空间非均衡研究[J].中国人口科学,2013(3).
③ 王奔,晏艳阳.我国生均教育经费支出的省际差异及其影响因素[J].经济地理,2017(2).
④ 叶杰,周佳民.中国生均教育经费支出的省际差异、内在结构、发展趋势与财政性原因[J].教育发展研究,2017(23).

因素影响呈递减趋势、人口城镇化水平的影响呈扩大趋势[1]；游小珺、赵光龙利用经济地理学中循环累积因果原理解释了教育消费区域发展不平衡现象，认为"投资回报率"、"区位条件"和"政府政策"三方面累积循环过程相互影响，导致资金、人力资源等生产要素的不均衡流动，发达地区发展越快，"马太效应"愈发明显，最终造成了高等教育资源配置的不均衡发展。[2]

回顾国内外学者文献，已有研究侧重于教育消费的经济效应和区域差异，但是对于教育消费分别在相同和不同类型高校间的差异状况还较少涉及。鉴于此，本章以"双一流"大学人均科技经费为代理指标，着重探究了研究型教育消费在高校间的差异状况。相比之下，本书创新之处在于：第一，采用以高校类型为标准划分组别的方式，基于 Kernel 密度估计方法，分析了研究型教育消费在综合、理工、农林等三类高校中的动态演变特征；第二，结合基尼系数对研究型教育消费在各类高校中的非均衡程度进行测度，并进行贡献率的对比；第三，将 ER、EGR 和 LU 三类极化指数运用在研究型教育消费极化程度的测度上，以期从理论和实践上对教育消费研究进行一定的扩展。

6.2 实证方法设计及指标选择

6.2.1 Kernel 密度估计

参数方法和非参数方法是处理函数估计问题通用的两种方法，非参数方法基于数据结构推测回归曲面，无须预先设定函数的具体形式，较参数方法更加灵活。[3] Kernel 密度估计是研究分布不平衡的一种重要的非参数估计方法，由 Placket、Silverman 在核函数的研究基础上进一步发展而来，用于对随机变量的概率密度进行估计，通过连续的密度曲线表示

---

[1] 于伟，张鹏. 我国高校生均经费支出省际差异的再分析——基于 shapley 值分解的方法 [J]. 北京大学教育评论，2015 (4).

[2] 游小珺，赵光龙，等. 中国高等教育经费投入空间格局及形成机理研究 [J]. 地理科学，2016 (2).

[3] 沈丽，鲍建慧. 中国金融发展的分布动态演进：1978—2008 年——基于非参数估计方法的实证研究 [J]. 数量经济技术经济研究，2013 (5).

随机变量的分布形态①,通过图像的位置变化、形态变化以及延展性(左右拖尾)变化表示分布的差距大小的变化和极化现象。

$f(x)$ 为随机变量 X 的密度函数,式(6-1)表示在点 x 的概率密度,在式(6-1)中,核函数用 K 表示,X_i 为独立同分布的观测值,x 为平均值,N 是观测值的个数,h 为带宽。带宽的选择决定着 Kernel 密度估计能否得到一个最优的拟合结果,一般来说,带宽越大(小),密度函数曲线越平滑(不平滑),样本越少,带宽应该越大。②

$$f(x) = \frac{1}{Nh}\sum_{i=1}^{N}K\left(\frac{X_i - x}{h}\right) \qquad (6-1)$$

Kernel 密度估计根据核函数不同的选择而具有不同的表达形式,核函数主要有三角核、四次核、高斯核和 Epanechnikov 核等几种形式,本章 Kernel 密度估计选择高斯核函数形式,具体表达式如下:

$$K(x) = \frac{1}{\sqrt{2\pi}}\exp\left(-\frac{x^2}{2}\right) \qquad (6-2)$$

6.2.2 基尼系数及其分解

基尼系数是衡量国民收入分配公平性的重要指标,本章借鉴 Mookherjee 和 Shorrocks 对基尼系数的使用与分解方法,构造了测度高校人均科技经费均衡程度的基尼系数,以此说明研究型教育消费高校间的差异③,其表达形式如式(6-3)所示。其中,G 为总体的基尼系数,n 为总体中高校的数量,μ 为所有高校人均科技经费的平均值,y_i 和 y_j 分别表示第 i 所和第 j 所高校的人均科技经费数值。

$$G = \frac{1}{2n^2\mu}\sum_i\sum_j|y_i - y_j| \qquad (6-3)$$

考虑到各分组之间收入范围的重叠情况,可以将式(6-3)转换为

---

① 刘华军,鲍振,杨骞. 中国农业碳排放的地区差距及其分布动态演进——基于 Dagum 基尼系数分解与非参数估计方法的实证研究 [J]. 农业技术经济,2013 (3).
② Mookherjee, D., Shorrocks, A. A. Decomposition Analysis of the Trend in UK Income Inequality [J]. The Economic Journal, 1982, 92 (368).
③ Mookherjee, D., Shorrocks, A. A. Decomposition Analysis of the Trend in UK Income Inequality [J]. The Economic Journal, 1982, 92 (368).

式（6-4），G 和 G^k 分别表示总体和第 k 组的基尼系数，v_k 表示第 k 组高校数量占总体高校数量的比例，λ_k 表示第 k 组高校人均科技经费的平均值占总体平均值的比例，即第 k 组研究型教育消费的相对水平。

$$G = \sum_k v_k^2 \lambda_k G^k + \frac{1}{2} \sum_k \sum_h v_k v_h |\lambda_k - \lambda_h| + R \qquad (6-4)$$

其中，

$$v_k = \frac{n_k}{n}, \lambda_k = \frac{\mu_k}{\mu} \qquad (6-5)$$

在式（6-4）中，等号右边第一部分表示组内差异，第二部分表示组间差异，R 为剩余项，表示分组间的交错程度对基尼系数的影响。

6.2.3 极化指数方法

在 Esteban 和 Ray 定义的疏远函数、认同函数的基础上，本章构造了衡量高校科技经费分配极化程度的 ER 指数，以此说明研究型教育消费高校间的极化现象，表达式如式（6-6）所示。其中 $K>0$，是起标准化作用的常数，根据数据要求的不同而取不同的数值，α 在 [0，1.6] 之间取任意值，是反映极化敏感程度的参数，α 的数值越小（大），ER 指数与基尼系数的测度效果偏差就越小（大），v_i、v_j 分别表示第 i 组、第 j 组高校数量占总体高校数量的比例，μ_i、μ_j 分别表示第 i 组、第 j 组高校人均科技经费的平均值。

$$ER = K \sum_{i=1}^{n} \sum_{j=1}^{n} v_i v_j v_i^\alpha |\mu_i - \mu_j| \qquad (6-6)$$

由于 ER 指数需满足子群内成员具有完全一致的认同感这一假设条件[1]，存在一定的局限性，Esteban、Gradin 等对 ER 指数进行了改进，得到的 EGR 指数表达式如式（6-7）所示，其中 K 和 α 的意义和取值范围与 ER 指数一致，$\beta>0$，是衡量组内聚合程度的敏感性参数。

$$EGR = K \sum_{i=1}^{n} \sum_{j=1}^{n} v_i v_j v_i^\alpha |\mu_i - \mu_j| - \beta(G_1 - G_2) \qquad (6-7)$$

---

[1] 洪兴建，李金昌. 两极分化测度方法述评与中国居民收入两极分化 [J]. 经济研究，2007（11）.

β 根据数据的要求而取不同的数值，G_1 表示总体的基尼系数，G_2 表示人均科技经费在组间的差异，即式（6-4）中第二项的数值，式（6-7）表示越小的组内差异和越大的组间差异都会使得 EGR 指数的数值变大，从而使极化程度增高。

在 EGR 指数的基础上，Lasso 和 Urrutia 提出了 LU 指数，解决了 EGR 指数对于子群收入范围重叠情况下敏感性不足的问题，本章构造的 LU 指数的表达式如式（6-8）所示。其中，G_i 表示第 i 组高校的基尼系数，α、β 和 K 的意义与取值范围与 EGR 指数一致。

$$LU = K \sum_{i=1}^{n} \sum_{j=1}^{n} v_i v_j v_i^{\alpha} (1 - G_i)^{\beta} |\mu_i - \mu_j| \qquad (6-8)$$

6.2.4 数据来源与参数设定

（1）数据来源及处理。本章从科技经费均衡配置的角度，分析了研究型教育消费高校间的差异情况，研究对象为入选我国"双一流"建设的大学，高校名单来源于教育部《关于公布世界一流大学和一流学科建设高校及建设学科名单的通知》。基于数据合理性和可得性原则，与研究型教育消费密切相关的综合类、理工类和农林类高校是研究的重点，对于艺术类等其他类型高校本章不做探究，对"双一流"高校按照综合类高校、理工类高校和农林类高校的分组源自中国校友会 2017 年《中国大学评价研究报告》。研究所采用的指标数据均来源于 2008~2017 年《高等学校科技统计资料汇编》

（2）参数的假定。在与基尼系数相对应的基础上，借鉴了洪兴建等人在居民收入极化测度中遵循的齐次性公理。[①] 本章对研究型教育消费极化问题的探究同样基于齐次性公理，即高校人均科技经费同比增减时非均衡状态不发生改变。从而将参数设定为 ER 指数、EGR 指数和 LU 指数中，$K = 1/(2\mu)$，μ 为所有样本高校人均科技经费的平均值。按照研究的惯例，α 取 1.5，LU 指数中 β 取 0.5，EGR 指数中 β 取 0.1。由于参数不影响测度指数的变动趋势，因而关于其他参数下的探究本章不加以论述。

[①] 洪兴建，李金昌. 两极分化测度方法述评与中国居民收入两极分化 [J]. 经济研究，2007（11）.

6.3 实证结果分析

6.3.1 研究型教育消费的分布动态

以 2007~2016 年"双一流"高校人均科技经费为代理指标,利用 EViews 7.2 软件估计不同类型高校的 Kernel 密度曲线,选取其中的 2007 年、2011 年和 2016 年作为考察年份,探究不同类型高校科技经费分布动态及差异。图 6-1 至图 6-3 中纵轴表示对应的 Kernel 密度值,横轴表示所有样本均值的倍数,取值为 1 代表样本高校人均科技经费等于全部"双一流"高校人均科技经费的平均水平。

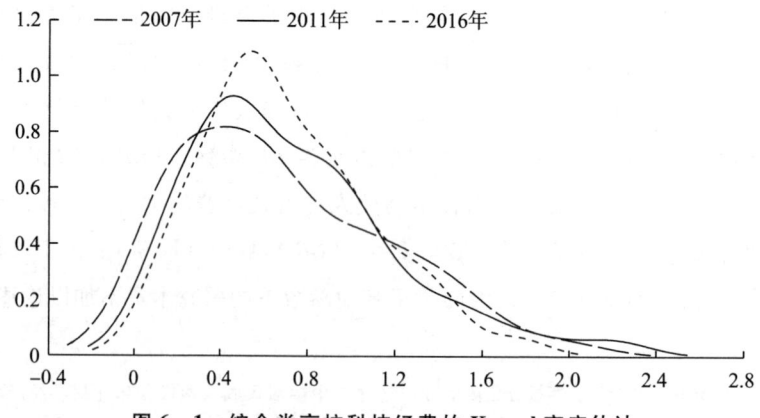

6.3.1.1 综合类高校科技经费的 Kernel 密度估计

从图 6-1 可以看出,人均科技经费在综合类高校中的分布动态呈现以下三方面特征:第一,在样本考察年份内,综合类高校的 Kernel 密度曲线整体向右移动,说明综合类高校整体人均科技经费在增加,研究型教育消费水平持续提高;第二,综合类高校 Kernel 密度曲线右拖尾先拉长后缩短,波峰高度上升,波峰宽度减小,说明在样本考察期内,综合类高校整体人均经费差距在缩小,但人均科技经费较多,即研究型教育消费水平靠前的学校与水平靠后的学校差距呈先扩大后缩小态势;第三,2007~2016 年,综合类高校的 Kernel 密度曲线由微弱的双峰趋势演变成清晰的单峰形态,说明综合类高校间科技经费配置极化现象逐渐减弱至消失。

图 6-1 综合类高校科技经费的 Kernel 密度估计

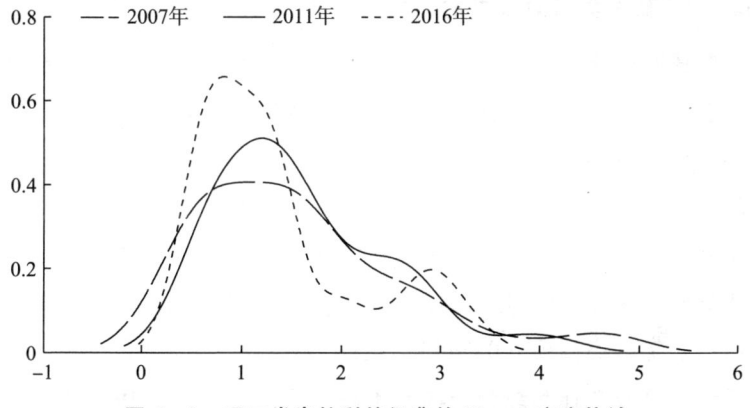

6.3.1.2 理工类高校科技经费的 Kernel 密度估计

从图 6-2 可以看出，人均科技经费在理工类高校中的分布动态呈现以下三方面特征：第一，理工类高校的 Kernel 密度曲线中心先向右移动，后整体位置基本保持稳定，说明相比于全体样本高校均值，理工类高校人均科技经费先增加后平稳；第二，在样本考察期内，理工类高校 Kernel 密度曲线主波峰高度大幅度上升，主波峰宽度逐渐缩小，Kernel 密度曲线右拖尾缩短，说明人均科技经费相对较多的学校数量逐渐减少，人均科技经费相对较少的学校集中程度增加，研究型教育消费水平靠前的学校与靠后的学校之间的极差在缩小；第三，Kernel 密度曲线逐渐演变成明显的双峰形态，说明理工类高校人均科技经费在样本考察期内极化程度增强。

图 6-2 理工类高校科技经费的 Kernel 密度估计

6.3.1.3 农林类高校科技经费的 Kernel 密度估计

从图 6-3 可以看出，人均科技经费在农林类高校中的分布动态呈现以下三方面特征：第一，在样本考察期内，人均科技经费低水平段的 Kernel 密度曲线向左移动，高水平段的 Kernel 密度曲线向右移动，右拖尾逐渐扩大，说明人均科技经费差距整体上有逐渐增大的趋势；第二，农林类高校 Kernel 密度曲线主波峰高度上升，主波峰宽度减小，说明在样本考察年份内，低水平研究型教育消费高校集聚程度增加；第三，农林类高校的 Kernel 密度曲线表现出由双峰形态向清晰的多峰形态发展的趋势，说明人均科技经费在农林类高校内部极化现象明显，且呈逐渐多极分化态势，研究型教育消费水平高校间差距在扩大。

图 6-3 农林类高校科技经费的 Kernel 密度估计

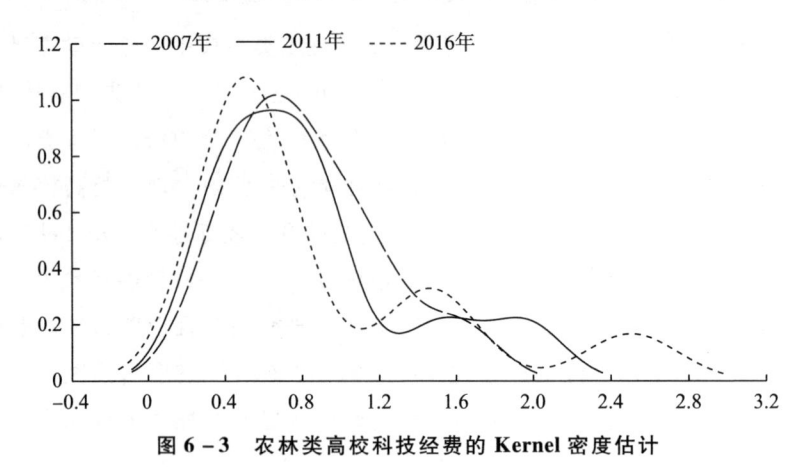

6.3.2 研究型教育消费的非均衡测度

根据基尼系数的计算和分解方法，以"双一流"高校人均科技经费为代理指标，研究型教育消费在高校中的基尼系数及贡献率相关数值如表6-1、6-2所示。

首先，根据计算结果可得，研究型教育消费在高校总体中的不均衡程度要大于其在每一类别高校中的不均衡程度，综合类高校内部的不均衡程度要显著大于其他类别的高校，基尼系数的均值依次为高校总体（0.4141）、综合类高校（0.3445）、农林类高校（0.2980）、理工类高校（0.2873）。高校总体和综合类高校不均衡程度突出的原因主要在于：一方面科技经费在不同类别高校中配置差距较大，理工类高校人均科技经费普遍多于综合类、农林类高校；另一方面，在综合类高校内部，研究型教育消费水平靠前的高校（如南京大学、厦门大学）比排名靠后的高校（如石河子大学、延边大学），人均科技经费多出近20倍，极差远大于农林类和理工类高校。

其次，从总体上看，高校研究型教育消费非均衡程度呈下降趋势，但部分时期也存在非均衡程度下降与上升相互交替的特征，以2007年为基期，至2016年总体基尼系数年均下降2.37%。分别来看，综合类研究型教育消费非均衡程度发展与总体一致，呈下降趋势，相较基期年份（2007年），基尼系数年均下降3.15%；理工类高校非均衡程度呈先下降后上升态势，但与基期年份（2007年）相比，理工类高校非均衡程度仍以下降趋势为主；研究型教育消费在农林类高校内部的非均衡程度呈增加趋势，其基尼系数年均上升3.57%。

表6-1 研究型教育消费基尼系数测度

年份	总体	综合类	理工类	农林类	组内	组间	剩余项
2007	0.4555	0.3732	0.3517	0.2369	0.1684	0.2207	0.0665
2008	0.4272	0.3757	0.2914	0.2737	0.1493	0.2218	0.0561
2009	0.4145	0.3554	0.1781	0.3532	0.1099	0.2142	0.0904
2010	0.4168	0.3407	0.3013	0.3667	0.1450	0.1893	0.0825
2011	0.4191	0.3535	0.2913	0.2956	0.1469	0.2155	0.0567
2012	0.4025	0.3468	0.2807	0.2795	0.1421	0.2141	0.0463
2013	0.4158	0.3584	0.2815	0.2771	0.1455	0.2349	0.0355
2014	0.4320	0.3536	0.2980	0.2789	0.1517	0.2429	0.0374
2015	0.3906	0.3081	0.2981	0.2932	0.1414	0.2095	0.0396
2016	0.3671	0.2799	0.3011	0.3247	0.1346	0.1758	0.0568

再次，三大类别高校研究型教育消费的组内基尼系数呈下降趋势，2007~2016年，组内基尼系数年均下降2.46%，组间基尼系数呈现上升与下降交替的特征，而且组间基尼系数普遍大于组内基尼系数。根据表6-2相关数值可得，组内非均衡平均贡献率为34.65%，组间非均衡平均贡献率为51.63%，说明相比于组内差异，组间差异是"双一流"高校整体研究型教育消费不平衡的主要原因。

表6-2 研究型教育消费基尼系数贡献率

单位：%

年份	2007	2008	2009	2010	2011	2012	2013	2014	2015	2016
组内	36.96	34.95	26.52	34.78	35.04	35.30	34.98	35.12	36.20	36.95
组间	48.44	51.92	51.67	45.42	51.43	53.20	56.49	56.22	53.65	47.88
剩余项	14.59	13.12	21.81	19.80	13.53	11.50	8.53	8.66	10.15	15.47

最后，"双一流"高校分解的剩余项贡献率具有"上升—下降—上升"的特征，说明人均科技经费在三大类别高校中的分布存在聚合和极

化交替的现象。剩余项贡献率上升意味着研究型教育消费水平较高的学校分组中部分高校人均科技经费相对减少，并且水平较低的学校分组中部分高校人均科技经费相对增加，从而提高了低水平研究型教育消费学校与高水平学校之间的交错程度，剩余项贡献率下降则相反。近年来，剩余项贡献率呈上升趋势，说明研究型教育消费在三大类别高校中交错程度增大，高校整体极化现象相对减弱。

6.3.3 研究型教育消费的极化测度

基尼系数不能准确地衡量研究型教育消费在高校间的极化程度，同样以"双一流"高校人均科技经费为代理指标，按照综合类高校、理工类高校和农林类高校的分组方式，得到衡量研究型教育消费极化程度的 ER 指数、EGR 指数和 LU 指数，为了便于直观地描述极化指数的变动趋势，将 2007 年作为基期年份，取其极化指数数值为 100，所有年份的相对数和绝对数如表 6-3 所示。

表 6-3 研究型教育消费极化指数

年份	绝对数			相对数		
	ER 指数	EGR 指数	LU 指数	ER 指数	EGR 指数	LU 指数
2007	0.0609	0.0441	0.0487	100.00	100.00	100.00
2008	0.0612	0.0463	0.0501	100.52	105.04	102.76
2009	0.0591	0.0481	0.0505	97.06	109.19	103.69
2010	0.0522	0.0378	0.0430	85.79	85.67	88.31
2011	0.0595	0.0448	0.0490	97.67	101.67	100.67
2012	0.0591	0.0449	0.0490	97.02	101.85	100.64
2013	0.0648	0.0503	0.0535	106.44	114.10	109.94
2014	0.0670	0.0519	0.0551	110.07	117.70	113.16
2015	0.0578	0.0437	0.0483	94.96	99.15	99.14
2016	0.0485	0.0351	0.0408	79.66	79.56	83.85

通过表 6-3 可得，极化指数虽然部分时期有所起伏，但整体呈下降趋势，以 2007 年为基期，2016 年研究型教育消费极化 ER 指数、EGR 指数和 LU 指数分别年均下降 2.50%、2.50% 和 1.95%。由于以上三种指

数对极化程度更加敏感，结合相关基尼系数的测算结果，可知在高校组内同质性增强、聚合程度上升的同时，高校分组间异质性在降低、组间的对抗程度在下降，科技经费的配置在不同类型高校间的界限愈发不明显，组间对抗下降的程度要大于高校组内的聚合程度，从而导致三种极化指数出现下降的趋势。

6.4 研究结论

本章对研究型教育消费非均衡和极化现象的研究不以地理区域为组别划分的标准，突破了传统方式的局限，研究集中在不同类型而非不同地域间的"双一流"高校上。基于科技经费均衡配置的视角，既探究了研究型教育消费差异的动态演变特征，又量化了其内在的非均衡与极化程度，拓展了教育消费的相关研究，本章得到的研究结论如下。

第一，对综合类、理工类和农林类高校人均科技经费配置利用 Kernel 密度估计方法进行的实证研究结果表明：首先，样本考察期间，相比于农林类高校，综合类高校和理工类高校人均科技经费相对增加，整体研究型教育消费水平提升显著；其次，综合类高校与理工类高校均衡态势一致，近年来内部人均科技经费极差均在缩小，且研究型教育消费整体上的差异皆呈降低趋势，但农林类高校内部非均衡状态没有得到显著改善；最后，相比于极化指数对整体范围的极化现象的测度，Kernel 密度估计补充了科技经费在各类型高校内部极化程度的研究，综合类高校极化现象逐渐减小至消失，理工类高校内部极化程度呈增大态势，农林类高校内部则由两极分化向多级分化发展。

第二，Mookherjee 和 Shorrocks 基尼系数与分解的研究结果表明：首先，研究型教育消费在"双一流"高校整体中的非均衡程度在缩小，综合类与理工类高校内部研究型教育消费水平趋于均衡状态，农林类高校内部不均衡程度呈扩大态势，这与利用 Kernel 密度估计方法做出的判断基本一致；其次，通过对基尼系数均值的比较，学校间教育发展的不均衡程度由大到小依次为综合类高校、农林类高校、理工类高校，但综合类高校不均衡程度的缩小速度要高于理工类高校；最后，相比于同类型高校内部的差异，人均科技经费在不同类型高校之间的差异是"双一流"高校研究型教育消费水平不均衡的主要原因,其虽是主要原因,但是对全国不均衡状态的影响程度不存在显著的增长趋势,特别是,剩余项在非均衡的研究型教育消费水平发展过程中影响程度增大与减小并存,说明各类型高校聚合和极化现象交替出现。

第三,与基尼系数对非均衡测度的标准不同,组内同质性的增强与组间异质性的减弱都会使得研究型教育消费在整体上的极化程度上升。作为一种特殊的非均衡状态,极化测度的引入使得对"双一流"高校教育消费非均衡状态的研究更加全面,ER、EGR 和 LU 三项极化指数量化结果显示:一方面,在样本考察期内,虽然三项极化指标数值有所起伏,但是全国"双一流"高校极化程度仍然以下降趋势为主;另一方面,不同类型高校间异质性变化与相同类型高校内同质性变化相互作用,造成高校整体极化与聚合现象交替出现,这与对基尼系数剩余项的判断一致,由于在样本考察近期,组间"疏远程度"下降的幅度大于组内"认同程度"上升的幅度,所以高校整体极化程度呈减弱态势。

第七章 教育消费的效率问题探究
——"一带一路"框架下教育消费质量评价

十九大报告指出,要加快实现我国高等教育的内涵式发展,意味着高等教育将实现从只顾规模数量到重视效率质量的转变。长期以来,地区间高等教育支出差异明显,高校整体资源配置效率较低,制约着教育消费质量的提升。由此看来,优化教育资源配置、提升教育消费质量是促进我国高等教育内涵式发展不可或缺的一环。

2016年7月,教育部、发改委等联合印发《推进共建"一带一路"教育行动》,明确指出教育在"一带一路"建设中具有基础性和先导性作用。高等教育消费的质量也必然关系到"一带一路"的顺利推进,因此,本章将基于教育资源配置效率视角,对"一带一路"框架下高等教育消费的质量做出评价。

7.1 前期研究基础

教育资源配置的效率问题始终受到社会各界的关注,它是衡量教育消费质量的重要指标。梳理相关文献后发现研究大多采用数据包络分析方法(DEA),从对象选择上分为对地区间效率的评价和对校际效率的评价。Foltz等对1981~1998年美国研究型大学教育资源的配置效率进行了测算,并探究了其效率的影响因素[1];李元静、王成璋测度了全国各省份高等教育资源的配置效率,发现东西部效率差异明显,并且认为教育集聚效应加剧了这种差异[2];张海英等通过综合衡量区域高等教育实力

---

[1] Foltz, J., Barham, B., Chavas J. P., et al. Efficiency and Technological at US Research Universities [J]. Journal of Productivity Analysis, 2012, 37 (2).

[2] 李元静,王成璋. 资源配置效率的比较分析——以我国区域高等教育资源为例 [J]. 软科学, 2014 (10).

与效率两方面，将区域高等教育水平划分为四种类型，并分别给出了改善意见①。在对校际效率的评价中，张小波基于超效率DEA模型对"985"工程高校研究生教育质量的效率进行了研究，认为其整体效率值偏低，主要原因在于资源配置结构不合理，科研经费、科研设备等方面投入不足②；杨传喜等将研究对象拓展到农林类高校，利用Malmquist指数得出其科技资源配置的规模效率较高，但技术进步率的负向贡献导致整体全要素生产率的下降，并进一步指出了农林类高校存在人力资源流失、财力资源投入不足等问题③；李辉等则更加具体地探究了我国农业类高校本科阶段的教育资源配置效率值④。与此同时，魏梅不仅测度了区域效率的增长率，而且利用空间Durbin模型实证检验了高等教育效率的影响因素，即地区的人力资本存量越高，高等教育的效率提升越快，相比之下，区域经济发展、地方财政水平等指标对效率增长率的影响并不显著。⑤

除此之外，也有学者基于其他方法对资源配置的效率进行一系列的探究。具体而言，戚湧、郭逸通过参数方法（SFA）对全国及江苏省内的科技资源配置效率做出评价，认为科技资源配置效率的平均水平较低且差异明显⑥；雍会、韩庆丰采用Hicks-Moorsteen指数，避免了传统Malmquist指数法中假设规模报酬不变时出现的系统性误差，结果表明东中西部高等教育全要素生产效率呈阶梯式下降，且区域差异明显⑦。

既有文献从教育资源配置效率的角度出发，对区域间和校际教育消费质量做出了系列性探究，但相关研究缺乏对"一带一路"框架下重点

---

① 张海英，周志刚，刘星. 我国区域高等教育水平的综合评价［J］. 统计与决策，2013（1）.
② 张小波. 基于综合评价的研究生教育质量效率指数研究——对"985工程"一期34所高校的实证分析［J］. 中国高教研究，2013（9）.
③ 杨传喜，徐顽强，张俊飚. 农林高等院校科技资源配置效率研究［J］. 科研管理，2013（4）.
④ 李辉，王鑫，彭立强. 高等农业院校本科阶段教育资源配置效率研究［J］. 中国高教研究，2010（12）.
⑤ 魏梅. 我国高等教育效率增长率区域差异及其影响因素分析——基于空间计量模型的实证研究［J］. 清华大学教育研究，2012（8）.
⑥ 戚湧，郭逸. 基于SFA方法的科技资源市场配置效率评价［J］. 科研管理，2015（3）.
⑦ 雍会，韩庆丰. 基于Hicks-Moorsteen指数的中国高等教育效率研究［J］. 现代教育管理，2017（8）.

区域教育消费质量的评价对比。鉴于此，本章以《推动共建丝绸之路经济带和21世纪海上丝绸之路的愿景与行动》（以下简称《愿景与行动》）中圈定的18个重点省份为研究对象，结合 DEA 方法和 Malmquist 指数，从静态和动态两个方面对其教育消费质量做出评价，以期在理论和实践上对教育消费的研究进行一定的扩展。

7.2 实证方法设计与指标选择

7.2.1 研究方法

7.2.1.1 DEA

DEA 是一个线性规划模型，表示产出对投入的比率，是美国著名的运筹学家亚伯拉罕·查恩斯和威廉·威格·库珀等人在1978年提出的一种用于评价投入产出效率的非参数估计方法。[①] 教育资源的配置涉及多种投入与产出，与参数方法相比，DEA 模型不仅满足"多元最优原则"，而且对决策单元的函数形式约束较低，不要求统一的函数形式。[②] 在规模报酬不变（CRS）的假设下，DEA-CCR 模型可以计算出教育资源配置的综合效率；在规模报酬可变（VRS）的假设下，DEA-BCC 模型可以计算出教育资源配置的规模效率和技术效率。此外，DEA 模型分为产出导向与投入导向，在规模报酬可变的假设下，两种导向估计的效率值不同，在规模报酬不变的假设下，两种导向估计的效率值相同。本文结合 DEA-CCR 模型与 DEA-BCC 模型，并考虑到各省份可根据政策形势、经济发展等情况调整高等教育资源的投入，以投入为导向，对"一带一路"框架下高等教育消费质量做出评价。

在以投入为导向的 DEA-CCR 模型中，表达形式如式（7-1）所示，$X_i = (x_{1i}, \cdots, x_{mi})^T$，$Y_i = (y_{1i}, \cdots, y_{mi})^T$，$x_{mi}$ 是第 i 个决策单元的第 m 项投入，y_{mi} 是第 i 个决策单元的第 m 项产出，s_j^- 和 s_r^+ 分别代表投入冗

[①] Charnes, A., Cooper, W. W., Rhodes, E. Measuring the Efficiency of Decision Making Units [J]. European Journal of Operational Research, 1978, 2 (6).

[②] 许治，师萍．基于 DEA 方法的我国科技投入相对效率评价 [J]．科学学研究，2005 (4)．

余值、产出冗余值，ε 一般取值为 10^{-6}。当决策单元 DEA 有效时，教育资源配置效率达到最优，即 $\theta=1$，而且 $s_j^-=0$，$s_r^+=0$。倘若只有 $\theta=1$，那么决策单元为 DEA 弱有效，资源配置未达到最优状态。

$$\text{s.t.} \begin{cases} \sum_{i=1}^{n} X_{ij}\lambda_i + s_j^- = \theta_0 X_{j0} \\ \sum_{i=1}^{n} Y_{ri}\lambda_i - s_r^+ = Y_{r0} \\ \theta_0 \geq 0, \lambda_i \geq 0, i=1,2,\cdots,n \\ s_j^- \geq 0, s_r^+ \geq 0, j=1,2,\cdots,n \end{cases} \quad (7-1)$$

DEA-BCC 模型在 DEA-CCR 模型的基础上增加了凸性假设，即 $\sum_{i=1}^{n}\lambda_i=1$，表达形式如式（7-2）所示，式中变量符号含义与式（7-1）相同。结合 DEA-BCC 模型与 DEA-CCR 模型即可求出决策单元的综合效率、技术效率和规模效率。

$$\text{s.t.} \begin{cases} \sum_{i=1}^{n} X_{ij}\lambda_i + s_j^- = \theta_0 X_{j0} \\ \sum_{i=1}^{n} Y_{ri}\lambda_i - s_r^+ = Y_{r0} \\ \theta_0 \geq 0, \lambda_i \geq 0, i=1,2,\cdots,n \\ s_j^- \geq 0, s_r^+ \geq 0, j=1,2,\cdots,n \\ \sum_{i=1}^{n}\lambda_i = 1 \end{cases} \quad (7-2)$$

7.2.1.2　Malmquist 指数

Malmquist 指数可以弥补传统 DEA 方法在时间序列数据研究上的不足，能够对各期数据进行垂直评价。此方法由 Sten Malmquist 在 1953 年提出，Caves、Christensen 和 Diewert 从 1982 年开始将这一指数应用于生产效率变化的测算。本章利用 Malmquist 指数衡量教育资源配置的全要素生产效率水平，从而反映了高等教育消费质量的变化。

Malmquist 指数的表达形式如式（7-3）所示，该数值大于 1 时，说明全要素生产率提高，即高等教育消费质量上升；该数值小于 1 时，说明全要素生产率降低，即高等教育消费质量下降。数学意义为 t 期到 $t+1$

期生产率指数的几何平均值，决策单元在 t 期与 $t+1$ 期的投入产出量分别用 (x^t, y^t) 与 (x^{t+1}, y^{t+1}) 表示，在规模报酬不变的假设下，Malmquist 指数分解结果如式（7-4）所示。

$$M(x^{t+1}, y^{t+1}, x^t, y^t) = \sqrt{\frac{D^t(x^{t+1}, y^{t+1})}{D^t(x^t, y^t)}} \times \sqrt{\frac{D^{t+1}(x^{t+1}, y^{t+1})}{D^{t+1}(x^t, y^t)}} \quad (7-3)$$

$$M(x^{t+1}, y^{t+1}, x^t, y^t) = \frac{D^{t+1}(x^{t+1}, y^{t+1})}{D^t(x^t, y^t)} \times \sqrt{\frac{D^t(x^{t+1}, y^{t+1})}{D^{t+1}(x^{t+1}, y^{t+1})}} \times \sqrt{\frac{D^t(x^t, y^t)}{D^{t+1}(x^t, y^t)}} = EC \times TC$$

$$(7-4)$$

其中，EC 表示综合技术效率变动，即决策单元各期实际产出与最优生产前沿的距离；TC 表示技术进步率，即各期最佳技术边界的移动。

在规模效率可变的假设下，综合技术效率可继续分解，表达形式如式（7-5）所示。其中，CRS 表示规模报酬不变，VRS 表示规模报酬可变。SEC 表示规模效率，即决策单元的规模报酬变动；PEC 表示纯技术效率变动，即规模报酬可变的假设下决策单元向生产前沿的追赶效应。

$$EC = \left[\left(\frac{D^t(x^t, y^t)_{VRS}}{D^t(x^t, y^t)_{CRS}} \right) \left(\frac{D^{t+1}(x^{t+1}, y^{t+1})_{CRS}}{D^{t+1}(x^t, y^t)_{VRS}} \right) \right] \left[\frac{D^{t+1}(x^{t+1}, y^{t+1})_{VRS}}{D^t(x^t, y^t)_{CRS}} \right] = SEC \times PEC$$

$$(7-5)$$

7.2.2 指标说明

（1）区域范围。本章基于高等教育资源配置效率的视角，对高等教育消费的质量进行了实证探究，研究区域为《愿景与行动》中涉及的18个"一带一路"重点地区。其中，"丝绸之路经济带"（以下简称"一带"）包括新疆、陕西、甘肃、宁夏、青海、内蒙古、黑龙江、吉林、辽宁、广西、云南和西藏；"21世纪海上丝绸之路"（以下简称"一路"）包括上海、福建、广东、浙江和海南；内陆地区为重庆。为了方便研究，在本章中将重庆划分到"一带"范围中。

（2）数据来源。本章借鉴相关研究成果，基于质量评价体系构建的科学性和数据可得性原则，选取的投入指标包括：人力资源因素、物力资源因素、财力资源因素。其中，分别选取高等学校教学与科研人员、年末固定资产值、生均教育经费作为人力、物力和财力资源因素。在产出方面，指标包括：人才培养数量和科研成果数量。其中，人才培养数量用高等学校毕业生人数表示，科研成果数量包括高等学校专利授权数、高等学校著作与学术论文数。建立的指标体系如表7-1所示。

本章数据来自 2011~2016 年《中国教育统计年鉴》、2012~2017 年《高等学校科技统计资料汇编》与《中国教育经费统计年鉴》。[①] 涉及货币价值的指标数值，均按 GDP 平减指数进行统一的平减。

表7-1 高等教育消费质量评价指标

一级指标	二级指标	三级指标
产出指标	科研成果数量	高等学校专利授权数
		高等学校著作与学术论文数
	人才培养数量	高等学校毕业生人数
投入指标	财力资源因素	高等学校生均教育经费
	物力资源因素	高等学校年末固定资产值
	人力资源因素	高等学校教学与科研人员

7.3 实证结果分析

7.3.1 静态评价

根据《愿景与行动》中圈定的 18 个重点地区的相关数据，利用 DEAP 2.1 软件计算出各地区高等教育资源配置的相对效率，从而对"一带一路"框架下高等教育消费质量做出评价，所得结果如表 7-2 所示。并依次对"全国"、"一带"和"一路"总体上的投入产出情况进行分析，投影分析结果如表 7-3 所示。

[①] 《高等学校科技统计资料汇编》《中国教育经费统计年鉴》反映的是前一年相关指标情况。

表 7 – 2　高等教育消费质量 DEA 评价结果

区域		Crste	Vrste	Scale	Rts
区域总体	全国	0.957	0.963	0.994	drs
	"一带"	0.882	0.882	0.999	irs
	"一路"	0.900	0.907	0.992	drs
"一带"范围	新疆	0.924	1.000	0.924	irs
	陕西	1.000	1.000	1.000	-
	甘肃	1.000	1.000	1.000	-
	宁夏	0.960	1.000	0.960	irs
	青海	1.000	1.000	1.000	-
	内蒙古	0.944	0.948	0.996	drs
	黑龙江	0.985	1.000	0.985	irs
	吉林	0.879	0.903	0.974	irs
	辽宁	0.997	1.000	0.997	irs
	广西	1.000	1.000	1.000	-
	云南	0.968	0.999	0.969	irs
	西藏	0.873	1.000	0.873	irs
"一路"范围	重庆	1.000	1.000	1.000	-
	上海	1.000	1.000	1.000	-
	福建	0.980	0.985	0.995	drs
	广东	1.000	1.000	1.000	-
	浙江	1.000	1.000	1.000	-
	海南	1.000	1.000	1.000	-

注：Crste、Vrste、Scale 和 Rts 分别表示综合效率、技术效率、规模效率以及规模报酬，drs 表示决策单元规模报酬处于递减阶段，irs 表示决策单元规模报酬处于递增阶段，- 表示决策单元规模报酬处于不变阶段。

DEA 评价结果包括四个部分：综合效率（Crste）、技术效率（Vrste）、规模效率（Scale）和规模报酬（Rts）。究其内涵，技术效率表示的是在给定的投入水平下所能达到的最大产出能力，在一定程度上，数值越接近 1，说明管理等方面的水平越高。规模效率越接近 1，说明高等教育资源规模合理程度越高、集聚效应越好。综合效率是规模效率与技术效率的乘积，若数值小于 1，说明该地区高等教育资源配置效率低，即 DEA 无效，反映出高等教育消费质量较低；若数值等于 1，说明该地区具有较高的资源利用率，即 DEA 有效，从而反映出高等教育消费质量较高。

由表 7-2 可得，首先，"一带"和"一路"区域总体的资源配置综合效率分别为 0.882 和 0.900，都低于全国水平（0.957），这反映出区域总体的高等教育消费质量不高，二者均 DEA 无效；其次，"一路"区域总体的综合效率高于"一带"总体，主要原因在于"一路"区域总体的技术效率（0.907）更高，即使"一带"区域总体的规模效率大于"一路"总体，但其影响程度较低；最后，在规模报酬方面，"一带"区域总体上处在递增阶段，说明适当加大高等教育资源投入将会造成更高比例的产出增加，"一路"区域总体上处在递减阶段，说明规模的扩张将会降低资源配置的效率，进而引起高等教育消费质量的下降。

根据 DEA 评价结果，可以将 18 个重点地区的资源配置效率情况归纳为三种类型：DEA 有效型、技术有效型、无效型。

（1）DEA 有效型：高等教育消费质量最高的地区，即地区资源配置综合效率值为 1 的地区。"一带"区域范围中，共有 5 个地区 DEA 有效，占范围总数的 38.46%，分别为：陕西、甘肃、青海、广西和重庆。"一路"区域范围中，除福建外，剩余地区均属此类型，占范围总数的 80%。DEA 有效反映出相关地区在资源利用、管理体制建设等方面都做到了相对最优，高等教育消费质量处在"一带一路"圈定的重点省份的前列。

（2）技术有效型：技术有效但 DEA 无效的地区。该类型地区均处在"一带"区域范围，分别为：新疆、宁夏、黑龙江、辽宁和西藏。这些地区高校管理水平较高，在给定教育投入的情况下，教育产出实现了最大化，但是高等教育资源的集聚效应较小。

（3）无效型：规模、技术均无效的地区，包括内蒙古、吉林、云南和福建。说明这些地区既存在资源规模合理程度低的问题，也存在制度管理上的不足。

在规模报酬方面，规模报酬不变的地区有 9 个；规模报酬递增的地区有 7 个，且全部属于"一带"范围，占总体的 38.89%；规模报酬递减的地区有 2 个，占重点地区总体的 11.11%。说明在"一带一路"圈定的重点省份中，大部分地区高等教育资源的配置位于最优收益点。

为了进一步探究总体高等教育消费质量不高的原因，本章对相关区域进行了投影分析，结果如表 7-3 所示。可以发现，总体 DEA 无效的主要原因在于高等教育资源的投入冗余，进而引起了高等教育消费质量的下降。其中，生均教育经费支出的冗余问题尤为突出，"一带"区域总体与"一路"区域总体的平均改进幅度为 13.63%，远大于全国的平均水平（6.24%）。相比较而言，"一路"区域总体的改进幅度（18.44%）大于"一带"区域总体的改进幅度（8.82%）。① 与此同时，"一带"区域总体上还存在产出不足的问题，高等学校毕业生总数的改进幅度为 8.04%。

表 7-3 DEA 投影分析结果

区域	投影	投入指标			产出指标		
		指标1	指标2	指标3	指标4	指标5	指标6
区域1	初始值	15641	2982284	29647	27060	2941	296291
	目标值	14666	2861075	28442	27060	2941	296291
	改进幅度（%）	-6.24	-4.06	-4.06	0.00	0.00	0.00
区域2	初始值	15042	1836372	19410	16749	1542	180039
	目标值	13716	1674405	17698	16749	1542	194505
	改进幅度（%）	-8.82	-8.82	-8.82	0.00	0.00	8.04
区域3	初始值	18953	3502899	34682	30182	4235	302538
	目标值	15459	3156714	31255	30182	4235	302538
	改进幅度（%）	-18.44	-9.88	-9.88	0.00	0.00	0.00

注：区域1至区域3依次代表"全国""一带""一路"；指标1至指标6分别为高等学校生均教育经费支出、年末固定资产值、教学与科研人员、著作与学术论文数、专利授权数和毕业生人数。

7.3.2 动态评价

利用上述指标数据，从时序性和区域性角度考察了全要素生产率及其分解的变动情况，从而对"一带"区域总体与"一路"区域总体的高

---

① 此处数据为表 7-3 中相应数据的绝对值。

等教育消费质量进行动态刻画（见表7-4）。其中，全要素生产率变动（$TFPC$）=综合技术效率变动（EC）×技术进步（TC），综合技术效率变动=技术效率变动（PEC）×规模效率变动（SEC）。在教育消费质量的评价方面，技术进步更多的是反映出外部条件的变化，即宏观教育环境等方面的改善。数值大于1，说明高等教育的大环境得到改善，小于1则说明出现恶化。

表7-4　区域总体全要素生产率及其分解变动情况

丝绸之路经济带					
	EC	TC	PEC	SEC	TFPC
2011~2012	1.010	0.979	1.023	0.987	0.989
2012~2013	0.995	0.995	0.988	1.007	0.990
2013~2014	1.003	1.031	1.010	0.993	1.034
2014~2015	1.035	0.986	1.032	1.003	1.020
2015~2016	0.970	1.022	1.004	0.966	0.992
平均值	1.003	1.003	1.011	0.991	1.005
21世纪海上丝绸之路					
	EC	TC	PEC	SEC	TFPC
2011~2012	1.013	1.017	1.016	0.997	1.030
2012~2013	0.996	0.995	0.998	0.998	0.991
2013~2014	1.001	0.960	1.000	1.001	0.961
2014~2015	0.982	1.070	0.979	1.003	1.051
2015~2016	0.996	1.019	1.002	0.994	1.015
平均值	0.998	1.012	0.999	0.999	1.010

注：$TFPC$、EC、TC、PEC及SEC分别为全要素生产率变动、综合技术效率变动、技术进步、技术效率变动和规模效率变动（下同）。

根据表7-4可得，2011~2016年"一带"区域总体的年均全要素生产率提升了0.5%，其中，年均综合技术效率与技术进步率皆提升了0.3%，两者为全要素生产率的提升做出了正向贡献。在综合技术效率的变动分解中，技术效率的提升作用明显（年均增加1.1%），而规模效率出现了负向增长（年均下降0.9%），说明规模效应成为制约"一带"区域总体全要素生产率提升的重要因素。

"一带"区域总体的全要素生产率在样本考察期间波动明显,最大增幅出现在 2013~2014 年,增长率为 3.4%;最大降幅出现在 2011~2012 年,增长率为 -1.1%。在上述两阶段"一带"区域总体的技术进步率分别 3.1% 和 -2.1%,是造成全要素生产率明显波动的关键因素。从分解情况来看,技术效率的增长率普遍高于规模效率,资源配置的规模效应还具有较大的提升空间。

在"一路"区域总体方面,全要素生产率年均提升了 1%,技术进步率为 1.2%,但是同期综合技术效率下降,年均增长率为 -0.2%,技术效率与规模效率都年均下降了 1%,在一定程度上抵消了技术进步对全要素生产率的正向提升。与"一带"区域总体相比,"一路"区域总体的技术进步率更高,反映出"一路"区域总体在高等教育大环境的改善方面做得更好,但相比之下其综合技术效率方面的贡献较小。

从时序性上看,"一路"区域总体的波动幅度更大,全要素生产率的最大增幅出现在 2014~2015 年,增长率为 5.1%;最大降幅出现在 2013~2014 年,增长率为 -3.9%。两阶段的技术进步率分别为 7% 和 -4%,这同样是"一路"区域总体全要素生产率波动的关键。

全要素生产率的变动与国家政策密切相关,"一带一路"为教育大环境的改善提供了有力的政策支持,技术进步率在较大程度上影响着整体全要素生产率的提升。与此同时,"一带一路"建设吸引了相关高等教育资源的大量投入,也造成近年来资源配置不合理现象的出现。在管理水平不断提高的前提下,规模效应将促使高等教育消费的质量不断上升。

基于上述指标数据,分地区的全要素生产率及其分解的变动情况如表 7-5 所示,18 个重点地区中,全要素生产率正向增长的地区有 9 个,占总数的 50%,按照增长幅度大小排序分别为:吉林、海南、浙江、广东、重庆、云南、陕西、甘肃、黑龙江。其中,吉林增速最快,年均增长 5.2%,增长动力主要来源于技术效率的提升,年均增加 4.5%,幅度同样位于"一带一路"地区首位。全要素生产率负增长的地区中,按下降幅度大小排序分别为:青海、福建、新疆、辽宁、西藏、广西、宁夏、内蒙古、上海。其中,青海下降幅度最大,年均下降 9.3%,技术进步指标年均下降 9.3%,外部条件的改善不足导致地区全要素生产率的下降。

表 7-5　2011~2016 年各地区全要素生产率及其分解变动情况

地区	EC	TC	PEC	SEC	TFPC
新疆	1.042	0.941	1.004	1.038	0.981
陕西	1.000	1.018	1.000	1.000	1.018
甘肃	1.000	1.013	1.000	1.000	1.013
宁夏	1.001	0.984	1.000	1.001	0.985
青海	1.000	0.907	1.000	1.000	0.907
内蒙古	0.977	1.010	0.998	0.979	0.987
黑龙江	1.002	1.004	1.003	0.998	1.006
吉林	1.047	1.005	1.045	1.002	1.052
辽宁	0.988	0.993	1.000	0.988	0.981
广西	1.000	0.985	1.000	1.000	0.985
云南	1.012	1.007	1.003	1.008	1.019
西藏	0.977	1.006	1.000	0.977	0.982
重庆	1.007	1.013	1.006	1.000	1.019
上海	1.000	0.988	1.000	1.000	0.988
福建	0.960	1.010	0.968	0.992	0.970
广东	1.000	1.032	1.000	1.000	1.032
浙江	1.000	1.044	1.000	1.000	1.044
海南	1.008	1.043	1.000	1.008	1.051

7.4　研究结论

本章创新性地将研究区域集中在两个政策范围，即"一带"区域与"一路"区域，动静结合地分析了不同地区之间的教育资源配置效率与全要素生产率的情况，从而对"一带一路"圈定的 18 个重点地区的高等教育消费质量做出评价，拓展了相关领域研究，本章得到的研究结论如下。

一方面，DEA 方法实证分析结果表明：（1）"一带"区域总体与"一路"区域总体的教育资源配置效率均低于全国平均水平，处于 DEA 无效状态，相比较而言，"一路"区域总体的效率更高，由此说明，"一带"区域总体和"一路"区域总体的教育消费质量是低水平的，"一路"

区域整体质量要优于"一带"区域总体;(2)"一带"区域总体更具规模效率,处在规模报酬递增阶段,而"一路"区域总体技术效率更高,但低于全国平均水平,管理水平的不足与不合理的规模配置等问题制约着区域总体教育消费质量的提升;(3)在"一带一路"圈定的重点地区中,半数地区的教育资源配置处于 DEA 有效状态,"一路"区域总体中处在 DEA 有效状态的地区的比例更高,在资源配置的规模报酬方面,处在递增阶段的地区全位于"一带"区域范围;(4)通过投影分析可以得到,两区域总体皆存在教育经费等资源投入冗余现象,此外,"一带"区域总体还存在人才培养不足等产出问题,"一带一路"框架下教育消费质量的提升需综合考虑投入与产出两方面的问题。

另一方面,Malmquist 指数是对全要素生产率增长率的衡量,本章用其来说明教育消费质量的动态变化,实证结果表明:(1)2011~2016年,"一路"区域总体的教育消费质量年均上升幅度(1%)高于"一带"区域总体(0.5%),从时序上来看,两区域教育消费质量最大上升(下降)幅度出现的年份不一致,波动具有不同步的特点,相对而言,"一路"区域总体的波动更为显著;(2)在"一带一路"圈定的重点地区中,半数地区的教育消费质量呈上升趋势,其主要原因在于资源管理水平的提高,与此同时,教育消费质量下降的地区亟须克服外部条件的束缚,深度融入"一带一路",建设更有利于高等教育发展的大环境。

第四部分

实证研究——宏观篇

第八章 教育消费与经济增长
——生产性教育消费对经济增长贡献度的实证研究

生产性教育消费是现代服务业的重要组成部分。生产性教育消费的发展对于现代服务业的发展和经济结构的优化有积极的推动作用。生产性教育消费是指消费者通过消费教育产品和服务掌握知识和技能，以提高自身的人力资本的异质性并从事生产活动以获得经济收入。这一消费行为并不直接满足教育消费者自身的需求，而是必须通过所得经济收入间接满足自身的各种需求。在生产性教育消费中，根据具体内容又进一步划分为应用型教育消费和研究型教育消费。应用型教育消费是指教育消费者对现有社会劳动技术知识累积存量中的知识的消费，此类消费不增加社会的知识总量，但可提高受教育者自身的生产技能或人力资本，使其通过参与社会生产活动，创造社会财富。研究型教育消费是教育消费者在现有的知识存量的基础上，通过研究性学习，探索和创造新知识的消费。它是教育部门利用现有教育资源，为研究和开发部门培养能够创造新知识的研究型人才而实施的研究型教育。研究型教育消费对于促进知识的累积创新、研究型人才的形成和知识经济的创新发展，有重要的决定性作用。[①]

我国正在积极推进国民经济产业结构调整，而教育消费尤其是生产性教育消费应是这一国家战略的重中之重。生产性教育消费对促进个体人力资本的形成、社会知识的累积创新和国家创新能力的强化有直接的推动作用，为国家综合实力提高和国民经济结构调整提供重要的动力和智力保障。因此，在推进教育消费尤其是生产性教育消费合理化的过程中，需要进一步研究生产性教育消费和经济增长之间的内在联系，为实现我国教育消费的合理化以及国民经济的健康发展提供决策依据。本章

---

① 刘湖. 我国教育消费合理化问题研究 [J]. 消费经济, 2011 (8).

在人力资本和新古典增长理论的基础上建立关于生产性教育消费和经济增长的理论模型,通过对 2000~2016 年生产性教育消费和同期经济增长数据的实证分析,探索生产性教育消费和经济增长之间的长短期规律。

8.1 相关文献分析及理论模型构建

8.1.1 相关文献综述

国内外学者对教育消费和经济增长这一主题的研究主要集中于论述教育消费和经济增长之间的相关关系,如教育消费促进经济增长的可能路径和机制原理以及教育消费的重要性问题等。但均缺乏对生产性教育消费这一具体类别的研究。

国内外学者对于教育消费和经济增长之间的相关关系这一主题的研究包括:毛洪涛、马丹通过构建 ECM 动态模型发现经济增长是推动高等教育加快发展的原因,高等教育与经济增长、居民收入之间存在真实的长期均衡与短期动态关系[1];叶茂林认为教育主要通过最重要的人力资本和技术外溢效应发挥作用[2];柯佑祥从教育资源配置视角,结合目前我国教育发展的现状进行全面分析,从高等学校学费、转移支付和教育利用资本市场等方面阐述了教育与经济增长之间的关系[3];胡庆十、吴怡兴对教育投入的外溢效应进行研究,提出教育对经济贡献三个层次的划分[4];乔琳利用菲德尔模型(又称"菲德模型")就金砖五国教育投资与经济增长贡献和外溢效应进行比较,发现金砖五国教育投资对经济存在显著推动作用[5];钟无涯对京粤沪教育投入和经济绩效之间的长短期关系进行区域比较研究[6]。闵维方指出,在当前中国特定的社会经济条

---

[1] 毛洪涛,马丹. 高等教育发展与经济增长关系的计量分析[J]. 财经科学,2004(1).
[2] 叶茂林. 教育发展与经济增长[M]. 北京:社会科学文献出版社,2005:260-265.
[3] 柯佑祥. 教育经济学[M]. 武汉:华中科技大学出版社,2009:123-159.
[4] 胡庆十,吴怡兴. 关于教育投入外溢效益计量模型之我见——与周胜、刘正良商榷[J]. 教育与经济,2013(6).
[5] 乔琳. 金砖五国教育投资对经济增长的外溢效应——基于菲德尔模型的实证研究[J]. 中央财经大学学报,2013(4).
[6] 钟无涯. 教育投入与经济绩效——基于京沪粤的区域比较[J]. 教育与经济,2014(2).

件下，教育主要通过以下四个作用机制来促进经济增长：第一，教育可以提高人力资本质量；第二，教育可以提高人的知识技能；第三，教育可以提高农民的文化科学水平、生产操作能力和经济运作视野；第四，教育可以调节收入分配结构。[1] 苏丽锋、李俊杰分析了"一带一路"沿线各国教育对于经济增长的贡献，并按照地域和收入水平对教育的影响效应进行了比较分析。结果表明，总体上沿线国家不同层次受教育水平劳动力对各国经济增长具有明显的促进作用，并且受到国内制造业结构的显著影响。[2] 顾芸运用省际面板数据构建空间面板 Durbin 模型来考察教育投入与经济增长之间的时间和空间效应，研究表明：在时间维度上，教育投入能够显著促进我国经济增长，且长期效应大于短期效应；在空间维度上，一个地区的教育投入可以对周边地区的经济发展产生显著的溢出效应。[3] 杜育红、赵冉从教育与劳动力、物质资本和技术进步的关系入手，分析教育在经济增长中的作用机制，推导出教育通过要素积累、效率提升和资本互补这三项作用机制来促进经济增长。[4]

国内外学者关于教育消费对经济增长贡献的测度的实证研究有：贝克尔和丹尼森等学者将国际贸易理论与信息经济学理论用于教育对经济发展贡献方面的研究，发现美国 1929~1957 年的经济增长有 23% 归功于教育的发展[5]；王莹采用 C-D 函数回归分析的方法对教育与经济增长的关系进行了研究，结论是我国教育与经济增长之间存在双向的因果关系，但是教育投入对经济产出增长率的贡献率并不大[6]；杭永宝利用修正的丹尼森法测算 1993~2004 年我国六种教育层次对经济增长的贡献率[7]；

---

[1] 闵维方. 教育促进经济增长的作用机制研究 [J]. 北京大学教育评论，2017 (3).
[2] 苏丽锋，李俊杰. "一带一路"沿线国家教育对经济增长影响效应分析——基于地域和收入水平的分类比较 [J]. 教育与经济，2017 (2).
[3] 顾芸. 教育投入、时空效应与经济增长——兼论教育投入对经济增长的"效率与公平"作用 [J]. 现代教育管理，2018 (5).
[4] 杜育红，赵冉. 教育在经济增长中的作用：要素积累、效率提升抑或资本互补? [J]. 教育研究，2018 (5).
[5] Becker, G. Human Capital [M]. New York: Columbia University Press, 1964; Denison, E. F. The Sources of Economic Growth in the United States and the Alternatives before Us [M]. New York: Committee for Economic Development, 1962: 546-550.
[6] 王莹. 教育对我国经济拉动的实证分析 [D]. 长春: 吉林大学，2007.
[7] 杭永宝. 中国教育对经济增长贡献率分类测算及其相关分析 [J]. 教育研究，2007 (2).

陈光等设计出一系列高等教育综合贡献率指标体系，根据2005~2009年相关数据计算出四川高等教育的综合贡献率[1]；邹琪采用苏浙沪近30年的数据，运用Granger因果关系检验和脉冲响应函数方法实证研究发现仅上海教育支出对经济增长的贡献存在显著影响[2]；都新英以新疆地区为研究对象对教育对经济增长的贡献率进行测算，研究发现，2005~2015年，新疆生产总值年均增长1个单位中有12.12%是由教育带来的，这表明教育发展对经济增长起到了一定的促进作用，但整体促进作用还较低[3]；方超、黄斌运用1996~2014年省际面板数据分区域分析了教育投入和经济增长之间的关系，他们指出教育投入对经济增长的贡献率在11.3%到14.1%之间，在促进作用上东中西部地区反映出明显的倒"U"形曲线，表现出明显的地区差异性[4]；曹鹏、程皓和邱雪晨实证研究了贸易对经济增长的贡献率，文章中贡献率指标的设计值得借鉴[5]。

国内外学者的研究多集中于教育这一宏观主题或者教育消费所形成的人力资本、知识外溢效应、技术进步和内生增长理论等方面。不足之处在于研究主题过于宏大，没有对教育消费的不同构成进行严格区分，对于具体的教育消费类别的作用机制和贡献度的分析缺乏，导致结论的实际指导意义不强。对于教育消费和经济增长之间关系的研究多笼统地局限于教育消费这一宽泛主题且理论研究多于实证研究，这类研究的结论不能完整准确地反映中国教育消费和经济增长之间的内在关系规律。从现有的研究文献中，鲜见对生产性教育消费与经济增长之间关系的定量研究。本章拟从生产性教育消费支出的角度，研究教育消费对经济增长的贡献机制，并在新古典增长模型的基础上分析其对经济增长绩效的影响。

---

[1] 陈光，刘颖. 高等教育贡献率研究的理论模型与实证分析 [J]. 中国高教研究，2011 (3).
[2] 邹琪. 教育支出与经济增长的实证研究——以江浙沪为例 [J]. 江苏社会科学，2013 (3).
[3] 都新英. 教育对经济增长的贡献率测算——以新疆地区为例 [J]. 中国统计，2018 (1).
[4] 方超，黄斌. 教育投入对中国经济增长的影响——基于增长回归框架的空间计量研究 [J]. 大连理工大学学报（社会科学版），2018 (6).
[5] 曹鹏，程皓，邱雪晨. 中国十大城市群国际贸易贡献率质量空间比较研究 [J]. 统计与信息论坛，2014 (6).

8.1.2 理论模型与构建

生产性教育消费使劳动者通过消费教育产品和服务，掌握知识和技能，以提高自身的人力资本积累和劳动知识技能。在生产性教育消费中应用型教育消费可提高受教育者自身的生产技能或人力资本，使其通过参与社会生产活动，创造社会财富。研究型教育消费者在现有的知识存量的基础上，通过研究性学习，探索和创造新知识。依据人力资本理论，生产性教育消费的贡献主要通过劳动者这一生产要素直接参与社会财富的创造，或者通过社会知识累积和创新促进技术进步和社会生产效率的提高，间接创造社会财富。生产性教育消费的直接受益者是劳动者，直接受益形式是劳动者人力资本的形成和提高。因此，对生产性教育消费的产出的衡量可以通过对劳动者人力资本产出的衡量来替代。在本章中，关于生产性教育消费对经济增长贡献度的衡量，首先通过考察生产性教育消费的产出结果——人力资本和经济增长之间的相关关系来进行。其次，分析两者在稳态的关系基础上的贡献机制和贡献度问题。新古典经济增长模型有效地构建了投入要素和经济增长之间的稳态关系，该模型对考察投入要素和经济增长之间的相关关系提供了可行的分析框架。

本章通过对新古典经济增长模型的合理拓展来论述生产性教育消费和经济增长之间的相关关系问题。根据新古典经济增长模型 $y = f(l, k)$，可知经济增长取决于劳动供给和资本存量。本章采用的生产函数形式为经典的柯布-道格拉斯生产函数，生产函数具体形式为：

$$Y_t = K_t^\alpha (AL_t)^\beta G_t \tag{8-1}$$

我们将上述这一生产函数进行扩展以研究分析生产性教育消费和经济增长之间的关系。将资本分解为物质资本和人力资本，其中人力资本主要用生产性教育消费支出替代。由于生产性教育消费是通过教育支出方式最终得以实现的，因而本章将生产性教育消费这一指标用其教育支出替代，将其限定为对应用型教育消费和研究型教育消费的支出，而为了突出生产性教育消费和消费性教育消费的不同，本章将生产性教育消费限定在高等教育支出、中等教育支出、职业教育支出和 R&D 支出四方面而剔除德育和体育支出占比重较大的基础阶段教育支出。把生产性教育消费作为一种人力资本的投入,结合社会物质资本以及劳动供给,在其他条件不变的假设下,考察教育支出对经济增长的影响。

接下来我们假设边际规模报酬不变,在此前提下,对原函数进行对数变换,以便于回归分析,将其转化为:

$$Y_t = K_t^\alpha (AL_t)^\beta E_t \qquad (8-2)$$

在此处将 G_t 由 E_t 代换,接着采用上述模型的对数形式:

$$\ln Y_t = \beta \ln A + \alpha \ln K_t + \beta \ln L_t + \gamma \ln E_t \qquad (8-3)$$

设 $Y_T = \ln Y_t$, $C = \beta \ln A$, $X_1 = \ln K_t$, $X_2 = \ln L_t$, $X_3 = \ln E_t$,则得到线性模型:

$$Y_T = C + \alpha X_1 + \beta X_2 + \gamma X_3 \qquad (8-4)$$

根据已建立的模型,具体的变量数据选取如下:Y_t 为各年度国内生产总值,A 为全要素生产率,K_t 为社会物质投资,由各地固定资产投资总额代表,L_t 为劳动力投入,由各年度经济人口数代表,E_t 为生产性教育消费,由各年度高等教育支出、中等教育支出、职业教育支出和 R&D 支出合计额代表。

8.2 实证分析

本章研究所采用数据的时间跨度为 2000~2016 年,所选取的原始数据来自《中国统计年鉴》、《中国统计年报》和《中国教育统计年鉴》。个别数据按照统计学方法进行了特别统计处理。

我国生产性教育消费的数据依据历年高等教育支出、中等教育支出、职业教育支出和 R&D 支出数据整理而来。其中,2000~2006 年我国统计年报和年鉴中对教育消费支出按照高等教育、中等教育、职业教育和 R&D 等方面进行划分。2007~2016 年,统计数据按照新的划分标准取消了职业教育支出这一项,这一项支出包含在中等教育支出这一整体中。因此,本章在数据采集和整理中对职业教育这一项以 2007 年为界,前半部分按照统计年报和年鉴数据整理,后半部分直接采用中等教育支出数据进行处理。就业人数、社会固定资产投资和国内生产总值数据均源自对各年份统计年报和年鉴的整理。表8－1是本章相关数据的统计描述。

表8－1 本章相关数据的统计描述

单位：万人，亿元

统计指标	就业人数	社会固定资产投资	国内生产总值	生产性教育消费支出
均值	77160.4	237520.1	358368.5	16659.6
中值	77046.0	172828.4	319515.5	13529.8
最大值	80694.0	606465.7	743585.5	37392.5
最小值	73884.0	32917.7	100280.1	3264.9
标准差	2198.8	196572.4	220498.8	11545.7
峰度	－1.26758	－0.90615	－1.28114	－1.19489
偏度	－0.004380	0.708014	0.435649	0.518897

本章旨在研究生产性教育消费与经济增长绩效的关系，因此，本章的实证分析检验通过两步来实现。第一步，通过单位根检验、协整检验和ECM误差修正模型分析，检验生产性教育消费、劳动力（就业人数）、社会物质资本投资（社会固定资产投资）各投入要素和国内生产总值之间是否存在稳定的长短期关系。第二步，在第一步分析结果的基础上，通过Granger因果检验分析生产性教育消费与经济增长之间的因果关系，结合误差修正模型研究其贡献机制和贡献度问题。

8.2.1 单位根检验

时间序列数据是依赖于时间 t 的随机过程数据，要对其进行回归分析，必须确保数据的平稳性，防止出现伪回归问题。因此，需要首先对各个时间序列数据进行单位根检验。本章相关数据序列的单位根检验结果如表8－2所示。

表8－2 ADF单位根检验结果（2000~2016）

变量	ADF检验值	检验形式 (C, T, K)	1%临界值	5%临界值	10%临界值	结论
$\ln Y$	－2.833351	(C, T, 2)	－4.667883	－3.7332	－3.31035	非平稳
$D2\ln Y$	－4.756225	(C, 0, 2)	－4.05791	－3.11991	－2.7011	平稳
$\ln E$	－1.96629	(C, T, 2)	－4.667883	－3.7332	－3.31035	非平稳

续表

变量	ADF 检验值	检验形式 (C, T, K)	1%临界值	5%临界值	10%临界值	结论
D2ln$E$	-4.8418	(C, 0, 2)	-4.004425	-3.0989	-2.69044	平稳
ln$K$	-1.688682	(C, T, 2)	-4.667883	-3.7332	-3.31035	非平稳
D2ln$K$	-4.907451	(C, 0, 2)	-4.004425	-3.0989	-2.69044	平稳
ln$L$	0.42382	(C, 0, 2)	-3.92035	-3.06559	-2.67346	非平稳
D2ln$L$	-4.567219	(C, 0, 2)	-4.05791	-3.11991	-2.7011	平稳

注：C，T，K 分别代表 ADF 检验中是否包含常数项、趋势和滞后阶数。D2 表示二阶差分。

由表 8-2 可以看出，2000~2016 年，ln$Y$、ln$K$、ln$E$ 和 ln$L$ 序列在 1%、5%、10% 的显著性水平下均为非平稳序列，但经过二阶差分后均通过 10% 的显著性水平检验。因此，以上所有变量原序列均不是平稳序列，均为二阶单整。也就是说，经过二阶差分后以上数据是平稳的。

8.2.2 协整检验

由之前的平稳性分析可知，本章所采用的时间序列均为二阶单整序列，可以进行协整分析。首先通过普通最小二乘法对自变量和因变量进行回归，建立回归方程，估计结果如下：

$$Y = -827203.8 + 18.77E - 0.1K + 11.63L + 0.36A$$
$$(515224.6) \quad (3.71) \quad (0.17) \quad (6.98) \quad (0.28)$$
$$\overline{R}^2 = 0.9986 \quad D.W. = 1.7571 \quad F = 2707.215 \quad (8-5)$$

在回归方程中加入 AR（1）项，是为了消除自相关性，方程拟合优度为 0.9986，拟合效果很好。

接下来对方程的残差进行平稳性检验，检验结果如表 8-3 所示。多变量需要使用扩展的 E-G 检验，在这种情况下检验的 ADF 值比通常的临界值小，而且随着所检验变量数量的变化而变化。本章依据 1991 年 MacKinnon 通过模拟所得到的多变量临界值进行检验。本章变量数为 4，样本容量 $n<25$。

第八章 教育消费与经济增长

表 8-3 残差项扩展的 E-G 检验结果

变量	ADF 检验值	检验形式 (C, T, K)	1%临界值	5%临界值	10%临界值	结论
Resid	-3.3363	(C, T, 3)	-2.8167	-1.9823	-1.6011	平稳

检验结果说明,对其回归后,通过检验其残差序列,发现残差序列是平稳的。这说明这些经济变量的线性组合是平稳的,从而方程回归是有意义的。即相关变量的时间序列之间存在稳定的协整关系,这说明本章所构建的关于生产性教育消费与经济增长之间的回归模型是真实的。同时,生产性教育消费与经济增长之间存在长期均衡关系。当它们的运行轨迹出现偏离时,总有一种力量将它们拉回均衡位置。

8.2.3 ECM 误差修正模型分析

协整分析说明相关变量之间存在长期稳定关系,但并未说明其变量之间短期关系的性质及状态,因此需要通过建立 ECM 模型度量教育投入与区域经济增长绩效的短期关系。构建二阶滞后的 ECM 模型,其表达如下:

$$DLY_{t-1} = 18.85 DLE_{t-1} - 0.05 DLK_{t-1} + 4.57 DLL_{t-1} - 0.65 u_{t-2}$$
$$(3.03) \qquad (0.15) \qquad (6.60) \qquad (0.26)$$
$$\overline{R^2} = 0.8521 \quad D.W. = 1.9142 \qquad (8-6)$$

由计算结果可以看到,误差修正项 u_{t-2} 的系数为负,符合反向修正机制,且统计显著,它体现了对偏离的修正,即误差修正项较显著的影响的变化,生产性教育消费的变化对国内生产总值产生影响,而且上一期生产性教育消费支出对均衡水平的偏离也会对国内生产总值产生影响。

在本章中,从回归结果可以看出,在 1% 的显著性水平上,生产性教育消费这个变量的系数通过显著性水平检验,这说明生产性教育消费对经济增长有显著影响。根据以上回归结果可知,生产性教育消费的资本投资每增加 1 个对数单位,会带来国内生产总值 18.85 个对数单位的增加。方程总体的显著性系数 F 检验值和 P 值均显著,另外调整的 R^2 = 0.8521 表明本章采取的方程对实际历史数据整体具有很高的拟合程度,此回归方程是可信的,生产性教育消费支出和国内生产总值之间存在显著的相关性。

8.2.4 Granger 因果检验

协整分析与 ECM 模型说明了变量之间的长期关系和短期关系，以及变量之间相互影响程度与统计性质问题，并未解释经济增长与生产性教育消费之间的因果关系，基于此，我们采用 Granger 因果检验法进行分析。本章关注的是经济增长与生产性教育消费之间的关系，因此，对经济增长与生产性教育消费进行因果检验。检验结果表明，生产性教育消费是引起经济增长的原因成立，相反则不成立（见表 8-4）。

表 8-4 Granger 因果检验结果

原假设	样本数	滞后 N 年	F 统计值	概率
E 不是 Y 的 Granger 原因	14	3	5.0098	0.0365
Y 不是 E 的 Granger 原因	14	3	1.7275	0.2480

注：E 为生产性教育消费，Y 为经济增长。

8.2.5 生产性教育消费贡献度分析

通过前文分析可知，生产性教育消费和国内生产总值之间存在显著的相关关系。生产性教育消费对国内生产总值的贡献具体通过对 2000~2016 年生产性教育消费增长率、国内生产总值增长率和生产性教育消费对经济增长的贡献率三个指标数据进行分析。生产性教育消费对经济增长的贡献率是衡量生产性教育消费对国内经济贡献程度的指标，表达式为：

$$\text{生产性教育消费对经济增长的贡献率} = \frac{E}{GDP} = \frac{E_t}{GDP_t} \times 100\%$$

$$\Delta GDP = \frac{GDP_t - GDP_{t-1}}{GDP_{t-1}} \times 100\%$$

$$\Delta E = \frac{E_t - E_{t-1}}{E_{t-1}} \times 100\% \qquad (8-7)$$

其中，E 为生产性教育消费额，ΔE 为生产性教育消费的年均增长百分比值，E/GDP 为生产性教育消费的贡献率，ΔGDP 为国内生产总值的年均增长率。依据历史数据计算可得，以上三个指标数据具体如表8–5和表8–6所示。

表8–5　2000~2007年生产性教育消费和国内生产总值变化情况

单位：%

年份	2000	2001	2002	2003	2004	2005	2006	2007
ΔE	–	20.45	21.86	16.59	20.20	18.71	19.73	18.09
E/GDP	3.26	3.55	3.94	4.07	4.15	4.26	4.35	4.17
ΔGDP	8.5	8.3	9.1	10.0	10.1	11.4	12.7	11.4

注：以上数据中国内生产总值、各项增加值绝对数按现价计算，国内生产总值增长速度按不变价格计算，下表同。

表8–6　2008~2016年生产性教育消费和国内生产总值变化情况

单位：%

年份	2008	2009	2010	2011	2012	2013	2014	2015	2016
ΔE	20.03	17.19	18.06	23.59	13.63	11.76	6.93	9.56	8.64
E/GDP	4.23	4.54	4.53	4.73	4.76	4.94	4.88	4.99	5.03
ΔGDP	9.7	9.4	10.6	9.5	7.9	7.8	7.3	6.9	6.7

通过分析发现：第一，2000~2016年生产性教育消费贡献率从3.26%逐渐增长到5.03%，实现平稳增长；第二，2000~2016年我国生产性教育消费一直保持较快的增长速度，生产性教育消费的贡献率也稳步增长；第三，同期国内生产总值一直保持在6.5%以上的较快增长速度。以上三个指标数据同期都保持了较快增速，呈现正相关关系。因此，我国生产性教育消费通过个体人力资本形成与发挥、社会R&D和知识累积与创新等多途径对经济增长形成稳定的贡献机制。

8.3　研究结论

生产性教育消费和经济增长之间存在长期稳态的正相关关系；生产性教育消费的贡献率也稳步增长，2000~2016年生产性教育消费的贡献率从3.26%逐渐增长到5.03%，实现平稳增长。

生产性教育消费的投入，尤其是R&D的投入实现持续快速增长，研究型教育消费对经济增长的推动作用日益明显。在持续多年的高固定资产投资之后，固定资产投资对经济增长的拉动效应在减弱，本章中显示其影响不显著，相反，生产性教育消费对促进经济增长的贡献越来越明显和稳定。在经济活动人口增加的同时，生产性教育消费促进了个体人力资本和技能形成，职业培训和人力资本投资的增加促进了高素质劳动者和高技能就业者的出现，使得就业人数总量增幅不大但产出依然实现较快增长。可见生产性教育消费在促进就业、稳定增长方面发挥了积极作用。

原有的以投资尤其是社会固定资产投资拉动经济增长的方式效果日益不显著，应当转变为依靠生产性教育消费投入带动社会创新和产业结构转型升级的新模式。通过大力推进应用型教育消费提高个体劳动者素质技能，通过推进研究型教育消费提升社会创新力，促进劳动者生产效率的提高和社会生产结构的转变，实现国民经济的可持续健康发展。

第九章 研究型教育消费与我国产业结构升级关系的实证研究

——基于中国省际面板数据分析

习近平在党的十九大报告中指出：我国经济已由高速增长阶段转向高质量发展阶段，正处在转变发展方式、优化经济结构、转换增长动力的攻关期，建设现代化经济体系是跨越关口的迫切要求和我国发展的战略目标，必须坚持质量第一、效益优先，以供给侧结构性改革为主线，推动经济发展质量变革、效率变革、动力变革，提高全要素生产率，着力加快建设实体经济、科技创新、现代金融、人力资源协同发展的产业体系。改革开放四十多年来，中国经济实现了年均9%的快速增长，国际地位不断提高，人民生活水平也不断改善。这些卓越成绩的背后也存在发展模式不平衡、不协调、不可持续，环境污染以及能耗偏高等现实问题。2018年上半年发生的中兴危机事件，以中兴公司向美国方面支付巨额罚款而告终，这让我们意识到仅仅依靠产业链的低附加值环节谋求发展，即使规模再大，一旦发生经济纠纷或者贸易摩擦，就会因处于劣势地位而被对手扼住咽喉。以上这些问题对我国经济发展模式的转型以及产业结构优化升级提出了严峻的考验。

在中国，学者们根据教育在社会中作用的不同而将其划分为不同的层次。其中，研究型教育是指在现有的知识存量基础上，通过研究性学习，探索和创造新知识的社会活动[1]，其主要承担着培养人才和促进科技创新的职责。对这类型教育的消费被称为"研究型教育消费"，可见研究型教育消费对人力资本和科技创新有强劲的推动作用。为了进一步考察研究型教育消费与产业结构之间的作用关系，本章运用中国省际面板数据，构建理论分析机制与实证分析模型，以期为当前情况下我国产业结构升级开辟新的思路。

---

[1] 刘湖. 我国教育消费合理化问题研究 [J]. 消费经济, 2011 (8).

9.1 文献综述

数据显示，2016 年我国居民人均教育、文化和娱乐消费支出 1915 元，占当年居民人均消费支出的 11.20%，成为除食品、居住以及交通消费支出以外的第四大消费支出板块。随着我国经济的发展，居民对教育的支出比重还会不断增加，而教育消费相关问题也越来越受到学者们的关注。

关于教育消费的定义，余秀兰认为教育消费是一种投资性文化教育消费，根据消费经济学的观点，教育消费是对社会文化产品以及精神财富的使用和享受，这种消费可以给消费者带来经济收益和非经济福利[①]；陶美重认为教育消费是教育消费者用于获取知识和技能的货币支出，教育消费具有投资与消费的双重属性[②]；田芯、董震认为教育消费是指居民消费中与教育相关的服务与产品的支出，既包括学生在校的消费支出，也包括成人为了获取或更新技能而进行继续教育的消费支出[③]。

关于教育消费促进产业结构升级这一问题，吕春燕等人认为研究型大学是我国自主创新的动力源泉，对研究型大学的资金和人力支持具有培养创新型人才、提升企业自主创新能力以及提供集成创新成果等方面的作用。[④] 何菊莲等人运用 1995～2014 年统计数据对教育与经济发展模式转变之间的关系进行实证分析，结果发现教育对经济发展模式转变的贡献率达到 28.72%，这说明教育对我国经济发展模式的转变具有显著的推动作用。[⑤] 王章豹、俞一珍运用 1999～2013 年我国高等教育与产业结构相关数据进行因子分析和非线性回归，结果发现高等教育的发展对积累和开发人力资本、促进科技进步、加快产业结构升级具有重要作用。[⑥] 邓

---

① 余秀兰. 略论教育消费 [J]. 高等教育研究, 2000 (3).
② 陶美重. 论教育消费的本质 [J]. 教育与经济, 2007 (4): 17.
③ 田芯, 董震. 论我国教育消费的社会认同 [J]. 东北大学学报（社会科学版), 2012 (6).
④ 吕春燕, 孟浩, 何建坤. 研究型大学在国家自主创新体系中的作用分析 [J]. 清华大学教育研究, 2005 (5).
⑤ 何菊莲, 袁永逸, 李军. 教育对经济发展方式转变的贡献：测量与评价——来自全国的经验证据 (1995—2014) [J]. 教育与经济, 2017 (4).
⑥ 王章豹, 俞一珍. 我国高等教育人力资本与产业结构调整升级的相关性分析 [J]. 现代教育管理, 2016 (3).

创、付蓉构建了产业结构高级化和产业结构合理化指标,并基于面板平滑门限回归模型对我国财政性教育经费与产业结构升级之间的关系进行实证研究,结果发现财政性教育经费的投入可以有效促进我国产业结构升级,并且随着教育水平的提升,教育经费投入对产业结构升级的影响表现出显著的门限特征。[①]

通过对现有文献的学习和梳理,发现对产业结构升级的考察角度多集中于教育这一笼统的概念,而鲜少从研究型教育的视角研究产业结构升级,且定性研究多于定量研究。随着我国教育事业的发展,研究型教育消费发挥的作用将会日益突显。因此,本章从研究型教育消费视角出发,根据省际面板数据构建静态和动态实证模型来分析研究型教育消费与产业结构升级之间的关系,并将我国划分为八大经济区来进一步分析。

9.2 研究型教育消费作用机制分析

本章对研究型教育消费和产业结构升级之间的关系进行了分析和梳理,发现研究型教育消费主要通过其自身的消费属性、人力资本外部性以及技术创新性三个方面的作用机制来促进产业结构升级(见图9-1)。这也为后续实证研究的开展奠定了一定的理论基础。

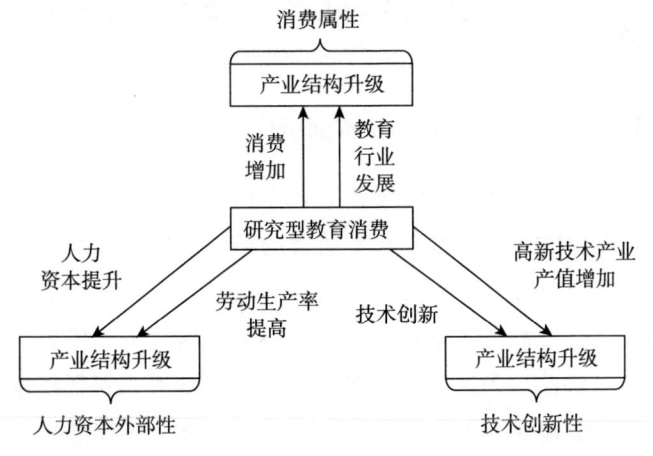

图9-1 研究型教育消费促进产业结构升级的作用机制

---

① 邓创,付蓉.中国财政性教育经费投入对产业结构的非线性影响[J].教育与经济,2017(5).

9.2.1 研究型教育消费的消费属性

消费、投资和净出口并称为拉动经济增长的"三驾马车"。消费需求的扩大对于我国经济增长以及经济发展方式的转变具有重要的意义。然而在我国经济进入新常态的背景下,消费需求的不足一直制约着地区经济的健康发展。研究型教育消费作为居民消费结构的组成部分,有其作为消费的共性,同时也具有特殊性。根据学者的研究,在经济增速持续放缓的背景下,居民对教育的消费需求尤其是高等教育的消费需求会日益旺盛。研究型教育消费的客体是教育行业以及与教育行业相关的第三产业。这就意味着,在当前情况下研究型教育消费本身就会促进以教育行业为代表的第三产业的发展,推动产业结构优化升级。

9.2.2 研究型教育消费的人力资本外部性

研究型教育提供的教育服务从本质上来讲属于一项私人物品,研究型教育的消费者通过支付货币可以带来个人素养、技能水平等方面的人力资本提升,帮助其通过劳动获得更高的私人收益。在带来私人收益的同时,研究型教育的消费者掌握的先进技能也提高了其所在行业整体的劳动生产率,带来人力资本的外部性。因此,研究型教育消费通过促进人力资本的提升,提高行业的劳动生产率,帮助企业实现从劳动密集型向技术密集型的转变,进而推动产业结构升级。

9.2.3 研究型教育消费的技术创新性

研究型教育消费是教育消费者通过支付货币并进行研究性学习,探索和创造新知识的过程。作为教育消费的最高层次,研究型教育消费不仅可以给教育消费者带来个人人力资本的提升,同时也能为科学技术的突破提供资金支持和人力保障。在产学研融合模式下,研究型教育成为创新技术的提供者,企业则成为创新技术的需求者,创新技术通过产学研通道从研究型教育流向企业的生产部门。因此,研究型教育消费通过创造新技术和产学研网络流向企业的生产环节,帮助企业完成从要素密集型向创新密集型的转变,增加高新技术产业比重,进而促进产业结构升级。

9.3 变量选择、数据与描述

9.3.1 指标选择与模型设定

9.3.1.1 被解释变量

随着我国经济增长模式的转变，产业结构升级问题已经越来越受到学者的关注，学者纷纷从不同的角度提出了产业结构升级的测度方法。其中，运用比较广泛的方法大致包括两种：一种是根据三大产业增加值之间的比值来衡量产业结构升级情况，即以某一地区第二产业增加值与第三产业增加值之和占该地区生产总值的比例为该地区产业结构升级的测度指标[1]；另一种是根据我国产业结构的性质将产业结构升级划分为产业结构高级化和产业结构合理化两个方面。[2] 根据产业结构升级的定义，其不仅要求三大产业以及产业内部的比例相互适应，而且要求各个产业之间增长与发展速度相互协调，能够合理地反映产业之间投入产出关系的变动。即产业结构升级的目标是在保证产业结构合理化的基础上，进一步实现产业结构高级化。因此，本章采取第二种测度方法，用产业结构高级化和产业结构合理化两项指标共同衡量我国产业结构升级情况。

产业结构高级化指标所衡量的是三大产业内部规模的大小、水平的高低及其之间联系的松紧程度。本章借鉴付凌晖提出的测度方法[3]，将某一地区生产总值按三大产业划分为三个部分，将每一产业增加值占该地区生产总值的比重作为空间向量的一个分量，进而构成一组三维向量 $X_0 = (x_{1,0}, x_{2,0}, x_{3,0})$。计算 X_0 与产业结构层次由低到高排列的向量 $X_1 = (1, 0, 0)$，$X_2 = (0, 1, 0)$，$X_3 = (0, 0, 1)$ 的夹角 $\theta_1, \theta_2, \theta_3$：

---

[1] 孙玉阳，宋有涛，王慧玲. 环境规制对产业结构升级的正负接替效应研究——基于中国省际面板数据的实证研究 [J]. 产业经济，2018（5）.

[2] 干春晖，郑若谷，余典范. 中国产业结构变迁对经济增长和波动的影响 [J]. 经济研究，2011（5）.

[3] 付凌晖. 我国产业结构高级化与经济增长关系的实证研究 [J]. 统计研究，2010（8）.

$$\theta_j = \cos^{-1}\left[\frac{\sum_{i=1}^{3}(x_{i,j} \cdot x_{i,0})}{(\sum_{i=1}^{3} x_{i,j}^2)^{1/2} \cdot (\sum_{i=1}^{3} x_{i,0}^2)^{1/2}}\right], j = 1,2,3 \qquad (9-1)$$

产业结构高级化指标 TU 的计算公式为：

$$TU = \sum_{k=1}^{3}\sum_{j=1}^{k}\theta_j \qquad (9-2)$$

TU 越大，说明该地区产业结构高级化程度越高，反之越低。

产业结构合理化指标衡量的是产业与产业之间协调能力的强弱、关联程度的高低以及资源配置合理与否。根据干春晖和戴魁早等人提出的测度方法，产业结构合理化指标 TS 的计算公式为：

$$TS = \sum_{i=1}^{n}\left(\frac{Y_i}{Y}\right)\ln\left(\frac{Y_i}{L_i}\Big/\frac{Y}{L}\right) = \sum_{i=1}^{n}\left(\frac{Y_i}{Y}\right)\ln\left(\frac{Y_i}{Y}\Big/\frac{L_i}{L}\right) \quad i = 1,2,3 \qquad (9-3)$$

式中 Y_i 代表 i 产业增加值，L_i 代表 i 产业就业人数，n 代表产业部门数，Y_i/Y 代表 i 产业所占比重，L_i/L 代表 i 产业就业结构，Y/L 则代表生产率。TS 指数与产业结构合理化水平呈负相关关系，某一地区 TS 指数越大，表示该地区产业结构合理化水平越低，反之越高。

9.3.1.2 核心解释变量

在我国，高等学校是科学研究主要的承担者。近年来，为保证高等学校科研工作的持续、稳定、健康发展，我国政府投入了大量的人员和经费。由于科学研究所具有的特殊属性，科研人员成为科学研究能否取得突破进展的关键因素，而在以往的研究中，学者大多只关注科研经费的投入而忽视了科研人员的投入。为考察研究型教育消费与我国产业结构升级之间的关系，同时考虑到研究型教育消费最终是以经费支出以及人员投入的形式反映在教育事业当中，本章采用各地区高等学校 R&D 经费内部支出（RDM）与各地区高等学校 R&D 人员全时当量（RDP）两项指标来衡量研究型教育消费水平。

9.3.1.3 控制变量

依据学术界现有对产业结构升级的研究成果，选取如下经济指标作为本章的控制变量。

（1）城镇化水平（UB）。蓝庆新等指出新型城镇化能够对产业结构升级产生显著的正向效应，提升产业发展层次。本章以地区城镇人口占该地区总人口的比重（%）来反映各地区城镇化水平。[①]

（2）经济发展水平（PGDP）。地区经济发展水平的提升通过增加人均纯收入，影响消费结构，进而对产业结构升级产生促进作用。[②] 本章以地区人均生产总值（万元/人）作为各地区经济发展水平的衡量指标。

（3）固定资产投资水平（INV）。丁志国等人指出在1998年到2010年这13年间，固定资产投资对第二产业产生显著的负向总效应，而对第三产业产生显著的正向总效应。[③] 本章选取地区固定资产投资总额与地区生产总值的比值（%）来反映各地区固定资产投资水平。

（4）对外开放水平（TRA）。徐春华等指出对外开放水平的逐步提升能够对我国产业结构升级起到积极作用。[④] 本章选取地区进出口贸易总额与地区生产总值的比值（%）来反映各地区对外开放水平。

9.3.1.4 模型设定

通过对中国产业结构升级的机制分析与相关经济指标的选取和测算，构建如下产业结构高级化和产业结构合理化面板模型：

$$\ln TU_{i,t} = \alpha_0 + \alpha_1 \ln RDM_{i,t} + \alpha_2 \ln RDP_{i,t} + \alpha_3 \ln UB_{i,t} + \alpha_4 \ln INV_{i,t} + \alpha_5 \ln TRA_{i,t} + \varepsilon_{i,t} \quad (9-4)$$

$$\ln TS_{i,t} = \alpha_0 + \alpha_1 \ln RDM_{i,t} + \alpha_2 \ln RDP_{i,t} + \alpha_3 \ln UB_{i,t} + \alpha_4 \ln INV_{i,t} + \alpha_5 \ln TRA_{i,t} + \varepsilon_{i,t} \quad (9-5)$$

为了进一步考察产业结构高级化与产业结构合理化的动态效应，本章同时引入动态面板 GMM 模型，由于数据的时间长度较短，只有12年，所以本章只考察被解释变量滞后一期对当期的影响，同时考虑个体效应与时间效应，模型构建如下：

[①] 蓝庆新，陈超凡. 新型城镇化推动产业结构升级了吗？——基于中国省级面板数据的空间计量研究 [J]. 财经研究，2013（12）.

[②] 孙玉阳，宋有涛，王慧玲. 环境规制对产业结构升级的正负接替效应研究——基于中国省际面板数据的实证研究 [J]. 产业经济，2018（5）.

[③] 丁志国，赵宣凯，苏治. 中国经济增长的核心动力——基于资源配置效率的产业升级方向与路径选择 [J]. 中国工业经济，2012（9）.

[④] 徐春华，刘力. 省域居民消费、对外开放程度与产业结构升级——基于省际面板数据的空间计量分析 [J]. 国际经贸探索，2013.（11）.

$$\ln TU_{i,t} = \alpha_0 + \alpha_1 \ln RDM_{i,t} + \alpha_2 \ln RDP_{i,t} + \alpha_3 \ln UB_{i,t} +$$
$$\alpha_4 \ln INV_{i,t} + \alpha_5 \ln TRA_{i,t} + \mu_i + \eta_t + \varepsilon_{i,t} \quad (9-6)$$

$$\ln TS_{i,t} = \alpha_0 + \alpha_1 \ln RDM_{i,t} + \alpha_2 \ln RDP_{i,t} + \alpha_3 \ln UB_{i,t} +$$
$$\alpha_4 \ln INV_{i,t} + \alpha_5 \ln TRA_{i,t} + \mu_i + \eta_t + \varepsilon_{i,t} \quad (9-7)$$

其中下标 i 与 t 分别代表地区与年份，$TU_{i,t}$、$TS_{i,t}$、$RDM_{i,t}$、$RDP_{i,t}$、$UB_{i,t}$、$PGDP_{i,t}$、$INV_{i,t}$、$TRA_{i,t}$ 分别代表 i 省 t 期产业结构高级化、产业结构合理化、高等学校 R&D 经费内部支出、高等学校 R&D 人员全时当量、城镇化水平、经济发展水平、固定资产投资水平、对外开放水平，$\ln TU_{i,t-1}$ 与 $\ln TS_{i,t-1}$ 分别代表产业结构高级化指标与产业结构合理化指标的滞后一期，μ_i 与 η_t 分别代表个体效应与时间效应，$\varepsilon_{i,t}$ 代表随机误差项。

9.3.2 数据来源说明

为保证数据的完整性与真实性，本章所采用的数据原始值均来源于《中国统计年鉴》、《中国科技统计年鉴》、Wind 数据库以及各省份统计年鉴，研究范围为除港澳台外的中国 31 个省级行政区，时间跨度从 2005 年到 2016 年。其中，缺乏黑龙江省 2011 年到 2013 年三大产业增加值数据，本章采用指数平滑法求得补充。其中，名义变量如高等学校 R&D 经费内部支出、人均国内生产总值均以 2005 年为基期，进行了价格指数折算，以消除价格波动的干扰，同时为了减弱异方差性带来的影响，本章模型中所运用的所有变量均进行了对数化处理。

9.3.3 变量的描述性统计与相关性检验

本章中所有变量的描述性统计与具体说明如表 9-1 所示。

考虑到变量之间的相关性问题，本章运用 Pearson 相关系数分析法对变量进行相关性检验，检验结果如表 9-2 所示。结果表明，高等学校 R&D 经费内部支出与高等学校 R&D 人员全时当量两个变量之间存在较强的相关性，其相关系数为 0.9466，存在严重的共线性，需要在进行回归分析时将这两个变量分开考察。其他变量则不存在较强的相关性。

表9-1 变量的描述性统计

变量	变量说明	均值	标准差	最大值	最小值	观察值
$\ln TU$	产业结构高级化	1.88	0.04	2.03	1.78	372
$\ln TS$	产业结构合理化	-1.60	0.76	-0.19	-4.08	372
$\ln RDM$	高等学校R&D经费内部支出	11.22	1.52	14.02	5.93	372
$\ln RDP$	高等学校R&D人员全时当量	8.75	1.10	10.45	5.08	372
$\ln UB$	城镇化水平	-0.70	0.29	-0.11	-1.57	372
$\ln PGDP$	经济发展水平	0.94	0.56	2.17	-0.68	372
$\ln INV$	固定资产投资水平	-0.44	0.36	0.33	-1.43	372
$\ln TRA$	对外开放水平	-1.70	0.98	0.55	-3.44	372

表9-2 变量之间的相关系数矩阵

	$\ln TU$	$\ln TS$	$\ln RDM$	$\ln RDP$	$\ln UB$	$\ln PGDP$	$\ln INV$	$\ln TRA$
$\ln TU$	1.0000							
$\ln TS$	-0.6819	1.0000						
$\ln RDM$	0.4229	-0.5750	1.0000					
$\ln RDP$	0.3326	-0.4849	0.9466	1.0000				
$\ln UB$	0.6458	-0.7553	0.6733	0.5967	1.0000			
$\ln PGDP$	0.7058	-0.7119	0.6075	0.4969	0.8600	1.0000		
$\ln INV$	-0.3058	0.4667	-0.2856	-0.3461	-0.3200	-0.0716	1.0000	
$\ln TRA$	0.6022	-0.7804	0.4856	0.4651	0.6579	0.5707	-0.6225	1.0000

9.3.4 产业结构升级描述分析

进入21世纪以来，随着我国改革开放的深入以及经济体制的转变，我国产业结构高级化水平和产业结构合理化水平发展情况如何？两者在发展的过程中稳定性又如何？各区域之间发展是否均衡？如果不均衡，哪些地方发展水平较高而哪些地方又亟须改善呢？针对这些问题，本章分别分析了2005~2016年产业结构高级化进程以及产业结构合理化进程，并对2016年各地区产业结构高级化水平和产业结构合理化水平进行了比较分析。

9.3.4.1 产业结构高级化水平分析

根据产业结构高级化计算公式测算出2005~2016年我国产业结构高级化水平（见图9-2）。从图9-2中可以看到，我国产业结构高级化水平总体上呈现上升的趋势，从 2005 年的 6.51 增长到 2016 年的 6.83，这说明我国产业结构在不断趋向于高级化。进一步分析，产业结构高级化进程可以分为两个阶段。第一个阶段为 2005~2011 年，该阶段的产业结构合理化水平先上升、后持平，再上升、再持平，这个阶段属于产业结构高级化水平不稳定阶段。第二个阶段为 2011~2016 年，该阶段的产业结构高级化水平持续稳定上升，这个阶段属于产业结构高级化水平稳步上升阶段。

图 9-2　2005~2016 年中国产业结构高级化水平

9.3.4.2　产业结构合理化水平分析

2005~2016 年中国产业结构合理化水平如图 9-3 所示。从图 9-3 中可以看到，我国产业结构合理化指标呈现稳定下降的趋势，从 2005 年

图 9-3　2005~2016 年中国产业结构合理化水平

的 0.28 下降到 2016 年的 0.12，下降 57.14%，这表明我国产业结构在持续地趋向于合理化，且效果显著。

9.3.4.3 各地区产业结构高级化水平与产业结构合理化水平比较分析

本章考察了 2016 年我国 31 个省级行政区的产业结构高级化水平和产业结构合理化水平，并对其进行了排序处理（见表 9-3）。

表 9-3 各地区产业结构高级化水平和合理化水平比较（2016 年）

省份	高级化指数	合理化指数	省份	高级化指数	合理化指数
北京	7.600	0.029	内蒙古	6.643	0.377
上海	7.435	0.025	青海	6.637	0.257
天津	7.158	0.048	四川	6.626	0.169
山西	6.991	0.243	湖南	6.625	0.223
广东	6.963	0.126	陕西	6.623	0.383
浙江	6.954	0.051	吉林	6.578	0.229
江苏	6.898	0.074	湖北	6.575	0.205
西藏	6.809	0.246	河南	6.549	0.199
重庆	6.791	0.16	安徽	6.536	0.153
辽宁	6.791	0.135	河北	6.534	0.132
山东	6.763	0.148	海南	6.53	0.084
宁夏	6.723	0.403	云南	6.524	0.372
甘肃	6.673	0.392	贵州	6.452	0.379
福建	6.651	0.078	新疆	6.421	0.237
黑龙江	6.645	0.098	广西	6.351	0.324
江西	6.563	0.116	全国平均	6.828	0.117

从 2016 年我国各地区产业结构高级化水平来看，北京、上海、天津、山西、广东、浙江、江苏这 7 个省级行政区的产业结构高级化水平要高于全国平均水平（6.828），属于产业结构高级化水平高的梯队；西藏、重庆、辽宁、山东、宁夏、甘肃、福建、黑龙江这 8 个省级行政区的产业结构高级化水平则略低于全国平均水平，但并没有拉开明显的差距，因此属于产业结构高级化水平较高的梯队；内蒙古、青海、四川、湖南、陕西、吉林、湖北、江西这 8 个省级行政区的产业结构高级化水平较低，有待追赶超越，属于产业结构高级化水平较低的梯队；河南、

安徽、河北、海南、云南、贵州、新疆、广西这 8 个省级行政区产业结构高级化水平低于 6.55，与其他省份还有一定的差距，属于产业结构高级化水平低的梯队。

从 2016 年我国各地区产业结构合理化水平来看，上海、北京、天津、浙江、江苏、福建、海南、黑龙江、江西这 9 个省级行政区的产业结构合理化水平要高于全国平均水平 （0.117），属于产业结构合理化水平高的梯队；广东、河北、辽宁、山东、安徽、重庆这 6 个省级行政区的产业结构合理化水平要略低于全国平均水平，属于产业结构合理化水平较高的梯队；四川、河南、湖北、湖南、吉林、新疆、山西、西藏这 8 个省级行政区的产业结构合理化水平则较低，属于产业结构合理化水平较低的梯队；青海、广西、云南、内蒙古、贵州、陕西、甘肃、宁夏这 8 个省级行政区的产业结构合理化水平高于 0.25，属于产业结构合理化水平低的梯队。

综合来看，无论是产业结构高级化水平还是产业结构合理化水平，都体现出沿海地区优于内陆地区的情况。这说明我国产业结构高级化水平和产业结构合理化水平还存在较大的区域差异性，各地区产业结构升级的进程并不均衡。

9.4　实证检验与结果分析

9.4.1　静态分析

中国幅员辽阔，不同省份之间地理环境、经济发展水平以及文化习俗的差异都会影响到产业结构调整。研究型教育消费对产业结构升级的作用机制也会有所差异，而不同的时期这种作用机制也会有所不同，因此在模型中引入个体效应以及时间效应非常有必要。用固定效应模型、随机效应模型和混合效应模型分别进行回归分析，Hausman 检验以及 F 检验结果表明，使用固定效应模型进行分析最合适，因此在静态分析过程中采用固定效应模型，回归结果如表 9-4 所示。

第九章 研究型教育消费与我国产业结构升级关系的实证研究

表9-4 中国产业结构升级静态面板数据（固定效应）分析结果

解释变量	产业结构高级化（TU）		产业结构合理化（TS）	
	模型1	模型2	模型3	模型4
RDM	0.0077*** (0.0027)		-0.1315*** (0.0434)	
RDP		0.0184*** (0.0034)		-0.1970*** (0.0582)
UB	0.0663*** (0.0170)	0.0750*** (0.0166)	-0.8219*** (0.2802)	-0.8936*** (0.2812)
PGDP	0.0036 (0.0056)	0.0038 (0.0047)	0.0769 (0.0922)	0.0097 (0.0788)
INV	0.0033 (0.0044)	0.0004 (0.0044)	0.0105 (0.0734)	0.0382 (0.0739)
TRA	-0.0009 (0.0022)	-0.0021 (0.0021)	0.0923** (0.0364)	0.1144*** (0.0355)
CONS	1.8358*** (0.0289)	1.7634*** (0.0307)	-0.6165 (0.4770)	-0.3064 (0.5194)
R^2	0.5823	0.6054	0.3424	0.3467
F统计量	93.68	103.08	34.99	35.66

注：*、**、***分别代表在10%、5%、1%的水平下显著；括号内为标准差。

从产业结构高级化静态面板模型1和模型2中可以看到，解释变量中高等学校R&D经费内部支出、高等学校R&D人员全时当量以及城镇化水平都会对产业结构高级化产生显著的正向作用。其中，对产业结构高级化促进作用最强的是城镇化水平，当城镇化水平每提升1%，产业结构高级化水平将上升0.07%；其次是高等学校R&D人员全时当量，当高等学校R&D人员全时当量每增加1%，产业结构高级化水平将上升0.0184%；高等学校R&D经费内部支出对产业结构高级化水平促进作用也十分显著，高等学校R&D经费内部支出每增加1%，产业结构高级化水平将上升0.0077%。而经济发展水平、固定资产投资水平和对外开放水平在本模型的统计上是不显著的。由此可以看出，高等学校R&D经费内部支出和高等学校R&D人员全时当量都会对产业结构高级化产生显著的正向作用。这说明研究型教育消费会对我国产业结构高级化水平产生正向的促进作用。

从产业结构合理化静态面板模型 3 和模型 4 的回归结果来看，解释变量中高等学校 R&D 经费内部支出、高等学校 R&D 人员全时当量和城镇化水平都会对产业结构合理化水平产生显著的提升作用。其中，提升作用最强的是城镇化水平，城镇化水平每上升 1%，产业结构合理化水平提升 0.85%；提升作用稍次的是高等学校 R&D 人员全时当量，高等学校 R&D 人员全时当量每增加 1%，产业结构合理化水平提升 0.1970%；高等学校 R&D 经费内部支出对产业结构合理化水平提升作用同样显著，高等学校 R&D 经费内部支出每增加 1%，产业结构合理化水平将提升 0.1315%；对外开放水平则会对产业结构合理化水平产生显著的负向作用，对外开放水平每提升 1%，产业结构合理化水平将下降 0.10%，这说明对外开放的深化会对产业结构合理化进程产生一定的冲击。其余变量如经济发展水平、固定资产投资水平在本模型的统计上是不显著的。可以看出，高等学校 R&D 经费内部支出和高等学校 R&D 人员全时当量均会对产业结构合理化水平产生显著的正向效应。这说明研究型教育消费会对我国产业结构合理化水平产生正向的促进作用。

9.4.2 动态分析

在动态面板模型分析的过程中往往会产生严重的内生性问题，使用 OLS 和 MLE 估计方法进行模型估计则无法得到准确的估计系数，本章借鉴 Bond 提出的解决办法，采用系统 GMM 估计方法进行动态面板模型的估计，由于本章变量选取的时间长度较短，只有 12 年，因此仅考虑被解释变量的一阶滞后。此外，本章所采用的面板数据集属于"大 N 小 T"类型，在模型估计时不考虑数据单位根的问题，动态面板模型估计结果如表 9-5 所示。

从产业结构高级化动态面板模型 1 和模型 2 的回归结果来看，滞后一期的产业结构高级化水平对当期产业结构高级化水平具有显著的正向效应，滞后一期的产业结构高级化水平每提升 1%，当期产业结构高级化水平会上升 0.93%，这说明我国产业结构高级化进程具有较强的惯性。[①]

[①] 付宏，毛蕴诗，宋来胜. 创新对产业结构高级化影响的实证研究——基于 2000—2011 年的省际面板数据 [J]. 中国工业经济, 2013 (9).

付宏等指出我国产业结构高级化进程是一个自我扬弃的过程,前期产业结构高级化会推动后期产业结构高级化的发展。在产业结构合理化动态面板模型3和模型4中可以看出,产业结构合理化水平的滞后一期对当期产业结构合理化水平具有显著的正向效应,滞后一期产业结构合理化水平每上升1%,当期产业结构合理化水平上升0.68%,这表明产业结构合理化进程同样是一个自我促进、自我扬弃的过程。这意味着外部因素的作用促进了产业结构高级化水平和产业结构合理化水平提升,如此一来,产业结构高级化和产业结构合理化自身就会产生类似乘数效应的作用,进而持续地趋向于高级化以及合理化。

在动态模型中,研究型教育消费的两个变量均不显著,这表明研究型教育消费对产业结构升级的动态效应并没有得到验证,还有待后续进一步研究分析。

表9-5 中国产业结构升级动态面板数据(GMM)分析结果

解释变量	产业结构高级化(TU) 模型1	模型2	产业结构合理化(TS) 模型3	模型4
TU(-1)	0.9327*** (0.0580)	0.9338*** (0.0594)		
TS(-1)			0.6862*** (0.0675)	0.6701*** (0.0678)
RDM	-0.0004 (0.0022)		0.0003 (0.0371)	
RDP		-0.0003 (0.0030)		-0.0624 (0.0500)
UB	0.0440** (0.0180)	0.0444** (0.0181)	-0.6602** (0.2805)	-0.6929** (0.2797)
PGDP	-0.0103** (0.0050)	-0.0109** (0.0044)	0.0210 (0.0767)	0.0471 (0.0661)
INV	0.0078* (0.0041)	0.0079* (0.0041)	-0.0352 (0.0633)	-0.0212 (0.0635)
TRA	-0.0013 (0.0018)	-0.0011 (0.0017)	-0.0099 (0.0305)	-0.0064 (0.0299)
CONS	0.1767 (0.1164)	0.1741 (0.1153)	-1.0454** (0.4479)	-0.5572 (0.4782)

注:*、**、***分别代表在10%、5%、1%的水平下显著;括号内为标准差。

9.4.3 分区域关系研究

为了分析不同地区研究型教育消费与产业结构升级的关系,需要将我国划分为不同的区域进行比较分析。本章没有按照传统的方法将中国区域划分为东、中、西三个部分,而是结合区域经济发展的特征,采用"十一五"期间的划分方法,将中国划分为八大经济区,包括东北地区经济区、黄河中游经济区、北部沿海经济区、长江中游经济区、东部沿海经济区、西南地区经济区、南部沿海经济区、西北地区经济区,具体划分如表 5-1 所示。

9.4.3.1 分区域产业结构高级化面板模型分析

分区域产业结构高级化固定效应模型估计结果如表 9-6 所示。

从八大经济区产业结构高级化面板模型的分析结果来看,高等学校 R&D 经费内部支出对产业结构高级化水平影响显著的地区有北部沿海经济区和东部沿海经济区,高等学校 R&D 经费内部支出每增加 1%,其产业结构高级化水平分别提升 0.015% 和 0.014%;高等学校 R&D 人员全时当量这一解释变量对产业结构高级化水平提升促进作用显著的地区有东北地区经济区、东部沿海经济区、南部沿海经济区、黄河中游经济区和北部沿海经济区,高等学校 R&D 人员全时当量每增加 1%,其产业结构高级化水平分别提升 0.038%、0.029%、0.041%、0.045%、0.016%,值得注意的是,长江中游经济区高等学校 R&D 人员全时当量每增加 1%,该地区产业结构高级化水平下降 0.021%,这说明在这个地区高等学校 R&D 人员全时当量投入的作用并不理想;西南地区经济区高等学校 R&D 经费内部支出和高等学校 R&D 人员全时当量这两个解释变量对产业结构高级化水平影响并不显著。

以上结果分析表明,研究型教育消费对我国产业结构高级化水平具有显著的促进作用,而不同的地区影响方式并不相同,整体上显现沿海地区促进作用要大于内陆地区的特征,东部沿海经济区既可以通过高等学校 R&D 经费内部支出的增加提升产业结构高级化水平,也可以通过高等学校 R&D 人员全时当量的增加来提升产业结构高级化水平;北部沿海经济区可以通过增加高等学校 R&D 经费内部支出来提升产业结构高级化水平;东北地区经济区、南部沿海经济区、黄河中游经济区和西北地区

第九章 研究型教育消费与我国产业结构升级关系的实证研究

经济区可以通过增加高等学校 R&D 人员全时当量来提升地区产业结构高级化水平；西南地区经济区研究型教育消费对产业结构高级化的促进作用还未显现，可以通过提升区域经济发展水平来促进产业结构高级化；长江中游经济区高等学校 R&D 人员全时当量投入的作用还值得商榷，要发挥研究型教育消费对产业结构高级化的促进作用，还需要一个过程来进一步构建二者的联系。

表 9-6 分地区产业结构高级化面板数据（固定效应）分析结果

	东北地区经济区		北部沿海经济区		东部沿海经济区		南部沿海经济区	
解释变量	模型 1	模型 2	模型 3	模型 4	模型 5	模型 6	模型 7	模型 8
RDM	0.013 (0.0128)		0.015*** (0.0056)		0.014** (0.0064)		-0.002 (0.0102)	
RDP		0.038** (0.0167)		0.016 (0.0152)		0.029*** (0.0079)		0.041** (0.0165)
UB	0.070 (0.0656)	0.080 (0.0612)	0.138*** (0.0288)	0.121*** (0.0357)	-0.110*** (0.0372)	-0.103*** (0.0331)	-0.281* (0.1410)	-0.126 (0.1240)
PGDP	-0.004 (0.0151)	-0.005 (0.0099)	-0.016 (0.0123)	0.007 (0.0088)	0.044*** (0.0153)	0.051*** (0.0101)	0.051 (0.0336)	0.001 (0.0288)
INV	-0.012* (0.0064)	-0.015** (0.0060)	-0.009 (0.0082)	-0.016* (0.0083)	0.007 (0.0074)	0.002 (0.0060)	0.083*** (0.0240)	0.045* (0.0247)
TRA	-0.030*** (0.0072)	-0.034*** (0.0068)	-0.018*** (0.0050)	-0.018*** (0.0056)	-0.027*** (0.0062)	-0.023*** (0.0057)	-0.001 (0.0125)	-0.003 (0.0095)
CONS	1.697*** (0.1510)	1.489*** (0.1620)	1.800*** (0.0550)	1.795*** (0.1450)	1.645*** (0.0629)	1.530*** (0.0700)	1.741*** (0.1020)	1.497*** (0.1260)
R^2	0.7461	0.7776	0.8954	0.8786	0.9640	0.9713	0.8352	0.8648
F 统计量	16.45	19.58	66.80	56.46	149.97	189.48	28.38	35.81
	黄河中游经济区		长江中游经济区		西南地区经济区		西北地区经济区	
解释变量	模型 1	模型 2	模型 3	模型 4	模型 5	模型 6	模型 7	模型 8
RDM	0.006 (0.0090)		-0.012 (0.0088)		-0.009 (0.0114)		0.004 (0.0037)	
RDP		0.045*** (0.0113)		-0.021** (0.0090)		-0.007 (0.0132)		0.009** (0.0040)
UB	0.325*** (0.0791)	0.317*** (0.0636)	0.246*** (0.0588)	0.303*** (0.0559)	0.050 (0.0705)	0.053 (0.0706)	0.020 (0.0499)	0.040 (0.0493)
PGDP	-0.069*** (0.0163)	-0.086*** (0.0146)	-0.039* (0.0203)	-0.055*** (0.0150)	0.024 (0.0246)	0.017 (0.0223)	-0.015 (0.0124)	-0.013 (0.0095)

续表

解释变量	黄河中游经济区 模型1	黄河中游经济区 模型2	长江中游经济区 模型3	长江中游经济区 模型4	西南地区经济区 模型5	西南地区经济区 模型6	西北地区经济区 模型7	西北地区经济区 模型8
INV	-0.017 (0.0164)	-0.003 (0.0145)	0.019 (0.0152)	0.017 (0.0146)	0.001 (0.0226)	-0.003 (0.0219)	0.042*** (0.0117)	0.035*** (0.0117)
TRA	-0.009 (0.0070)	-0.013** (0.0059)	0.008 (0.0073)	0.001 (0.0077)	0.004 (0.0076)	0.005 (0.0075)	0.003 (0.0036)	0.002 (0.0035)
$CONS$	2.087*** (0.1280)	1.768*** (0.1100)	2.235*** (0.0949)	2.326*** (0.0999)	2.000*** (0.1350)	1.964*** (0.1300)	1.882*** (0.0587)	1.868*** (0.0555)
R^2	0.7357	0.8090	0.8007	0.8162	0.5826	0.5794	0.6832	0.7045
F统计量	21.71	33.04	31.33	34.63	13.96	13.77	21.56	23.84

注：*、**、***分别代表在10%、5%、1%的水平下显著；括号内为标准差。

9.4.3.2 分区域产业结构合理化面板模型分析

分区域产业结构合理化固定效应模型估计结果如表9-7所示。

表9-7 分地区产业结构合理化面板数据（固定效应）分析结果

解释变量	东北地区经济区 模型1	东北地区经济区 模型2	北部沿海经济区 模型3	北部沿海经济区 模型4	东部沿海经济区 模型5	东部沿海经济区 模型6	南部沿海经济区 模型7	南部沿海经济区 模型8
RDM	-0.624 (0.3780)		-0.086 (0.0741)		-0.204 (0.3350)		-0.039 (0.0961)	
RDP		-0.978* (0.5210)		-0.485*** (0.1720)		-0.885* (0.4360)		-0.099 (0.1700)
UB	-5.140** (1.9340)	-5.533*** (1.9020)	-0.795** (0.3790)	-0.238 (0.4040)	-0.744 (1.9400)	-1.244 (1.8170)	-2.357* (1.3280)	-2.428* (1.2860)
$PGDP$	1.178** (0.4460)	0.918*** (0.3080)	-0.263 (0.1620)	-0.272*** (0.0999)	-0.884 (0.7960)	-0.711 (0.5560)	0.117 (0.3160)	0.139 (0.2980)
INV	-0.372* (0.1870)	-0.299 (0.1850)	0.004 (0.1080)	0.019 (0.0938)	0.558 (0.3880)	0.614* (0.3310)	-0.254 (0.2250)	-0.202 (0.2550)
TRA	0.295 (0.2120)	0.430** (0.2100)	0.159** (0.0656)	0.117* (0.0629)	-0.367 (0.3240)	-0.515 (0.3140)	0.123 (0.1180)	0.157 (0.0985)
$CONS$	2.341 (4.4540)	4.448 (5.0340)	-1.185 (0.7230)	2.620 (1.6540)	1.310 (3.2780)	6.874* (3.8400)	-3.155*** (0.9610)	-2.764** (1.2970)
R^2	0.5114	0.5238	0.9070	0.9201	0.7375	0.7681	0.8889	0.8896
F统计量	5.86	6.16	76.03	89.83	15.73	18.55	44.81	45.12

续表

解释变量	黄河中游经济区 模型1	黄河中游经济区 模型2	长江中游经济区 模型3	长江中游经济区 模型4	西南地区经济区 模型5	西南地区经济区 模型6	西北地区经济区 模型7	西北地区经济区 模型8
RDM	-0.350*** (0.1240)		0.053 (0.1130)		-0.245** (0.1190)		0.028 (0.0577)	
RDP		-0.182 (0.1990)		0.197 (0.1170)		-0.293** (0.1360)		0.041 (0.0661)
UB	-0.125 (1.0890)	-1.069 (1.1190)	-3.525*** (0.7590)	-3.957*** (0.7280)	-2.627*** (0.7320)	-2.572*** (0.7280)	0.006 (0.7900)	0.079 (0.8060)
PGDP	0.461** (0.2250)	0.463* (0.2570)	0.846*** (0.2620)	0.917*** (0.1960)	0.385 (0.2550)	0.265 (0.2300)	0.284 (0.1970)	0.316** (0.1560)
INV	-0.418* (0.2260)	-0.454* (0.2540)	0.025 (0.1960)	0.050 (0.1900)	0.788*** (0.2350)	0.672*** (0.2260)	-0.645*** (0.1850)	-0.678*** (0.1910)
TRA	-0.009 (0.0957)	0.040 (0.1040)	0.142 (0.0943)	0.206** (0.0995)	-0.121 (0.0788)	-0.117 (0.0774)	0.011 (0.0574)	0.006 (0.0571)
CONS	2.121 (1.7570)	-0.790 (1.9280)	-5.241*** (1.2250)	-6.646*** (1.3010)	-0.890 (1.4080)	-0.944 (1.3430)	-1.516 (0.9300)	-1.523* (0.9070)
R^2	0.5638	0.4849	0.4478	0.4823	0.6427	0.6454	0.4224	0.4242
F统计量	10.08	7.34	6.33	7.27	17.99	18.20	7.31	7.37

注：*、**、***分别代表在10%、5%、1%的水平下显著；括号内为标准差。

从八大经济区产业结构合理化面板模型的分析结果来看，高等学校R&D经费内部支出对产业结构合理化水平促进作用显著的地区有黄河中游经济区和西南地区经济区，高等学校R&D经费内部支出每增加1%，产业结构合理化水平分别提升0.350%和0.245%；高等学校R&D人员全时当量对产业结构合理化水平促进作用显著的地区有东北地区经济区、北部沿海经济区、东部沿海经济区、西南地区经济区，这些地区高等学校R&D人员全时当量每增加1%，产业结构合理化水平分别提升0.978%、0.485%、0.885%、0.293%；南部沿海经济区、长江中游经济区和西北地区经济区高等学校R&D经费内部支出和高等学校R&D人员全时当量对产业结构合理化水平的影响均不显著。

通过以上分析结果可以看出，整体上研究型教育消费对我国产业结构合理化水平促进作用明显，但是地区之间存在较大的差异。其中，西南地区经济区研究型教育消费对产业结构合理化促进作用最强，高等学校R&D经费内部支出和高等学校R&D人员全时当量的增加都可以提升该区域产业结构合理化水平；东北地区经济区、北部沿海经济区和东部沿海经济区可以通过高等学校R&D人员全时当量的增加来提升产业结构合理化水平；黄河中游经济区可以通过增加高等学校R&D经费内部支出来提升区域产业结构合理化水平；南部沿海经济区和长江中游经济区可以通过提升城镇化水平来提升产业结构合理化水平；西北地区经济区则可以通过增加固定资产投资来提升产业结构合理化水平。

9.5 研究结论

本章利用2005～2016年产业结构高级化和产业结构合理化面板数据，分别构建了静态固定效应面板模型、动态GMM面板模型和分区域面板模型，对我国研究型教育消费与产业结构升级之间的关系进行了理论和实证分析，研究结果如下。

第一，从产业结构高级化和产业结构合理化进程来看，2005～2016年这12年间我国产业结构高级化水平和产业结构合理化水平都得到显著的提升。其中，产业结构高级化水平上升了4.92%，产业结构合理化水平上升了57.14%，实现了产业结构升级的目标，即在保证产业结构合理化的基础上促进产业结构高级化。但在分析2016年我国除港澳台以外31个省级行政区产业结构高级化和产业结构合理化水平时发现，我国产业结构高级化和产业结构合理化发展并不均衡，各省份之间还存在较大的差异，总体上表现出沿海地区优于内陆地区的现象。

第二，从国家层面来看，研究型教育消费能够显著地促进我国产业结构升级。具体表现为高等学校R&D经费内部支出和高等学校R&D人员全时当量的增加可以提升我国产业结构高级化水平和产业结构合理化水平，其中高等学校R&D经费内部支出每增加1%，我国产业结构高级化水平上升0.0077%，产业结构合理化水平上升0.1315%；高等学校R&D人员全时当量每增加1%，产业结构高级化水平上升0.0184%，产业结构合理化水平上升0.1970%。

第三，在动态过程中，产业结构升级进程受其自身作用影响明显。由于本章数据的时间长度只有12年，因此在动态模型中只设置了产业结构高级化和产业结构合理化的滞后一期作为考察变量。研究发现，产结构高级化和产业结构合理化的滞后一期项会对当期项产生显著的正向效应，这表明产业结构的升级会产生类似乘数效应的作用，从而进一步促进我国产业结构升级，但其作用的大小还有待进一步研究。在动态模型中，代表研究型教育消费的两个变量均不显著，这表明在本章的分析中，研究型教育消费对产业结构升级的动态影响作用并没有得到验证。

第四，由于我国各地区地理环境、经济发展水平以及文化习俗等因素的差异，不同地区研究型教育消费对产业结构升级的作用方式并不相同。本章将我国划分为八大经济区，并分别构建了产业结构高级化和产业结构合理化模型，估计结果显示，有的经济区仅可以通过增加高等学校R&D经费内部支出来提升产业结构高级化和产业结构合理化水平，而有的经济区仅可以通过增加高等学校R&D人员全时当量来提升产业结构高级化和产业结构合理化水平，只有部分地区可以同时使用高等学校R&D经费内部支出和R&D人员全时当量来提升产业结构高级化和合理化水平。这表明研究型教育消费对产业结构升级的促进通道并没有完全打通，还需要进一步完善和融合，但也可以为当前情况下不同经济区的产业结构升级提供相应的建设依据。

第十章 教育消费与信息化

随着互联网、信息技术的迅速发展，信息产业迅速崛起，已经成为各国经济发展的新增长点，信息产业在促进国民经济增长方面，受到了越来越多的重视。未来，伴随着中国"互联网+"战略的实施，信息产业的发展将会不断改变居民生产、生活的方式，尤其是在促进全球知识传播、技术创新方面发挥更加重要的作用。20 世纪 90 年代以来，随着中国中央政府和各级教育部门相继出台一系列通过教育信息化来促进"科教兴国"战略的政策法规，互联网等信息和通信技术已经渗透到了教育行业的方方面面，教育行业和信息产业已经是一个密切联系的"共同体"。如今，中国在教育事业方面的投资和消费已经在一定程度上和信息产业的发展密切地联系在一起。那么，教育消费和信息产业发展有怎样的内在联系呢？教育消费是否和中国信息产业发展具有某种因果上的关联性呢？本章将对这一领域进行一定的探索。

10.1 信息产业发展和教育消费关系的文献研究

10.1.1 信息产业发展对教育消费的影响

中国信息产业不断发展，已经成为国民经济的重要支柱产业。[①] 国内许多学者的研究表明，信息产业已经和很多传统行业之间有复杂的相互影响关系，很多产业是以信息产业为基础的。[②] 例如：郑英隆指出，信息产业和产业结构升级具有重大的相互促进作用，信息产业发展的动力就在实现产业结构升级的过程中[③]；盖建华研究了信息产业和服务业

[①] 穆绪涛，宋锡荣，邹薇. 我国信息产业发展综述研究[J]. 情报资料工作，2006 (1).
[②] 卢艳秋，靖继鹏，曲永龙. 信息产业与传统产业关联机理初探[J]. 中国软科学，1998 (7).
[③] 郑英隆. 信息产业加速发展和产业机构升级的交互关系研究[J]. 经济评论，2001 (1).

的关系，发现现代服务业的产生与发展和信息与通信技术的扩散和应用有密切的关系[1]；徐盈之和孙剑研究了信息产业和制造业之间的融合关系，发现制造业的产业绩效及其与信息产业的融合程度具有显著的正相关性。[2] 随着中国"互联网+"战略的提出，未来中国互联网等信息通信技术将会和其他行业形成更加紧密的联系，教育行业便是其中一个明显的例子。近年来，中国教育信息化进程不断推进，教育行业和信息产业已经紧密联系在一起。关于教育信息化的内涵，焦建利、贾义敏和任改梅指出，教育信息化就是运用信息与通信技术系统地提升和变革教育的一个过程。[3] 关于教育信息化的目的，何克抗指出，教育信息化是为了提高学科教学质量和学生综合素质。[4] 随着信息产业的发展，一大批先进的教学设备被应用于各种教学活动中，信息产业的发展及其在教育事业中的应用正在逐步改变教育消费者的教育活动全过程。尤其是随着互联网技术的发展，互联网教育已经是一个被大家普遍接受的教育方式。马玉萍和易志亮通过对互联网教育的研究发现，互联网教育使教育消费者能够体验到和传统教育相当不同的教育，具体来说，互联网教育能够实现教育资源的共享，互联网教育能够使教育消费者不受时间和空间的限制，同时能够有利于教育消费者终身学习的实现。[5] 陈丽指出，互联网作为一种颠覆型媒体，孕育了一个飞速发展的新业态，同时不断推动教育服务模式、管理模式和教育组织体系的创新，而这些创新正在促进教育系统性变革。[6] 艾瑞咨询发布的《2013—2014年中国在线教育行业发展报告》统计数据显示，2013年中国在线教育市场规模达到839.7亿元，同比增长19.9%。因此，可以看出信息产业的发展对教育消费产生了巨大的促进作用，信息产业丰富了教育消费者的消费选择，对教育信息化发展具有十分重要的意义。

---

[1] 盖建华. 我国信息技术产业和现代服务业产业关联分析 [J]. 经济问题, 2010 (3).
[2] 徐盈之, 孙剑. 信息产业和制造业的融合：基于绩效分析的研究 [J]. 中国工业经济, 2009 (7).
[3] 焦建利, 贾义敏, 任改梅. 教育信息化的宏观政策和战略研究 [J]. 远程教育杂志, 2014 (1).
[4] 何克抗. 我国教育信息化理论研究新进展 [J]. 中国电化教育, 2011 (1).
[5] 马玉萍, 易志亮. 互联网教育应助力于传统教育发展 [J]. 合作经济与科技, 2014 (16).
[6] 陈丽. 教育信息化2.0：互联网促进教育变革的趋势与方向 [J]. 中国远程教育, 2018 (9).

10.1.2 教育消费对信息产业发展的影响

一般来说，教育消费作为一种对自身人力资本的投资，主要通过以下几方面影响信息产业。

一是人力资本方面。于刃刚和李玉红在研究信息产业特点时指出，信息产业属于技术和知识密集型产业，因此人才对信息产业的发展具有十分特殊的战略意义。[①] 人才靠教育，田玉梅和袁芳指出，教育投资和消费是提高人力资本的根本途径。[②] 如图 10 – 1 所示，2003 ~ 2016 年这 14 年间中国信息传输、计算机服务、软件业城镇单位就业人数翻了将近两番，而教育消费为信息产业人才的发展提供了前提条件。王续琨和栾兰人指出，网络时代信息产业对丰富教育形式、提高教育质量、培养信息产业专门人才至关重要。[③]

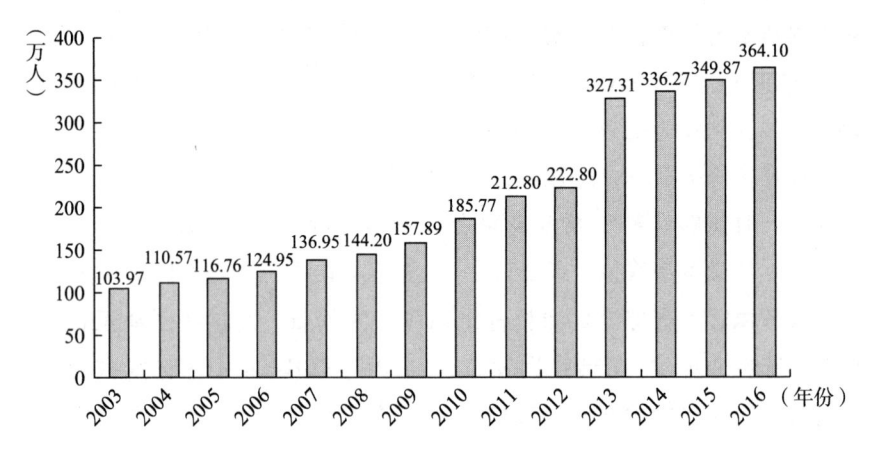

图 10 – 1　2003 ~ 2016 年中国信息传输、计算机服务、软件业城镇单位就业人数

二是市场需求方面。教育消费对信息产业发展的需求影响主要通过间接影响和直接影响实现。一方面，我们知道拉动经济增长的"三驾马车"是投资、净出口、消费，同样，信息产业的发展也离不开巨大的市

[①] 于刃刚，李玉红. 信息产业的产业特点分析 [J]. 经济与管理，2003 (2).
[②] 田玉梅，袁芳. 论我国教育投资和人力资本的形成 [J]. 中国流通经济，2004 (12).
[③] 王续琨，栾兰人. 网络时代中国信息产业发展对策 [J]. 东北师范大学学报（哲学社会科学版），2008 (5).

场需求。随着中国教育信息化的推进，各级教育单位相继改善与信息化相关的基础设施。朱书慧和汪基德在研究学前教育信息化建设现状时指出，目前中国发达地区的幼儿园几乎100%实现了网络连通，同时信息化设备不断改善升级，大部分幼儿园已将现代信息技术应用于日常的教育教学和管理当中，教室也配备了电脑、电子白板、投影仪等硬件设施，部分发达地区还配置有双向视频会议系统、多媒体教学课件平台。① 祝智庭在回顾中国教育信息化建设十年所取得的成就时指出，到2009年供给职业教育的PC机达到230万台，每100人拥有11台，每年新增40余万台，15000所职业类院校70%建成了计算机教室、多媒体电化教室、电子阅览室，60%建成了不同规模的校园网，同时各级高等教育单位、MBA教育教学活动也都相继配备了计算机等电子信息设备。② 由此可见，未来教育消费对信息化产品需求的前景还会更加乐观。教育消费需求为信息产业发展注入了新活力，成为信息产业资本增长的一个新亮点。另一方面，教育消费对信息产业发展的间接影响效应主要体现在教育消费需求对信息产业技术创新的影响上。信息产业属于技术密集型产业，因此技术创新能力对于信息产业的发展有至关重要的作用。国外方面，日本学者斋藤优和英国经济学家马歇尔等都肯定了消费需求对技术创新的积极作用③；国内方面，文豪也指出企业的市场规模越大，企业选择的最优研发投入强度就越大。④ 由此可以看出，中国教育消费需求的扩大，会相应地激励信息产业提供更加高质量、更加多元的新产品，也会在一定程度上促进信息产业生产规模的扩大。

综上所述，信息产业发展和教育消费紧密相连，二者相互影响、相互促进，其关系如图10-2所示。那么，中国信息产业发展和教育消费是否具有长期稳定的关系？二者是否形成了协调联动机制？本章接下来将进行相关的实证研究。

---

① 朱书慧，汪基德. 我国学前教育信息化建设与应用研究现状 [J]. 电化教育研究，2013 (10).
② 祝智庭. 中国教育信息化十年 [J]. 教育信息化回顾与展望，2011 (1)：20-25.
③ 斋藤优. 技术开发论 [M]. 王月辉，译. 北京：科学技术出版社，1996；马歇尔. 经济学原理：上 [M]. 朱志泰，陈良璧，译. 北京：商务印书馆，1981.
④ 文豪. 市场需求对知识产权创新激励效应的影响 [J]. 经济社会体制比较，2009 (4).

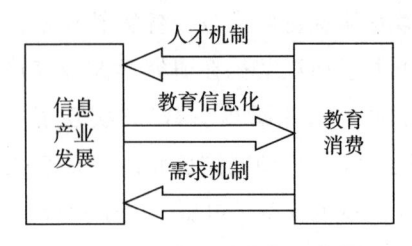

图 10-2 信息产业发展与教育消费的相互关系

10.2 实证分析

10.2.1 数据指标选取

由于信息产业部门相关产出资料目前没有单独给出，本章以 1996~2016 年规模以上计算机、通信和其他电子设备制造业企业资产来代表信息产业的发展情况，用 G 来表示，资料来源于中经网统计数据库；以 1996~2016 年国家教育经费代表教育消费情况，用 EI 来表示，资料来源于历年《中国统计年鉴》。为了消除异方差影响和表面数据的剧烈波动，对数据进行了对数处理，即 $\ln G$ 和 $\ln EI$，相关数据如表 10-1 所示。

表 10-1 中国历年信息产业发展与教育消费相关数据情况（1996~2016）

单位：亿元

年份	规模以上计算机、通信及其他电子设备制造业企业资产	教育经费
1996	3652.069	2262.339
1997	4596.852	2531.733
1998	5283.566	2949.059
1999	6175.521	3349.042
2000	7518.793	3849.081
2001	8469.667	4637.663
2002	9779.985	5480.028
2003	12086.97	6208.265
2004	15097.32	7242.599

续表

年份	规模以上计算机、通信及其他电子设备制造业企业资产	教育经费
2005	18106.56	8418.839
2006	20500.94	9815.309
2007	24376.2	12148.07
2008	27012.93	14500.74
2009	29737.5	16502.71
2010	37719.8	19561.85
2011	41510.83	23869.29
2012	46427.82	27695.97
2013	52211.73	30364.72
2014	59859.52	32806.46
2015	66991.84	36129.19
2016	79044.89	38888.39

资料来源：中经网统计数据库和《中国统计年鉴》（1997~2017）。

接下来，笔者通过作图来刻画信息产业发展和教育消费的时间变化趋势，如图10-3所示。

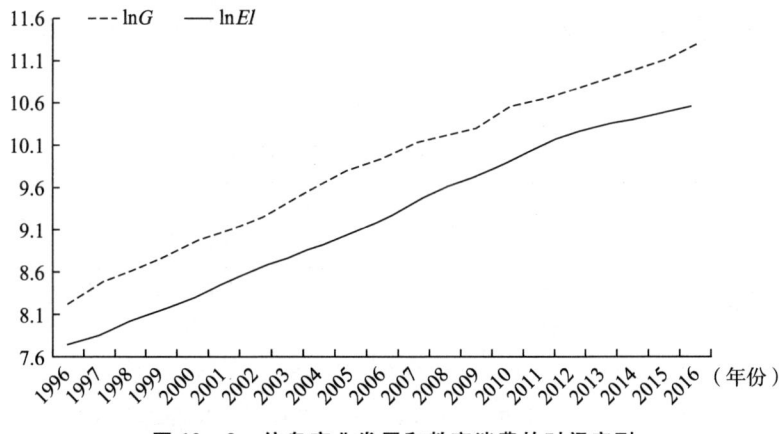

图10-3　信息产业发展和教育消费的时间序列

由图10-3可以看出，信息产业发展和教育消费的时间序列具有大致相同的增长和变化趋势，这说明二者可能具有协整关系。笔者接下来将进一步进行检验。

10.2.2 ADF 平稳性检验

根据计量经济学对数据分析的相关要求,在对变量进行长期动态关系分析之前,为避免数据的不平稳性造成的"伪回归",需要对变量的平稳性进行检验。本章采用单位根检验方法来检验变量的平稳性,而 ADF 检验是最常用的检验方法。ADF 的检验原理是通过在回归方程的右边加入因变量的滞后差分项来控制残差项的高阶序列相关问题,ADF 检验的回归方程如下:

$$\Delta y_t = \gamma y_{t-1} + a_1 \Delta y_{t-1} + a_2 \Delta y_{t-2} + \cdots + a_{p-1} \Delta y_{t-p+1} + \varepsilon_t \quad (10-1)$$

检验假设为:

$$H_0: \gamma = 0 \qquad H_1: \gamma < 0$$

其中 y 为时间序列,且服从 $AR(p)$ 过程,Δ 代表差分,ε_t 为一稳定过程,γ 和 a_1,a_2,…为系数,t 为时期,p 为滞后阶数,且 $p=1, 2, 3, \cdots$,且 $E(\varepsilon_t) = 0$。

如果拒绝 H_0 则代表 y_t 序列是平稳的,否则就是非平稳序列。对于非平稳变量,还应该对其差分进行稳定性检验。如果变量的 i 阶差分是平稳序列,则称此变量为 $I(i)$ 的,即 i 阶单整。具体检验过程如表 10-2 所示。

表 10-2 单位根平稳性的 ADF 检验

变量	检验形式 (C, T, K)	ADF 统计量	临界值 1%	临界值 5%	临界值 10%	D-W 值	结论
$\ln G$	(C, T, 1)	2.698474	-4.5326	-3.67362	-3.27736	2.024165	不稳定
$\Delta \ln G$	(C, 0, 1)	0.727636	-3.85739	-3.04039	-2.66055	2.3288	不稳定
$\Delta 2 \ln G$	(C, 0, 1)	-6.46467	-3.85739	-3.04039	-2.66055	2.096838	稳定
$\ln EI$	(C, T, 1)	-1.55536	-4.5326	-3.67362	-3.27736	1.668441	不稳定
$\Delta \ln EI$	(C, 0, 1)	-1.29373	-3.83151	-3.02997	-2.65519	1.734314	不稳定
$\Delta 2 \ln EI$	(C, 0, 1)	-5.33774	-3.88675	-3.05217	-2.66659	1.184547	稳定

注:Δ 代表一阶差分,$\Delta 2$ 代表二阶差分,C、T、K 分别代表 ADF 检验中是否包含常数项、趋势和滞后阶数。

由 ADF 的检验结果可知,原序列 ln$G$ 和 lnEI 都是非平稳序列,但是它们的二阶差分序列 Δln$G$、ΔlnEI 在 99% 的置信水平下都是平稳的,所以由恩格尔和格兰杰在 1987 年提出的协整理论可知,同阶单整的非平稳序列之间的线性组合可能是平稳变量。

10.2.3 VAR 模型

为了研究信息产业和教育消费的长期、短期影响关系,我们用 VAR 模型对 ln$G$、lnEI 继续进行相关的实证研究。向量自回归模型(Vector Auto-Regression,VAR)多用于对时间序列系统的预测和描述随机扰动对变量的系统动态影响,在建立模型之前先确定最大的滞后阶数,利用 Eviews 7.0 软件,相关的滞后阶数确定如表 10 - 3 所示。

表 10 - 3 VAR 滞后阶数的确定

Lag	LR	FPE	AIC	SC	HQ
0	NA	8.42E + 12	35.43716	35.53609	35.4508
1	30.38950*	1.74E + 12	33.85564	34.15243*	33.89656
2	7.389258	1.58e + 12*	33.73168*	34.22633	33.79988*

注:" * "标记表示依据相应的准则选择出来的滞后阶数。

由表 10 - 3 可以看出,五个评价指标 LR、FPE、AIC、SC 和 HQ 中有超过一半的按相应准则选择出来的滞后阶数是 2 阶。接下来建立 VAR 模型,相关计算结果如表 10 - 4 所示。

由表 10 - 4 可知,两个方程的调整系数 R^2 较高,其中 ln$G$ 模型的调整系数为 0.641783,lnEI 模型的调整系数为 0.786103,方程的拟合度比较好。表 10 - 4 的计算结果可以描述教育消费和信息产业发展之间的短期波动向长期均衡的误差修正模型。

$$\ln G = 372.82 - 1.556253 \ln EI_{t-1} + 1.536179 \ln EI_{t-2} + 0.483051 \ln G_{t-1} + 0.860816 \ln G_{t-2} \quad (10-2)$$

$$\ln EI = 279.78 + 0.842051 \ln EI_{t-1} - 0.20017 \ln EI_{t-2} + 0.203521 \ln G_{t-1} - 0.07067 \ln G_{t-2} \quad (10-3)$$

表 10-4　VAR 模型计算结果

变量	ln$G$	lnEI
lnEI（-1）	-1.556253 (0.97845) [-1.59054]	0.842051 (0.30178) [2.79026]
lnEI（-2）	1.536179 (0.76567) [2.00632]	-0.20017 (0.23615) [-0.84761]
ln$G$（-1）	0.483051 (0.2833) [1.70507]	0.203521 (0.08738) [2.32917]
ln$G$（-2）	0.860816 (0.36522) [2.35695]	-0.07067 (-0.11265) [-0.62737]
C	372.82 (-817.187) [0.45623]	279.78 (252.045) [1.11003]
R^2 样本决定系数	0.72607	0.836432
R^2 调整系数	0.641783	0.786103
残差平方和	41604153	3957762
标准误差	1788.944	551.7637
F 统计量	8.614325	16.61939
AIC	18.04677	15.69425
SC	18.29410	15.94158

注：lnEI（-1）、lnEI（-2）、ln$G$（-1）、ln$G$（-2）为内生变量的滞后值，（ ）内代表标准误，[ ]内代表 T 统计值。

由式（10-3）知，ln$G$ 滞后 1 期、2 期对 lnEI 的综合影响系数为 13.29%，〔ln$G$（-1），ln$G$（-2）系数之和〕；lnEI 的滞后 1 期、2 期对 lnEI 具有较大的正弹性，综合弹性为 64.19%；lnEI 对 ln$G$ 的综合弹性为 -2.01%，说明 lnEI 没有对 ln$G$ 产生显著的正向影响。

10.2.4 Granger 因果检验

为了检验上述 VAR 模型的结果,本章接下来运用 Granger 因果检验法检验信息产业发展和教育消费之间的均衡是否构成因果关系,即信息产业的发展是否增加了教育消费,教育消费的增加是否推动了信息产业的发展。Granger 因果检验用于考察 x 是否是 y 的产生原因,假如序列变量 x 是序列变量 y 的 Granger 原因,则必须满足两个条件:第一,x 能够帮助预测 y,即当前的 y 值被其自身滞后期取值所能解释的程度,然后引入序列 x 的滞后值应当提高 y 被解释的程度;第二,y 不能够帮助解释 x,其原因是如果 y 有助于解释 x,则很可能存在另外一些因素,它们既是引起 x 变化的原因,也是引起 y 变化的原因。检验双变量的回归方程如下:

$$y_t = a_0 + a_1 y_{t-1} + \cdots + a_k y_{t-k} + b_1 x_{t-1} + \cdots + b_k x_{t-k} \tag{10-4}$$

$$x_t = a_0 + a_1 x_{t-1} + \cdots + a_k x_{t-k} + b_1 y_{t-1} + \cdots + b_k y_{t-k} \tag{10-5}$$

检验原假设为:x 序列变量不是序列变量 y 的 Granger 原因,即:$E(y \mid x) = E(y)$。

$$H_0 : b_1 = b_2 = \cdots = b_k = 0$$

式中,t 为时期,y 与 x 都为时间序列,a_0、b_0 为常数项,a_1、a_2、$\cdots$ 和 b_1、b_2、$\cdots$ 为系数,且 k 为最大滞后阶数。

相关检验结果如表 10-5 所示,由检验结果可知,滞后 2 期接受教育消费不是信息产业增长的 Granger 原因,即教育消费对信息产业发展的推动作用不显著。而在 95% 的置信水平下,滞后 2 期信息产业发展是教育消费的 Granger 原因。

通过以上分析可知,信息产业发展有效地带动了教育消费。因此,接下来以 lnEI 为因变量,ln$G$ 为自变量,回归分析结果如下:

$$\ln EI = 4.661954 + 0.536505 \ln G \tag{10-6}$$

方程中调整系数 $R^2 = 0.988386$,回归拟合度较好,且 F 统计值显著,当信息产业增加 1 个百分点的时候,将导致教育消费增加 0.536505 个百分点,这说明信息产业发展对教育消费的促进作用还是很明显的。

表10-5 lnEI 和 ln$G$ 的 Granger 因果检验结果

原假设	样本数	滞后 N 年	F 统计值	概率
lnEI 不是 ln$G$ 的 Granger 原因	19	2	2.11363	0.1577
ln$G$ 不是 lnEI 的 Granger 原因			4.50910	0.0308

10.3 研究结论

本章利用 1996~2016 年信息产业发展和教育消费的历史数据，通过对变量进行单位根检验、Granger 因果检验、VAR 模型分析，发现中国信息产业发展显著地促进了教育消费。当信息产业规模增加 1 个百分点的时候，将导致教育消费增加 0.536505 个百分点，教育消费对人力资本具有重要的作用，所以信息产业对中国人力资本也产生了间接的作用。本章在理论研究部分发现信息产业发展和教育消费具有相互影响、相互促进的关系，但是实证分析发现在中国教育消费对信息产业的发展并没有产生显著的促进作用，根据以往的研究和具体现实情况，相关原因如下。(1) 教育消费对信息产业的有效需求不高。熊勇清、印磊和黄健柏在研究新兴产业成长的需求拉动效应时指出，新兴产业总体需求规模的扩大并不一定会全部转化为产业的发展驱动力，决定新兴产业发展的关键性因素是有效需求和需求结构。[①] (2) 教育消费对信息产业发展的促进作用不显著，这可能是因为教育消费对信息产业技术创新方面的促进作用不明显。仰海锐、朱云鹃和曾琼琼指出，一方面，当前中国的消费活动主要作为一种辅助驱动力，并没有对技术创新产生主动的激励作用，科研创新主要依靠科研经费和科研资源的投入；另一方面，中国居民消费并没有形成良好的反馈机制，科研机构并没有及时地获得消费者对产品的诉求和意见，从而导致消费需求对技术创新能力的正向影响不显著。[②] (3) 人才培养方面，信息产业发展和高校专业设置不协调。信息产业作

---

① 熊勇清，印磊，黄健柏. 新兴产业成长中需求拉动作用的实证检验——以新一代信息与电子业为例 [J]. 软科学，2015 (2).

② 仰海锐，朱云鹃，曾琼琼. 居民消费与创新能力关联性研究 [J]. 长安大学学报（社会科学版），2015 (3).

为知识、技术密集型产业,对人才的需求尤其是对高端技术人才的需求更加迫切,但是很多高等教育学校专业设置陈旧、口径狭小,与信息产业的人才需求相脱节,这必然会影响教育消费对信息产业发展的促进作用。(4) 教育信息化进程中教育消费质量问题的挑战。黄荣怀在研究我国教育信息化挑战时指出,教育信息化并不只是速度和规模的扩大,更重要的是教育质量的提升。因此,只有"高质量"的教育消费才能更好地促进信息产业和国民经济的更快更好发展。[①] (5) 数据指标选取及研究时间跨度可能对本章研究结论有一定的影响。同时,Dewan、Kraemer指出,信息产业的经济效益在不同国家和区域有所不同。[②] 因此,不同区域的信息产业发展和教育消费互动关系也可能有所不同,今后有待进一步研究。

[①] 黄荣怀. 教育信息化助力当前教育变革机遇与挑战 [J]. 中国电化教育, 2011 (2).

[②] Dewan, S., Kraemer, K. L. Information Technology and Productivity: Evidence from Country-level Data [J]. Management Science, 2000, 46 (4).

第十一章 教育消费结构对经济增长的数量和质量效应研究

经济新常态下，中国经济增长将转变只注重数量的传统发展模式，继而更加注重经济增长的质量，转变传统"高污染、高排放、高消耗"的粗放式发展模式，继而更加依托"资本、知识和技术"等要素的内涵式发展模式，要素结构将发生众多变化。在中国经济结构转型升级的大背景下，教育作为知识传承与创造、技术创新、人力资本提升最主要的途径，受到了更大的期盼。本章以此为契机，从政府公共教育消费投资和个人教育消费支出两个视角探析了中国教育消费结构对经济增长数量和质量的影响效应及其区域、阶段性差异。以期为实现中国教育消费合理化和经济增长数量与质量"双赢"提供一定的政策启示。

11.1 教育消费结构及经济增长数量和质量的衡量

现有文献中，对教育消费结构的论述主要有以下几方面：（1）从教育消费支出的内容出发，将教育消费分为学费、住宿费、伙食费、书本文具费等几大部分[1]；（2）以蔡永莲为代表的学者认为从广义角度来看，教育消费的主体一般分为政府、社会团体及个人/家庭，其中政府教育投资（通常为财政教育经费支出）代表了公共教育消费的主体，而个人/家庭教育消费支出代表了微观个体在教育方面的投资及消费，随着社会经济的发展，知识在经济中的作用日益明显，企业和社会将会把更多资金用于相关教育投入当中，在这方面美国高等教育经费中企业社会捐赠占很大的比重便是一个很好的例子[2]；（3）根据教育消费的特性及内容

---

[1] 易培强. 教育消费需求与供给若干问题探讨 [J]. 湖南师范大学教育科学学报, 2014 (6).
[2] 蔡永莲. 发达国家教育消费的比较研究 [J]. 外国教育资料, 2000 (6).

将教育消费分为劳动技术教育消费和消费性教育消费[①]。从教育消费的分类方法来看，(1) 和 (3) 对相关教育消费结构的指标数据获取难度较大，同时对教育消费投资主体的界定模糊，因此本章综合考量这两方面，选取 (2) 来衡量中国教育消费结构。另外，在我国现实背景下多元化的教育融资机制还有待完善，因此考虑到企业社会团体教育投入在我国教育消费中占比较小，同时相关数据获取较难，本章从政府公共教育消费投资和个人/家庭教育消费支出两方面来衡量教育消费结构。具体来说，本章的教育消费结构指标计算公式如下。

政府教育消费投资：

$$gedu_{it} = \frac{edu_{it}}{people_{it}} \qquad (11-1)$$

其中 i 代表省份，t 代表时间，edu 为国家财政教育经费，$people$ 为总人口，$gedu$ 为政府人均教育经费，反映了政府人均教育消费投资情况，代表了宏观层面的公共教育消费情况。

个人/家庭教育消费：

$$pedu_{it} = \frac{pedu_{it,1} \times people_{it,1} + pedu_{it,2} \times people_{it,2}}{people_{it}} \qquad (11-2)$$

其中 i 代表省份，t 代表时间，$pedu_{it,1}$ 代表 i 省份 t 期农村居民人均教育消费支出，$pedu_{it,2}$ 代表 i 省份 t 期城镇居民人均教育消费支出，$people_{it,1}$ 代表 i 省份 t 期农村总人口，$people_{it,2}$ 代表 i 省份 t 期城镇总人口，$people_{it}$ 代表 i 省份 t 期总人口，$pedu_{it}$ 为 i 省份 t 期人均教育消费支出，反映了个人/家庭的教育消费支出，代表了微观层面的教育消费情况。由于相关文献、数据库资料缺乏对个人/家庭教育消费支出的测量，本章选取相应的城镇/农村居民人均教育、文化和娱乐支出来衡量城镇/农村居民人均教育消费情况。

综观现有的文献，关于经济增长质量的相关研究大多以索洛余量（全要素生产率）为经济质量的度量主表。

在广义上，另外一些学者认为经济增长质量是一个广泛的概念，因

[①] Nelson, R., Phelps, E. Investment in Humans, Technological Diffusion, and Economic Growth [J]. American Economic Review, 1966, 61.

此必须采取一套比较完备的评价体系来考察经济增长质量。在这方面，以西北大学任保平教授为代表的学者，从经济增长的效率、结构、稳定性、福利分配、资源环境代价和国民经济素质等6个维度构建了37个基础指标，以对经济增长质量进行综合评价，相关评价指标如表11-1所示。

表11-1 任保平等学者关于经济增长质量数值的评价体系

方面指数	分项指标	基础指标
经济增长的效率		全要素生产率
		技术变动
		技术效率变动
		资本生产率
		劳动生产率
经济增长的结构	产业结构	工业生产率
		第一产业比较劳动生产率
		第二产业比较劳动生产率
		第三产业比较劳动生产率
	投资消费结构	投资率
		消费率
	金融结构	存款余额/GDP
		贷款余额/GDP
	国际收支	进出口/GDP
	城乡二元结构	二元对比系数
		二元反差系数
经济增长的稳定性	产出波动	经济波动
	价格波动	价格波动
		生产者价格指数
	就业波动	城镇登记失业率
经济增长的福利分配	福利变化	人均GDP
		城市人均住宅建筑面积
		农村人均住宅建筑面积
		城镇居民家庭恩格尔系数
		农村居民家庭恩格尔系数

续表

方面指数	分项指标	基础指标
经济增长的福利分配	成果分配	Theil 指数
		劳动者报酬占比
经济增长的资源环境代价	资源消耗	单位地区生产总值能耗
		单位地区生产总值电耗
	环境污染	单位地区生产总值污染程度
		单位产出污水排放数
		单位产出固定废弃物排放数
国民经济素质	基础素质	公路里程/人口数
		铁路里程/人口数
	能力素质	科学技术支出占财政支出比重
	协调素质	行政支出占财政支出比重
		公共安全支出占财政支出比重

资料来源：魏婕，任保平．中国各地区经济增长质量指数的测度及其排序［J］．经济学动态，2012（4）．

  本章将从广义角度对经济增长质量进行度量，以往众多相关评价方法虽然较好地度量了中国经济增长质量，但是也存在一定的不足。首先，指标体系对经济增长潜力考虑不够，经济新常态下以科学技术为依托的创新驱动发展将是中国未来经济发展的最根本动力；其次，关于政府运行效率方面因素的考察不够，中国经济市场化程度还不是很高，因此如何更好地发挥"看不见的手"和政府宏观调控的作用对经济增长质量提升具有重要作用；最后，该指标对居民消费因素考虑不足，当下中国产业结构的转型升级必须努力发挥消费的基础性作用。鉴于此，本章将采用中国社会科学院《中国经济增长报告》中关于中国经济发展前景的评价指标及数据结果来衡量中国各省份的经济增长质量情况，度量方法更加全面、科学，同时数据也具有权威性。该评价体系从经济增长、经济增长可持续性、政府运行效率和人民生活4个维度构建10个二级指标60多个基础指标来综合评价中国经济发展前景，相关评价指标如表11-2所示。

表 11-2 中国社会科学院关于经济发展前景的评价指标体系

一级指标	二级指标	基础指标
经济增长	产出效率	TFP
		全要素劳动生产率
		资本产出率
		投资效果系数
	结构稳定	第二产业增加值占 GDP 比重
		第三产业增加值占 GDP 比重
		城市化率
	经济稳定	经济增长波动率
		对外开放稳定性
		人均 GDP 增长率
		通货膨胀率
		失业率
经济增长可持续性	产出消耗	劳动投入弹性
		资本投入弹性
		万元 GDP 能耗
		能源消耗弹性
		万元 GDP 电力消耗
	增长潜力	专利授权数
		地方财政教育事业费支出比
		劳动力受教育水平
		人口增长率
		地方财政科研事业费支出比
		有效劳动力比
		人均邮电业务量
	环境质量	人均水资源量
		万人耕地面积
		工业固定废物综合利用率
		工业废水达标率
		工业废弃物处理率
		工业"三废"综合利用产品产值比
		治理工业污染项目投资额占 GDP 比重

续表

一级指标	二级指标	基础指标
经济增长可持续性	环境质量	产品质量
		自然保护区面积
		万人城市园林绿地面积
政府运行效率	公共服务效率	市场化程度
		城镇社区服务设施数
		交通事故
		火灾事故
		反贪污情况
		城市设施水平（包括城市人口用水普及率、城市每万人拥有公共厕所数目、城市每万人拥有公共交通车辆数、城市燃气普及率、城市公共绿地面积、城市人均拥有铺装道路面积）
	社会保障	城市基本养老保险覆盖率
		城市基本医疗保险覆盖率
		城镇失业保险覆盖率
		农村社会保险覆盖率
人民生活	人民生活	人均GDP
		城镇家庭平均每人可支配收入
		农村居民家庭年均纯收入
		城乡人均纯收入比
		地方财政卫生事业费支出
		城镇居民恩格尔系数
		农村居民恩格尔系数
		个人资产
		万人拥有医生数
		万人床位数
		万人卫生机构数
		城乡消费水平比
		消费水平
	消费结构	消费结构（用结构消费量即城镇耐用品消费量和农村耐用品消费量表示，并用主成分分析法得出消费结构）

资料来源：李扬. 中国经济增长报告（2013—2014）[M]. 社会科学文献出版社，2014.

对总体经济活动的衡量与分析一直都是宏观经济学的重要研究内容。经济学理论一般认为经济数量的增加主要表现为经济规模的扩大，因为在实践当中通常将 GDP 或者人均 GDP 作为经济增长数量的衡量指标。

经济学家一般认为，一个国家人均 GDP 和其经济福利水平具有重要的联系，即人均 GDP 水平越高的国家，居民个人消费、医疗保障、教育、交通通信和人均寿命等方面也会具有较高的水平。表 11-3 显示了部分国家人均 GDP 和部分经济福利水平。

表 11-3 部分国家人均 GDP 和部分经济福利水平

国家	2014 年人均 GDP（美元）	2014 年出生人口（男性）预期寿命（岁）	2014 年城市化率（%）	2013 年人均耗电量（千瓦时）
丹麦	61330.91	78.50	87.50	6039.61
美国	54539.67	76.60	81.45	12988.26
德国	47902.65	78.60	75.09	7019.01
法国	42696.78	79.30	79.29	7373.98
日本	36152.69	80.50	93.02	7835.60
中国	7683.50	74.29	54.41	3762.08
印度	1576.82	66.61	32.37	765.00
巴基斯坦	1320.55	65.26	38.30	449.97

资料来源：世界银行统计数据库。

GDP 作为经济增长数量的衡量指标得到了广泛的应用，本章采用消除价格因素后的人均实际 GDP 作为经济增长数量的代理变量。

11.2 我国教育消费结构及经济增长数量和质量现状分析

11.2.1 经济增长数量现状

通过消除价格因素，搜集整理到 2003 年与 2013 年中国各省份①的人均实际 GDP。2003~2013 年各省份人均实际 GDP 都有显著的提高，这反

---

① 本章所统计的数据不含香港、澳门、台湾和西藏地区。

映了中国经济增长"数量"的巨大提升。表11-4显示，2003~2013年中国经济增长数量保持了较高的增长势头。

表11-4 2003、2013年各省份人均实际GDP及其变化情况

单位：元

省份	2003年人均实际GDP	2013年人均实际GDP	年均增速	省份	2003年人均实际GDP	2013年人均实际GDP	年均增速
北京	34380.73	93620.85	0.1054	河南	7104.27	34198.77	0.1702
天津	25492.24	98111.48	0.1443	湖北	8368.43	42751.91	0.1771
河北	10224.32	38787.60	0.1426	湖南	6994.04	36798.19	0.1806
山西	8614.91	34890.50	0.1501	广东	17678.44	58694.84	0.1275
内蒙古	10010.89	67720.17	0.2107	广西	5808.34	30620.68	0.1809
辽宁	14257.81	61989.11	0.1583	海南	8808.67	35503.46	0.1496
吉林	9846.06	47424.21	0.1702	重庆	9117.18	43041.28	0.1679
黑龙江	10635.39	37692.07	0.1349	四川	6522.86	32554.67	0.1744
上海	37909.61	90344.31	0.0907	贵州	3685.96	23092.12	0.2014
江苏	16683.92	75265.61	0.1626	云南	5841.53	25244.95	0.1576
浙江	19982.33	68673.30	0.1314	陕西	7047.67	43053.80	0.1984
安徽	6365.58	31889.45	0.1748	甘肃	5517.25	24518.55	0.1609
福建	14231.01	57945.12	0.1507	青海	7309.85	36713.84	0.1751
江西	6599.10	31866.85	0.1705	宁夏	7674.65	39412.39	0.1778
山东	13236.33	56745.42	0.1567	新疆	9753.87	37296.11	0.1435

11.2.2 经济增长质量现状

2003~2013年中国各省份经济增长质量基本上都在小范围波动下有所上升。

由表11-5看出，2013年，上海、江苏、浙江的经济增长质量分别在30个省份中排在前三名，贵州经济增长质量最低。另外，广东、江苏、浙江、福建、重庆等经济较发达省份经济增长质量年均增速都在0.05以上。中国各省份的经济增长质量及其年均增速都具有很大的差异性。

结合表11-4和表11-5可以看出，2003~2013年中国经济增长"数量"的变化幅度明显大于"质量"的变化幅度，随着经济发展方式

的转型，实现经济增长"数量"和"质量"的双赢已经成为当前各省份亟须解决的问题，这也为本章研究提供了重要的契机。

表 11-5 2003、2013 年中国各省份经济增长质量及其变化情况

省份	2003年经济增长质量	2013年经济增长质量	年均增速	省份	2003年经济增长质量	2013年经济增长质量	年均增速
北京	4.67	6.99	0.0412	河南	1.35	2.20	0.0500
天津	3.88	4.84	0.0224	湖北	1.71	2.67	0.0456
河北	1.82	2.70	0.0402	湖南	1.09	2.05	0.0652
山西	1.80	2.64	0.0390	广东	3.34	6.77	0.0732
内蒙古	1.56	2.52	0.0491	广西	0.77	1.54	0.0718
辽宁	2.98	3.78	0.0241	海南	1.38	2.72	0.0702
吉林	2.16	2.83	0.0274	重庆	0.85	1.98	0.0882
黑龙江	2.32	2.72	0.0160	四川	1.41	2.30	0.0501
上海	5.30	8.52	0.0486	贵州	0.22	0.38	0.0562
江苏	4.16	8.23	0.0706	云南	0.61	1.08	0.0588
浙江	3.91	7.47	0.0669	陕西	1.35	2.37	0.0579
安徽	1.45	2.35	0.0495	甘肃	0.82	1.58	0.0678
福建	2.30	4.03	0.0577	青海	0.76	1.41	0.0638
江西	0.88	1.94	0.0823	宁夏	1.24	2.01	0.0495
山东	2.89	5.54	0.0672	新疆	1.10	1.84	0.0528

11.2.3 政府教育消费投资现状分析

2003~2013 年中国各省份人均教育经费都有显著的提高。

从表 11-6 可看出，2003~2013 年中国各省份人均教育经费都保持着较高的增长速度，这体现了国家对教育事业的投资力度和支持力度较大。

表 11-6 2003、2013 年中国各省份人均教育经费及其变化情况

单位：元

省份	2003年人均教育经费	2013年人均教育经费	年均增速	省份	2003年人均教育经费	2013年人均教育经费	年均增速
北京	1733.10	4227.85	0.0933	河南	175.80	1343.95	0.2256
天津	683.54	3387.24	0.1736	湖北	238.84	1154.97	0.1707

续表

省份	2003年人均教育经费	2013年人均教育经费	年均增速	省份	2003年人均教育经费	2013年人均教育经费	年均增速
河北	218.87	1162.41	0.1817	湖南	183.26	1262.76	0.2129
山西	256.46	1574.83	0.1990	广东	423.99	1738.61	0.1516
内蒙古	296.56	2220.51	0.2230	广西	197.50	1386.00	0.2151
辽宁	342.77	1769.13	0.1784	海南	256.53	2040.65	0.2304
吉林	327.41	1680.73	0.1777	重庆	248.05	1760.27	0.2165
黑龙江	321.66	1336.74	0.1531	四川	197.41	1384.72	0.2151
上海	1090.42	3163.73	0.1124	贵州	178.92	1700.21	0.2525
江苏	349.56	1985.84	0.1897	云南	264.02	1668.64	0.2025
浙江	477.73	1980.83	0.1528	陕西	279.49	1925.26	0.2129
安徽	186.74	1425.30	0.2254	甘肃	257.05	1651.82	0.2045
福建	354.60	1726.07	0.1715	青海	314.65	2540.95	0.2323
江西	172.34	1533.12	0.2443	宁夏	314.59	2118.88	0.2101
山东	250.95	1540.72	0.1990	新疆	423.80	2431.27	0.1909

11.2.4 个人教育消费支出现状分析

2003~2013年中国各省份人均教育消费支出都有显著的提高,这与各地区经济发展、居民收入水平上升具有密切的联系。一般来说,随着居民收入水平的上升,恩格尔系数会不断下降,用于自身发展方面的消费支出将会增加,从而实现消费结构的升级。

如表11-7所示,2003~2013年中国各省份人均教育消费支出都保持着年均7%以上的增长水平,其中年均增速排名前三的分别是海南、江苏和安徽。

表11-7 2003、2013年中国各省份人均教育消费支出及其变化情况

单位:元

省份	2003年人均教育消费支出	2013年人均教育消费支出	年均增速	省份	2003年人均教育消费支出	2013年人均教育消费支出	年均增速
北京	1697.56	3620.90	0.0787	河南	288.52	1066.45	0.1397
天津	899.78	2064.84	0.0866	湖北	470.46	1233.30	0.1012

续表

省份	2003年人均教育消费支出	2013年人均教育消费支出	年均增速	省份	2003年人均教育消费支出	2013年人均教育消费支出	年均增速
河北	345.42	953.00	0.1068	湖南	512.83	1219.62	0.0905
山西	440.71	1323.89	0.1163	广东	939.83	2403.76	0.0985
内蒙古	486.30	1468.19	0.1168	广西	356.35	1086.24	0.1179
辽宁	468.35	1712.96	0.1385	海南	277.45	1181.91	0.1560
吉林	490.37	1365.43	0.1078	重庆	534.64	1189.63	0.0833
黑龙江	428.17	1057.66	0.0946	四川	391.21	1055.47	0.1043
上海	1597.65	3793.71	0.0903	贵州	273.30	925.24	0.1297
江苏	656.41	2476.03	0.1420	云南	292.27	971.31	0.1276
浙江	1037.51	2200.12	0.0781	陕西	510.58	1358.29	0.1028
安徽	297.11	1107.57	0.1406	甘肃	356.47	840.43	0.0896
福建	568.16	1720.13	0.1171	青海	353.75	852.33	0.0919
江西	373.66	999.00	0.1033	宁夏	350.46	1182.09	0.1293
山东	490.08	1290.98	0.1017	新疆	351.43	869.98	0.0949

11.3 模型设定

众多研究表明，经济增长和教育消费具有双向影响关系[①]，而以往相关研究多是基于单一方程组的考量，忽视了变量之间可能存在的内生性，从而产生估计偏差。鉴于此，本章在以往研究的基础上，通过构建教育消费结构、经济增长数量和经济增长质量之间的联立方程模型来考察教育消费结构对中国经济增长数量和质量的影响效应，相关模型如下：

$$\ln gdpc_{it} = \alpha_0 + \alpha_1 \ln edu_{it} + \alpha_2 \ln pedu_{it} + \sum \alpha_i X_{it} + \mu_{it} \quad (11-3)$$

$$\ln eq_{it} = \beta_0 + \beta_1 \ln edu_{it} + \beta_2 \ln pedu_{it} + \sum \beta_i Y_{it} + \varepsilon_{it} \quad (11-4)$$

---

① 陈朝旭. 政府公共教育投资与经济增长关系的实证分析 [J]. 财经问题研究, 2011 (2).

$$\ln gedu_{it} = \chi_0 + \chi_1 \ln gdpc + \chi_2 \ln eq_{it} + \chi_3 \ln piv_{it} + \eta_{it} \qquad (11-5)$$

$$\ln pedu_{it} = \delta_0 + \delta_1 \ln gdpc + \delta_2 \ln eq_{it} + \delta_3 \ln income_{it} + \xi_{it} \qquad (11-6)$$

上述联立方程模型中式（11-3）用于考察教育消费结构对经济增长数量的影响，式（11-4）用于考察教育消费结构对经济增长质量的影响。考虑到教育消费结构内生于经济增长的数量和质量，经济增长数量和质量的增长也会反过来促进中国教育消费结构的改变，式（11-5）和（11-6）构建了教育消费结构的决定方程，将教育消费结构和经济增长联系起来。其中，$gdpc$ 为经济增长数量变量，eq 为经济增长质量变量，$gedu$ 为政府教育消费投资变量，$pedu$ 为个人教育消费支出变量，piv 为投资变量，$income$ 为个人收入变量。α_i、β_i、χ_i、δ_i 为截距项，μ_{it}、ε_{it}、η_{it}、ξ_{it} 为随机误差项，X_{it} 和 Y_{it} 分别为影响经济增长数量和质量的其他控制变量。考虑到经济增长数量主要考察了经济增长的短期效应，因此将拉动经济增长的进出口、消费、投资等因素作为影响经济增长数量的控制变量。而经济增长质量主要考察了经济增长的长期效应和持续性，长期经济增长取决于微观企业科研和资本情况，因此本章将创新能力、人力资本和产业结构作为影响经济增长质量的三个控制变量。将控制变量加入上述联立方程模型得到本章最终的研究模型。

$$\ln gdpc_{it} = \alpha_0 + \alpha_1 \ln gedu_{it} + \alpha_2 \ln pedu_{it} + \alpha_3 \ln open_{it} + \alpha_4 \ln piv_{it} + \alpha_5 \ln con_{it} + \mu_{it} \qquad (11-7)$$

$$\ln eq_{it} = \beta_0 + \beta_1 \ln gedu_{it} + \beta_2 \ln pedu_{it} + \beta_3 \ln hc_{it} + \beta_4 \ln is_{it} + \beta_5 \ln ino_{it} + \varepsilon_{it} \qquad (11-8)$$

$$\ln gedu_{it} = \chi_0 + \chi_1 \ln gdpc + \chi_2 \ln eq_{it} + \chi_3 \ln piv_{it} + \eta_{it} \qquad (11-9)$$

$$\ln pedu_{it} = \delta_0 + \delta_1 \ln gdpc + \delta_2 \ln eq_{it} + \delta_3 \ln income_{it} + \xi_{it} \qquad (11-10)$$

其中，$open$ 为进出口变量，con 为消费变量，hc 为人力资本变量，is 为产业结构变量，ino 为创新能力变量，其他同上。各变量的相关情况如表11-8所示。

表 11-8　各变量的基本情况

变量符号	变量名称	变量定义	数据来源
gdpc	经济增长数量	人均实际GDP，通过各年以2003年为基期的GDP指数和2003年的GDP计算各年的实际GDP，再除以相应年份的总人口	《中国统计年鉴》和各省份统计公报
eq	经济增长质量	从经济增长、经济增长可持续性、政府运行效率和人民生活4个维度构建10个二级指标60多个基础指标来综合评价中国经济质量	《中国经济增长报告》
gedu	政府教育消费投资	通过各地区教育经费和总人口计算得出	《中国教育年鉴》《中国统计年鉴》
pedu	个人教育消费支出	通过相应城镇和农村人均教育消费支出、城乡人口加权平均计算得出	《中国人口统计年鉴》《中国统计年鉴》
con	消费	总消费支出/总人口	《中国统计年鉴》
open	进出口	进出口总额/GDP	《中国统计年鉴》、中经网统计数据库
piv	投资	全社会固定资产投资/总人口	《中国统计年鉴》
hc	人力资本	(小学人口数×6+初中人口数×9+高中人口数×12+大专以上人口数×16)/总人口	《中国统计年鉴》
ino	创新能力	专利申请受理项/总人口	《中国统计年鉴》
is	产业结构	第二、三产业总产值/GDP	
income	个人收入	通过相应城镇和农村人均收入水平、城乡人口加权平均计算得出	《中国人口统计年鉴》《中国统计年鉴》

为防止数据的剧烈波动和不平稳性造成伪回归，在进行实证检验前，先对面板数据进行单位根平稳性检验，检验结果如表 11-9、11-10 所示。

表 11-9　面板数据单位根检验

变量	LLC 检验	IPS 检验	ADF 检验	PP 检验
$lneq$	2.3870 (0.9915)	3.0590 (0.9989)	41.4313 (0.9677)	19.2979 (1.0000)
$lngdpc$	0.1838 (0.5729)	2.1779 (0.9853)	46.4047 (0.9010)	54.1264 (0.6891)

续表

变量	LLC 检验	IPS 检验	ADF 检验	PP 检验
ln$gedu$	-3.6745***	0.0412	58.2820	81.8262**
	(0.0001)	(0.5164)	(0.5388)	(0.0321)
ln$pedu$	-3.4276***	2.0983	45.6687	47.9300
	(0.0003)	(0.9821)	(0.9143)	(0.8695)
lnis	-8.6007***	0.2909	61.9600	147.2470***
	(0.0000)	(0.6144)	(0.4060)	(0.0000)
lnino	-2.5801***	8.1177	31.7656	18.9161
	(0.0049)	(1.0000)	(0.9990)	(1.0000)
lnhc	2.7255	7.7101	8.6505	10.6288
	(0.9968)	(1.0000)	(1.0000)	(1.0000)
lncon	-3.8070***	5.0922	33.9465	85.3353**
	(0.0001)	(1.0000)	(0.9973)	(0.0175)
ln$open$	-3.9207***	-0.6747	64.1183	84.1184**
	(0.0000)	(0.2499)	(0.3342)	(0.0217)
lnpiv	-5.7887***	1.5178	42.2681	57.9016
	(0.0000)	(0.9355)	(0.9600)	(0.5528)
ln$income$	-7.1943***	0.6713	63.5301	70.5123
	(0.0000)	(0.7490)	(0.3532)	(0.1663)

注：括号内为 P 值，*、**、*** 分别表示 10%、5%、1% 的显著水平。

表 11-10　面板数据单位根检验（一阶差分）

变量	LLC 检验	IPS 检验	ADF 检验	PP 检验
D(lneq)	-5.5709***	-2.6162***	106.3920***	110.2620***
	(0.0000)	(0.0044)	(0.0002)	(0.0001)
D(ln$gdpc$)	-2.7545***	-0.9238	78.2292*	77.2948*
	(0.0029)	(0.1778)	(0.0571)	(0.0658)
D(ln$gedu$)	-10.7379***	-5.9532***	145.4230***	179.0850***
	(0.0000)	(0.0000)	(0.0000)	(0.0000)
D(ln$pedu$)	-11.2034***	-5.3659***	133.2590***	155.1540***
	(0.0000)	(0.0000)	(0.0000)	(0.0000)
D(lnis)	-15.6208***	-8.2017***	186.6520***	198.9800***
	(0.0000)	(0.0000)	(0.0000)	(0.0000)
D(lnino)	-12.0700***	-7.4546***	171.8250***	199.0860***
	(0.0000)	(0.0000)	(0.0000)	(0.0000)

续表

变量	LLC 检验	IPS 检验	ADF 检验	PP 检验
D（ln*hc*）	-21.5975*** (0.0000)	-11.2696*** (0.0000)	233.9770*** (0.0000)	236.2810*** (0.0000)
D（ln*con*）	-14.0261*** (0.0000)	-7.2664*** (0.0000)	169.5020*** (0.0000)	185.4940*** (0.0000)
D（ln*open*）	-16.3918*** (0.0000)	-8.5622*** (0.0000)	189.1020*** (0.0000)	263.3390*** (0.0000)
D（ln*piv*）	-11.3164*** 0.0000	-4.4437*** 0.0000	117.0650*** 0.0000	110.8500*** 0.0000
D（ln*income*）	-11.9776*** (0.0000)	-5.2511*** (0.0000)	140.8560*** (0.0000)	116.7960*** (0.0000)

注：括号内为 P 值，*、**、*** 分别表示 10%、5%、1% 的显著水平，D 代表一阶差分。

如表 11-9 和表 11-10 所示，本章采用 LLC 检验、IPS 检验、ADF 检验、PP 检验等四种检验方法对所有变量进行单位根检验。结果显示，大多数变量的原序列都没有通过稳定性检验，少数变量的原序列只有极少数检验指标通过了稳定性检验。一阶差分的检验结果显示，各序列的大多数检验指标都通过了稳定性检验，因此可以认为各变量序列都为 I（1）序列。接下来进行面板协整检验，采用面板数据 KAO 协整检验方法分别对联立方程组的式（11-7）、式（11-8）、式（11-9）和式（11-10）全国面板数据进行协整关系检验，检验结果如表 11-11 至表 11-14 所示。

表 11-11　式（11-7）的 KAO 协整检验结果

ADF	T 统计值	P 值
	-6.03685	0.00000
残差	0.00052	
HAC 量	0.00062	

表 11-12　式（11-8）的 KAO 协整检验结果

ADF	T 统计值	P 值
	-4.700467	0.00000
残差	0.00269	
HAC 量	0.00260	

表11-13　式（11-9）的 KAO 协整检验结果

ADF	T统计值	P值
	-10.20515	0.00000
残差	0.00531	
HAC 量	0.00542	

表11-14　式（11-10）的 KAO 协整检验结果

ADF	T统计值	P值
	-5.42541	0.00000
残差	0.00524	
HAC 量	0.00449	

由 KAO 协整检验结果可以看出，联立方程组的各方程在1%的显著水平下均存在稳定的长期均衡关系。

11.4　全国范围的联立方程估计结果

联立方程模型估计方法主要有 OLS、2SLS、3SLS，根据联立方程模型的秩条件和阶条件，本章所构建的联立方程模型的四个方程均为过度识别，因此适合两阶段最小二乘法（2SLS）和三阶段最小二乘法（3SLS）。3SLS 是将 2SLS 和 SUR 结合起来，充分考虑了各方程内生性和扰动项相关性的问题，因此相对于 2SLS 来说其估计结果更加有效。[①] 本章选择通过 3SLS 所做出的实证结果进行分析，全国教育消费结构对经济增长质量和数量影响的联立方程结果如表 11-15 所示。

---

① 张少军，刘志彪. 国内价值链是否对接了全球价值链——基于联立方程模型的经验分析 [J]. 国际贸易问题，2013（2）；贾新明，刘亮. 结构方程模型与联立方程模型的比较 [J]. 数理统计与管理，2008（3）；张淑惠，王潇潇. 财政投入对高等教育规模的影响：基于联立方程模型 [J]. 中国高教研究，2012（10）.

表 11-15　教育消费结构对经济增长影响的全国样本估计结果

变量	经济增长质量			经济增长数量		
	OLS	2SLS	3SLS	OLS	2SLS	3SLS
	(1)	(2)	(3)	(4)	(5)	(6)
ln$gedu$	-0.25090***	-0.11025*	-0.11618**	-0.10137***	0.25674**	0.55073***
	(0.04570)	(0.05980)	(0.05658)	(0.02493)	(0.12158)	(0.08100)
ln$pedu$	0.47183***	0.72199***	1.09328***	0.06772*	0.63275***	0.86784***
	(0.09710)	(0.14316)	(0.10300)	(0.04100)	(0.13588)	(0.08663)
lnis	0.46928	-0.06786	0.72459**			
	(0.40865)	(0.44976)	(0.29892)			
lnino	0.19942***	0.11208**	0.00755			
	(0.03581)	(0.04272)	(0.02646)			
lnhc	2.01148***	1.43433***	0.44560**			
	(0.28636)	(0.31570)	(0.20620)			
lncon				0.57415***	-0.22006	-0.37672***
				(0.05907)	(0.19796)	(0.13084)
ln$open$				0.11805***	0.10338***	0.03294***
				(0.01049)	(0.01602)	(0.00971)
lnpiv				0.38973***	0.30919***	0.07361**
				(0.02225)	(0.05282)	(0.03716)
cons	-5.09646***	-6.37722***	-6.43006***	1.52181***	3.26208***	3.28255***
	(0.64541)	(0.75986)	(0.49869)	(0.20244)	(0.54502)	(0.36834)
R^2	0.7526	0.7501	0.7002	0.9657	0.9334	0.8700
N	330	330	330	330	330	330

注：括号内为标准差，*、**、*** 分别表示10%、5%、1%的显著水平。

由表 11-15 中的模型（6）3SLS 回归结果来看，政府教育消费投资和个人教育消费支出都对经济增长数量具有显著的正向影响。其中，个人教育消费支出每增加 1 个百分点，经济增长数量将上升 0.86784 个百分点；政府教育消费投资每上升 1 个百分点，经济增长数量将上升 0.55073 个百分点。这与以往教育消费对经济增长数量影响研究的结论相似。个人教育消费支出为居民消费的重要组成部分，随着中国居民收入的上升，个人教育消费需求还有很大的上升空间，能够为中国国内消费需求注入巨大的动力，更好地发挥消费对经济增长数量的影响。政府教育消费投资是教育消费的重要组成部分，众多学者从不同角度肯定了政府财政性教育经费对经济增长数量的影响，陈朝旭实证发现中国财政性教育经费和经济增长具有显著的双向 Granger 因果关系。[①] 另外，政府教育消费投资对经济增长数量的弹性系数小于个人教育消费支出，这显示出教育消费者主体能动性的作用。

从表 11-15 中模型（3）可以看出，个人教育消费对经济增长质量具有显著的作用，个人教育消费支出每增加 1 个百分点，经济增长质量将提高 1.09328 个百分点。教育接受者作为教育消费的直接参与者和受益者，是教育消费的微观主体，因此个人教育消费支出的增加是个人提高人力资本、知识素质的最直接表现，随着个人教育消费的增加，社会人力资本不断提高，从而为经济长期增长奠定了良好的基础。

政府教育消费投资对经济增长质量的影响系数显著为负，这并不代表政府财政教育经费抑制了经济质量的提升，而是反映了中国当下财政性教育经费及其结构和转型时期经济可持续发展之间还存在一定的不协调性，政府财政性教育经费对中国经济增长的促进作用，尤其是促进经济增长质量的提升，还没有很好地体现出来。这可能有以下几方面原因。（1）政府教育消费投资总量还有待提高，中国的教育投资体制经历了由政府投资单一化向政府、社会、个人投资多渠道发展的过程，但仍然以政府财政拨款为主。这种以国家投资为主的体制与市场经济发展的多元化明显不协调，难以解决人民日益增长的教育需求与教育经费吃紧的尖锐矛盾。（2）中国政府教育投入严重不足，尤其是对基础教育的投入严重不足。有资料显示，中国用世界 0.78% 的教育经费培养了世界 19.81% 的中小学生。1993 年《中国教育改革和发展纲要》中曾提出，到 2000 年教育经费占国内生产总值的比例要达到 4%，但现在的实际情况证明不仅在 2000 年没有达到，时至今日许多省份仍没有达到。有关数据表明，在发达国家，教育经费占 GDP 的比例为 5%~7%，而与中国经济发展水平相当的发展中国家，教育经费占 GDP 的比例一般为 4% 左右。从表 11-16 中的统计数字来看，2009 年，美国教育经费占 GDP 比例为 5.40%，挪威为 7.32%，葡萄牙为 5.79%，波兰为 5.10%，法国为 5.89%，芬兰为 6.81%。与之相对照，如图 11-1 所示，中国直至 2012

[①] 陈朝旭. 政府公共教育投资与经济增长关系的实证分析 [J]. 财经问题研究，2011（2）.

年教育经费占GDP比重才超过4%，和西方发达国家相比仍然有一定的差距。(3) 中国教育经费的投资结构还需要进一步优化。过去，国家财政性教育投资过多地注重对应用型教育消费的投资，而忽视了对研究型教育消费和高等教育消费的投资。随着中国经济进入新常态，经济的长期增长需要不断提高资本、技术和知识对经济增长的贡献程度，科研创新已经成为经济增长的核心驱动力。然而，众多大型科研项目资金短缺，已经成为制约科研水平提升的重要因素。同时，高校科研经费管理体制僵化，严重阻碍了科研工作者的创新积极性，高校作为培养科研创新人才的知识密集型组织，对提高中国社会生产力、促进经济增长质量提升具有重要的作用。长期以来，中国高校科研经费管理体制表现出"间接成本和劳务报酬政策不合理""经费预算和支出标准规定不科学""经费拨款和项目结账管理不完善""投入机制和信息平台不健全"等问题，教育投资结构、人才培养结构和产业结构的协调发展还有待提高。[①] 经济发展方式的转变、经济结构的优化也促进了投入要素的转变。经济增长质量的提升要求人才结构要与产业发展相适应，提高社会科研产出比例，不断提高全要素生产率。

表11–16　2009年部分国家公共教育经费占GDP比重

单位：%

国家	公共教育经费占GDP比重	国家	公共教育经费占GDP比重
比利时	6.57	匈牙利	5.12
丹麦	8.72	冰岛	7.81
英国	5.63	挪威	7.32
德国	5.06	波兰	5.10
法国	5.89	瑞典	7.29
爱尔兰	6.50	瑞士	5.36
意大利	4.67	加拿大	5.00
荷兰	5.94	美国	5.40
葡萄牙	5.79	以色列	5.83

---

① 王焕培. 论我国教育消费存在的问题及对策 [J]. 消费经济，2009 (3).

续表

国家	公共教育经费占 GDP 比重	国家	公共教育经费占 GDP 比重
西班牙	4.98	蒙古	5.15
芬兰	6.81	韩国	5.05

资料来源：世界银行统计数据库。

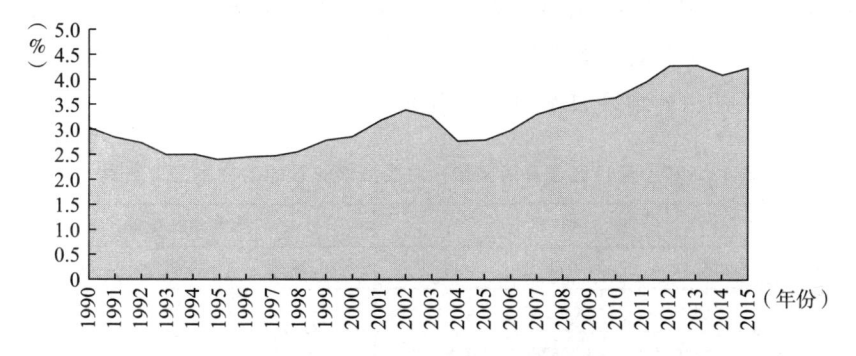

图 11-1　1990~2015 年中国国家教育经费占 GDP 比重

资料来源：中国国家财政性教育经费占 GDP 比例连续 4 年超 4% [EB/QL]. 2018-10-16. http://edu.gmw.cn/2018-10/16/content_31734754.htm.

从表 11-15 其他控制变量的结果来看，2003~2013 年投资对经济增长的影响系数为正，且在 5% 的显著水平下通过统计性检验，投资每增加 1 个百分点，经济增长数量将增加 0.07361 个百分点；进出口对经济增长数量的影响系数也为正，且在 1% 的显著水平下通过统计性检验，进出口每增长 1 个百分点，经济增长数量将增加 0.03294 个百分点；消费并没有成为经济增长的驱动力。可以看出，过去中国经济主要依靠了投资、进出口的拉动，没有发挥好消费对经济增长的基础性作用。

2003~2013 年，产业结构升级对经济增长质量具有显著的正向作用，产业结构高级化每提高 1 个百分点，经济增长质量将提高 0.72459 个百分点；人力资本对经济增长质量的影响系数为正，且通过 5% 的显著水平检验，人力资本每提高 1 个百分点，经济增长质量将提高 0.44560 个百分点；创新能力对经济增长质量的影响为正，但没有通过统计性检验，尽管近十年来中国发明专利数等得到了较大幅度的提高，但是有效专利比例不高，高端技术还有待提高，加工制造还未处于产业链的中高端，相关产业链仍然还有很大的延伸空间。

11.5 分地区的联立方程估计结果

由于中国各地区经济数量和质量的发展水平、资源禀赋、教育发展水平以及教育消费水平具有显著的差异，因此有必要分地区探析教育消费结构对经济增长数量和质量的影响差异。本章采用常用的三大区域划分方法和 3SLS 方法对教育消费结构和经济增长的联立方程模型进行估计①，相关的估计结果如表 11-17 所示。

表 11-17　分地区教育消费结构对经济增长影响的样本估计结果

变量	经济增长质量 东部 (1)	经济增长质量 中部 (2)	经济增长质量 西部 (3)	经济增长数量 东部 (4)	经济增长数量 中部 (5)	经济增长数量 西部 (6)
ln$gedu$	-0.15554 *** (0.04950)	-0.06266 (0.10605)	0.17610 (0.11183)	0.15364 *** (0.03672)	0.60359 *** (0.21378)	-0.77786 *** (0.20073)
ln$pedu$	0.44064 *** (0.05966)	0.44890 * (0.24656)	-0.59541 (0.41832)	0.60924 *** (0.13585)	0.21135 (0.40636)	-0.17674 (0.18251)
lnis	0.44881 ** (0.19369)	2.09472 *** (0.50681)	4.06403 *** (1.34786)			
lnino	0.18490 *** (0.02456)	0.05349 (0.03829)	0.01149 (0.06398)			
lnhc	-0.15475 (0.15767)	1.17982 *** (0.38086)	4.08527 *** (0.93169)			
lncon				-0.03646 (0.11922)	-0.03515 (0.21670)	0.16397 (0.20198)
ln$open$				-0.02851 (0.03230)	0.00685 (0.02538)	0.03651 (0.02643)
lnpiv				0.24226 *** (0.02810)	0.06042 (0.13294)	1.22382 *** (0.12607)

---

① 东部地区包括北京、天津、河北、辽宁、上海、江苏、浙江、福建、山东、广东和海南等 11 个省份；中部地区有 8 个省级行政区，分别是山西、吉林、黑龙江、安徽、江西、河南、湖北、湖南；西部地区包括的省级行政区共 12 个，分别是四川、重庆、贵州、云南、西藏、陕西、甘肃、青海、宁夏、新疆、广西、内蒙古。

续表

变量	经济增长质量			经济增长数量		
	东部	中部	西部	东部	中部	西部
	(1)	(2)	(3)	(4)	(5)	(6)
cons	-0.58366* (0.34908)	-4.00592*** (1.33846)	-4.98312*** (1.69084)	3.03817*** (0.24287)	4.29111*** (0.91873)	3.07661*** (0.49264)
R^2	0.9138	0.6404	0.4068	0.9604	0.8992	0.8743
N	121	88	121	121	88	121

注：括号内为标准差，*、**、*** 分别表示 10%、5%、1% 的显著水平。

从表 11-17 可知，在经济增长数量上，东部地区政府教育消费投资对经济增长数量的弹性系数为 0.15364，且在 1% 的水平下显著；中部地区政府教育消费投资对经济增长数量的影响系数为 0.60359，且在 1% 的水平下显著；西部地区政府教育消费投资对经济增长数量的影响显著为负。西部地区经济发展水平相对于东中部而言还有一定的差距，中国的教育经费过度偏重财政支出，经济发展情况对教育投资具有重要的影响，西部地区教育投资规模还有待提高。另外，以西部地区陕西省为例，西北大学师萍教授在研究陕西省教育投资和经济增长之间的关系时指出，陕西省经济增长显著地促进了教育投资，但是教育投资对经济增长的促进作用不明显，陕西省主要承担了国家人才培养基地的功能。个人教育消费支出对东部地区经济增长数量的影响系数为 0.60924，且在 1% 的水平下显著；中部地区个人教育消费支出对经济增长数量的弹性系数为 0.21135，但没有通过显著性检验；西部地区个人教育消费支出对经济增长数量的弹性系数没有通过显著性检验。相对于东中部地区，西部地区居民收入还比较低，因此其教育消费结构还是以生产性消费为主，教育消费结构还比较低级。同时教育消费支出可能成为家庭的一项负担，因此其个人教育消费支出对经济增长数量的影响还没有显现出来。

从表 11-17 中经济增长质量的回归结果来看，政府教育消费投资对东部地区经济增长质量的影响系数为 -0.15554，且通过了 1% 的显著水平检验；中西部地区政府教育消费投资对经济增长质量的影响系数都没有通过显著性检验。这显示出政府教育消费投资和经济可持续发展之间的不协调性。在经济转型升级背景下，经济发展更加注重可持续性，更加依靠科技创新和人力资本积累,以实现经济的内涵式发展。因此,中国政府应该逐渐优化公共教育投资结构,实现政府教育消费投资和经济长期发展的良性互动。

个人教育消费支出对东部地区经济增长质量的影响系数为0.44064,且在1%的水平下显著;个人教育消费支出对中部地区经济增长质量的影响系数为0.44890,且在10%的水平下显著;个人教育消费支出对西部地区经济增长质量的影响系数没有通过显著性检验。从以上分析可看出,无论是从经济增长数量还是从经济增长质量角度上,西部地区相对于中东部地区而言,其教育消费结构对经济增长的影响都还没有充分显现,因此,政府应进一步出台一系列相关政策,促进西部地区教育消费结构的升级,促进教育资源配置合理化,从而为经济增长注入活力。

11.6 分阶段的联立方程估计结果

2008年全球金融危机后,中国经济增长速度在波折中持续放缓,经济增长开始逐渐由传统"高消耗、高污染、高排放"进入注重发展质量的新常态。因此,为考察在经济转型前后教育消费结构对经济增长的影响差异,本章以2008年为时间断点,将2003~2013年分为2003~2008年和2009~2013年两个阶段,分别考察教育消费结构对经济增长数量和质量的影响情况。联立方程的回归结果如表11-18所示。

表11-18 分阶段教育消费结构对经济增长影响估计结果 (3SLS)

变量	经济增长质量		经济增长数量	
	2003~2008年 (1)	2009~2013年 (2)	2003~2008年 (3)	2009~2013年 (4)
ln$gedu$	0.11668 (0.12410)	-0.08741 (0.21349)	0.23853*** (0.08519)	0.73698*** (0.14205)
ln$pedu$	0.42603* (0.23229)	0.69503*** (0.22019)	0.69962*** (0.10627)	1.01462*** (0.26879)
lnis	0.80378* (0.48505)	0.41113 (0.56297)		

续表

变量	经济增长质量 2003~2008年 (1)	经济增长质量 2009~2013年 (2)	经济增长数量 2003~2008年 (3)	经济增长数量 2009~2013年 (4)
lnino	0.17617*** (0.06505)	0.09567* (0.04918)		
lnhc	1.15320*** (0.33500)	1.28062** (0.54318)		
lncon			-0.16344 (0.14404)	0.70466* (0.39010)
ln$open$			0.06386*** (0.01606)	0.04557** (0.01813)
lnpiv			0.26223*** (0.04242)	0.15948*** (0.04380)
cons	-5.16544*** (1.05076)	-5.97310*** (0.86767)	2.81702*** (0.45895)	3.16571*** (1.16549)
R^2	0.7284	0.7118	0.9181	0.7176
N	180	150	180	150

注：括号内为标准差，*、**、***分别表示10%、5%、1%的显著水平。

表11-18显示，2003~2008年个人教育消费支出对经济增长质量的影响系数为0.42603，且在10%的水平下显著，对经济增长数量的弹性系数为0.69962，且在1%的水平下显著；2008~2013年，个人教育消费支出对经济增长质量的影响系数为0.69503，且在1%的水平下显著，对经济增长数量的弹性系数为1.01462，且在1%的水平下显著。可以看出，2008~2013年个人教育消费支出对经济增长数量和质量的贡献程度都增强了。随着居民收入的增加，家庭消费结构不断升级，居民愿意也能够将更多的收入用于教育培训，从而提高自身人力资本、创新能力，进而促进经济增长数量和质量的提升。

2003~2008年，政府教育消费投资对经济增长质量的影响系数为0.11668，但不显著，对经济增长数量的弹性系数为0.23853，且在1%的水平下显著；2008~2013年，政府教育消费投资对经济增长质量的影响系数为-0.08741，但不显著，对经济增长数量的弹性系数为0.73698，且在1%的水平下显著。可以看出，2008~2013年政府教育消费投资对经济增长数量的影响程度不断增强。近年来，政府不断加强教育投资，同时优化教育投资结构，促进教育信息化，增加科研投入，改革科研经费管理机制，实施创新驱动发展战略，使政府教育消费投资对经济增长的宏观调控作用更加明显。同时还得认识到，经济转型升级时期如何优化公共教育消费规模及其结构，从而实现以政府财政性教育经费为主，多种教育经费为辅，促进公共教育消费和经济可持续发展之间的良性互动，仍然是一个值得深入研究的问题。

11.7 稳健性检验

为了进一步验证上述结论的稳健性，从而提高结论的科学性，本章采用两种方法进行稳健性检验。第一，采用第三产业产值和第二产业产值的比重来衡量经济增长质量，并用人均工业产值来衡量经济增长数量；第二，考虑到异常值对估计结果可能造成的影响，对经济增长数量和经济增长质量都做最大值和最小值1%的断尾处理。以上两种处理方法主要解释了变量政府教育消费投资和个人教育消费支出对经济增长数量和质量的影响符号、显著性都没有发生太大的变化，因此本章研究结论稳健。

11.8 拓展性研究1——收入分配、私人教育消费和经济增长

近年来，中国城乡收入差距问题引发了各方面思考，本章为进一步刻画城乡收入差距对个人教育消费支出在经济增长方面的影响的调节作用，引入城乡收入差距和个人教育消费支出的交互项，即：

$$\ln gdpc_{it} = \alpha_0 + \alpha_1 \ln gedu_{it} + \alpha_2 \ln pedu_{it} + \alpha_3 \ln open_{it} + \alpha_4 \ln piv_{it} + \alpha_5 \ln con_{it} + \alpha_6 \ln theil \times \ln pedu + \mu_{it} \qquad (11-11)$$

$$\ln eq_{it} = \beta_0 + \beta_1 \ln gedu_{it} + \beta_2 \ln pedu_{it} + \beta_3 \ln hc_{it} + \beta_4 \ln is_{it} + \beta_5 \ln ino_{it} + \beta_6 \ln theil \times \ln pedu + \varepsilon_{it} \qquad (11-12)$$

$$\ln gedu_{it} = \chi_0 + \chi_1 \ln gdpc + \chi_2 \ln eq + \chi_3 \ln piv_{it} + \eta_{it} \qquad (11-13)$$

$$\ln pedu_{it} = \delta_0 + \delta_1 \ln gdpc + \delta_2 \ln eq + \delta_3 \ln income_{it} + \xi_{it} \qquad (11-14)$$

第十一章 教育消费结构对经济增长的数量和质量效应研究

其中，theil 为城乡收入差距。采用 Theil 指数来反映中国城乡收入差距水平，Theil 指数的计算公式如下：

$$theil_{jt} = \sum_{i=1}^{2}\left(\frac{I_{it}}{I_t}\right)\ln\frac{I_{it}/P_{it}}{I_t/P_t} = \left(\frac{I_{1t}}{I_t}\right)\ln\frac{I_{1t}/P_{1t}}{I_t/P_t} + \left(\frac{I_{2t}}{I_t}\right)\ln\frac{I_{2t}/P_{2t}}{I_t/P_t} \quad (11-15)$$

式（11-15）中，I_{1t} 和 I_{2t} 分别代表 t 期城市和农村居民的总收入（人口总数乘以人均收入水平），I_t 代表 t 期的总收入，P_{1t} 和 P_{2t} 分别代表 t 期城市和农村的人口数，P_t 代表 t 期总人口数。继续基于 3SLS 方法对联立方程进行估计，估计结果如表 11-19 所示。

表 11-19　收入分配、个人教育消费和经济增长的联立方程估计结果（3SLS）

变量	经济增长质量 （1）	经济增长数量 （2）
lngedu	-0.03076 (0.06226)	0.35794*** (0.06672)
lnpedu	0.55210*** (0.18008)	0.58745*** (0.09100)
Lnpedu × lntheil	-0.03446*** (0.01027)	-0.01452*** (0.00291)
lnis	1.18088*** (0.33542)	
lnino	0.06500** (0.03093)	
lnhc	0.26245 (0.23823)	
lncon		-0.18561 (0.11902)
lnopen		0.04532*** (0.00862)
lnpiv		0.19467*** (0.02931)
cons	-3.56414*** (0.98000)	3.35786*** (0.31927)
R²	0.7243	0.9236
N	330	330

注：括号内为标准差，*、**、*** 分别表示 10%、5%、1% 的显著水平。

表 11-19 显示, 城乡差距和个人教育消费支出的交互项对经济增长数量的弹性系数为 -0.01452, 且在 1% 的水平下显著, 这表明城乡收入差距拉大将会抑制个人教育消费支出对经济增长数量的促进作用。同样, 城乡收入差距和个人教育消费支出的交互项对经济增长质量的影响系数为 -0.03446, 且在 1% 的水平下显著, 这表明城乡收入差距拉大将会抑制个人教育消费支出对经济增长质量的促进作用。陈健等指出合理的社会财富分配, 能够使全社会共享劳动成果, 促进消费增加。[①] 城乡收入差距的拉大对占总人口大部分的低收入群体教育消费需求的影响程度大于对占总人口小部分的高收入群体教育消费需求的影响, 从而进一步阻碍社会各阶层接受教育的平等性, 造成新一轮的"教育鸿沟", 对经济增长数量和质量都产生抑制作用。

11.9 拓展性研究 2——教育消费结构和经济增长动力

分别以经济增长的短期动力 (消费、进出口和投资) 及长期动力 (创新能力、人力资本和产业结构) 为因变量, 考察教育消费结构对经济增长短期和长期动力的影响效果, 即分别对以下几个模型进行估计:

$$\ln con_{it} = \alpha_{10} + \ln gedu_{it} + \ln pedu_{it} + \varepsilon_{1it} \quad (11-16)$$

$$\ln piv_{it} = \alpha_{20} + \ln gedu_{it} + \ln pedu_{it} + \varepsilon_{2it} \quad (11-17)$$

$$\ln open_{it} = \alpha_{30} + \ln gedu_{it} + \ln pedu_{it} + \varepsilon_{3it} \quad (11-18)$$

$$\ln is_{it} = \alpha_{40} + \ln gedu_{it} + \ln pedu_{it} + \varepsilon_{4it} \quad (11-19)$$

$$\ln hc_{it} = \alpha_{50} + \ln gedu_{it} + \ln pedu_{it} + \varepsilon_{5it} \quad (11-20)$$

$$\ln ino_{it} = \alpha_{60} + \ln gedu_{it} + \ln pedu_{it} + \varepsilon_{6it} \quad (11-21)$$

由表 11-20 和表 11-21 可知, F 检验和 Hausman 检验都表明所有方程都适合采用固定效应模型进行估计。由估计结果来看, 2003~2013 年政府教育消费投资和个人教育消费支出对短期动力消费和投资及长期

---

① 陈健, 高波. 收入差距、房价与消费变动: 基于面板数据联立方程模型的分析 [J]. 上海经济研究, 2012 (2).

第十一章　教育消费结构对经济增长的数量和质量效应研究

表 11-20　教育消费结构对经济增长动力的影响效果

<table>
<tr><th rowspan="2">解释变量</th><th colspan="3">消费</th><th colspan="3">投资</th><th colspan="3">进出口</th></tr>
<tr><th>混合回归
(1)</th><th>固定效应
(2)</th><th>随机效应
(3)</th><th>混合回归
(4)</th><th>固定效应
(5)</th><th>随机效应
(6)</th><th>混合回归
(7)</th><th>固定效应
(8)</th><th>随机效应
(9)</th></tr>
<tr><td>lngedu</td><td>0.30890***
(0.01272)</td><td>0.46129***
(0.02914)</td><td>0.42117***
(0.02477)</td><td>0.87932***
(0.03255)</td><td>0.98017***
(0.06015)</td><td>1.01031***
(0.05617)</td><td>-0.40120***
(0.09141)</td><td>-0.01667
(0.12184)</td><td>-0.13947
(0.12594)</td></tr>
<tr><td>lnpedu</td><td>0.66691***
(0.01555)</td><td>0.40516***
(0.07106)</td><td>0.50518***
(0.05375)</td><td>0.18352***
(0.04945)</td><td>0.40222**
(0.13409)</td><td>0.29133**
(0.13306)</td><td>1.75717***
(0.10098)</td><td>-0.10125
(0.21082)</td><td>0.25681
(0.21694)</td></tr>
<tr><td>-cons</td><td>2.48882***
(0.08821)</td><td>3.20737***
(0.31751)</td><td>2.81596***
(0.24536)</td><td>2.38851***
(0.30192)</td><td>0.31616
(0.58433)</td><td>0.84262
(0.58169)</td><td>-10.48261***
(0.35850)</td><td>-0.88128
(0.78538)</td><td>-2.41692***
(0.81437)</td></tr>
<tr><td>R²</td><td>0.9495</td><td>0.9638</td><td>0.9627</td><td>0.7915</td><td>0.9349</td><td>0.9345</td><td>0.5809</td><td>0.0199</td><td>0.0014</td></tr>
<tr><td>F/wald</td><td>2575.98</td><td>796.00</td><td>1621.81</td><td>487.60</td><td>610.02</td><td>1100.46</td><td>329.76</td><td>0.76</td><td>1.42</td></tr>
<tr><td>冗余检验 F</td><td></td><td>28.11***</td><td></td><td></td><td>36.73***</td><td></td><td></td><td>88.02***</td><td></td></tr>
<tr><td>Hausman 检验</td><td></td><td>37.07***</td><td></td><td></td><td>24.16***</td><td></td><td></td><td>58.75***</td><td></td></tr>
<tr><th rowspan="2">解释变量</th><th colspan="3">人力资本</th><th colspan="3">产业结构</th><th colspan="3">创新能力</th></tr>
<tr><th>混合回归
(10)</th><th>固定效应
(11)</th><th>随机效应
(12)</th><th>混合回归
(13)</th><th>固定效应
(14)</th><th>随机效应
(15)</th><th>混合回归
(16)</th><th>固定效应
(17)</th><th>随机效应
(18)</th></tr>
<tr><td>lngedu</td><td>0.04827***
(0.00834)</td><td>0.07336***
(0.00748)</td><td>0.06840***
(0.00732)</td><td>0.00750
(0.00626)</td><td>0.03521***
(0.00480)</td><td>0.03196***
(0.00452)</td><td>0.34985***
(0.05275)</td><td>0.89625***
(0.09332)</td><td>0.80326***
(0.08581)</td></tr>
</table>

检验系数

续表

检验系数	解释变量	人力资本			产业结构			创新能力		
		混合回归	固定效应	随机效应	混合回归	固定效应	随机效应	混合回归	固定效应	随机效应
		(10)	(11)	(12)	(13)	(14)	(15)	(16)	(17)	(18)
	lnpedu	0.12403*** (0.01080)	0.04222** (0.01793)	0.05624*** (0.01767)	0.09704*** (0.00690)	0.00684 (0.00847)	0.01599** (0.00777)	1.82374*** (0.06216)	1.00782*** (0.26413)	1.23320*** (0.20166)
	−cons	1.01288*** (0.05085)	1.38291*** (0.08409)	1.32377*** (0.08606)	−0.81042*** (0.02937)	−0.40276*** (0.04440)	−0.44131*** (0.04979)	−13.04029*** (0.34563)	−11.26075*** (1.34676)	−12.12615*** (1.03255)
	R^2	0.6490	0.7804	0.7796	0.5809	0.6916	0.6899	0.8299	0.8810	0.8798
	F/wald	256.81	180.99	358.71	302.41	47.33	97.62	826.93	168.13	325.95
	冗余检验 F		67.09***			126.56***			38.35***	
	Hausman 检验		7.66*			18.94***			21.29***	

注：括号内为稳健标准差，*、**、*** 分别表示10%、5%、1%的显著水平。

动力创新能力和人力资本都具有显著的促进作用。政府教育消费投资对产业结构具有显著的促进作用，个人教育消费支出对产业结构的弹性系数为0.00684，但是没有通过显著性检验。因此，政府应该积极引导教育消费结构与当下我国产业结构优化升级相适应，以产业发展需求和经济转型要求来合理引导教育消费结构的升级。

可以看出，2003~2013年，中国政府教育消费投资和个人教育消费支出对经济增长的长短期动力都产生了较好的驱动效果。但是，如何使经济增长动力更好地引导经济可持续发展，实现经济增长数量和质量的双赢，仍然是一个漫长的过程，关于教育消费和经济增长之间关系的研究仍然是一个值得继续深入探讨的主题。

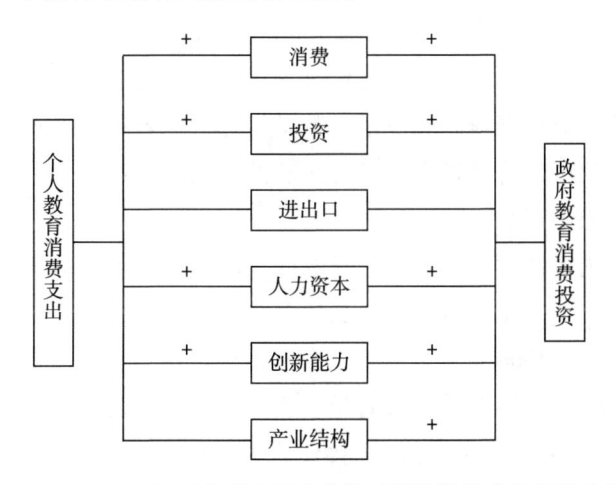

图11-2 2003~2013年教育消费结构对经济增长动力的影响效果

11.10 研究结论

经济增长问题一直都是经济学研究的一个丰富内容，随着中国经济增长进入新常态，传统的依靠"高消耗、高污染、高排放"的经济增长模式也宣告结束。以资本、技术和知识为主要依托的新的经济增长模式决定了中国要实现创新驱动的经济增长方式，实现经济增长数量和质量的双赢。几百年来，教育被认为是促进社会人力资本增加、促进创新最主要的方式，而以往关于教育消费对经济增长的影响的研究更多的是关注了经济数量。随着中国经济进入新常态，如何通过有效合理的教育消费结构促进社会经济质量的提升表现出重要的现实意义。教育消费结构对经济增长数量和质量有怎样的影响？又表现出怎样的区域差异和阶段性差异呢？本章以此为切入点，从理论和实证方面探析了中国教育消费结构对经济增长数量和质量的影响，本章主要的研究内容和结论如下。

从全国层面上看，个人教育消费支出对经济增长数量和质量都有显著的促进作用，表现出发挥教育消费主体能动性的重要性；政府教育消费投资对经济增长数量具有显著的促进作用，对经济增长质量的促进作用不明显。

从地区层面上看，个人教育消费支出对东部地区经济增长数量具有显著的正向作用，对中西部地区经济增长数量促进效果不明显；个人教育消费支出对东中部地区经济增长质量具有显著的促进作用，对西部地区促进效果不明显；政府教育消费投资对东中部经济增长数量具有显著的正向作用，对西部地区经济增长数量促进效果不明显；政府教育消费投资对东部地区经济增长质量具有显著的影响，对中西部地区经济增长质量影响效果不明显。

从教育消费结构对经济增长影响的阶段性特征看，政府教育消费投资和个人教育消费支出对经济增长数量的促进作用都越来越明显，具体表现在：2003~2008年个人教育消费支出对经济增长数量具有显著的正向影响，2009~2013年个人教育消费支出对经济增长数量的正向影响效果明显增强；2003~2008年政府教育消费投资对经济增长数量具有显著的正向影响，2009~2013年政府教育消费投资对经济增长数量的正向影响效果明显增强。个人教育消费支出对经济增长质量的促进效果更加明显，表现在2003~2008年个人教育消费支出对经济增长质量具有显著的正向影响，2009~2013年个人教育消费支出对经济增长质量的促进效果加强。

本章进一步做了一定的拓展性研究。首先，考察了收入分配是否会影响个人教育消费支出对经济增长的影响，结果发现城乡收入差距的增加会显著抑制个人教育消费支出对经济增长数量和质量的影响效果。城乡收入差距的拉大对占总人口大部分的低收入群体教育消费需求的影响程度大于对占总人口小部分的高收入群体教育消费需求的影响程度，从而进一步影响社会接受教育的平等性，造成新一轮的"教育鸿沟"，对经济增长数量和质量都产生抑制作用。其次，分析了 2003~2013 年教育消费结构对经济增长长短期动力的影响效果，结果显示，我国政府教育消费投资和个人教育消费支出对经济增长的大部分长短期动力产生了较好的驱动效果。但是，如何使经济增长动力更好地引导经济可持续发展，实现经济增长数量和质量的双赢，仍然是一个漫长的过程。

第五部分

实证研究——微观篇

第十二章 家庭教育消费意愿研究

教育对我国经济和社会的发展有至关重要的作用和意义，这一点已经随着我国经济的发展而逐渐显现。我国的居民收入随着经济的发展而逐渐增长，对教育的投入和消费也随之增长。教育消费指的是用于教育物化产品和教育劳务上的开支，这里既有政府消费，也有个人消费，都属于社会总消费的一部分。家庭的教育消费对于家庭成员的知识水平提升有重要的作用。

服务与有形产品相比，最大的区别是服务在交易的过程中不会涉及所有权的转移，不同服务之间的区别则在于服务对象的不同。在服务过程中，人、实体或者是数据都可能成为服务对象，而服务的过程可能是有形的，也可能是无形的。某些针对人或者实体的服务过程通常是我们可以看到的，但是那些针对人脑或无形物的服务过程是我们无法看到的。教育属于精神服务，它是针对人的思想的服务。[①] 接受服务的顾客要想从精神服务中获益，需要付出时间、精力和金钱。家庭在为子女进行教育消费支出时，就是为了获取这种精神服务。在子女有独立的经济来源之前，子女教育消费的绝大部分由家庭提供，在子女有了一定的经济来源或者决策主见之后，教育消费的决策通常在很大程度上由他们自己来做出。本章从消费者介入和感知风险两个方面来研究我国家庭的教育消费行为，分析消费者介入、感知风险和教育消费意愿之间的关系。

12.1 相关文献和理论综述

12.1.1 国内教育消费行为相关文献和理论综述

陶美重在他的《论教育消费的本质》中阐述过教育消费的内涵，他

---

① 克里斯托弗·洛夫洛克，约亨·沃茨. 服务营销（原书第7版·全球版）[M]. 北京：机械工业出版社，2014.

认为，目前对于教育消费的定义还没有达到权威水平，有几个有代表性的定义，简单来说，教育消费指的是居民为教育服务和产品所付出的费用，在大多数情况下，这些消费只是指居民接受正规教育时付出的费用。[1] 从教育消费的对象和形式来说，教育消费可以分为广义的和狭义的：广义的教育消费指的是国家、家庭、企业以及个人等的教育消费活动；狭义的教育消费指的是家庭以及个人接受各种各样的教育，接受相关部门提供的服务，进而满足其知识和技能增长等需要的过程。教育消费的一般性定义为：为了获取知识、技能和能力等，受教育者与其家庭用于教育方面的各种货币支出。教育消费是一种对自身人力资本进行投资的消费。除了投资性以外，教育消费还具有外溢性、竞争性、排他性、阶段性、非重复性和持久性等特点。[2] 与陶美重关于教育消费的特点研究类似的还有易培强的研究，他在《教育消费需求与供给若干问题探讨》中说，教育消费属于服务消费，但又有不同于一般性服务消费的特点，教育消费是一种人的知识、技能、素质和能力的生产，同时也是一种投资行为，它的效果在很大程度上取决于消费者的消费能力。[3]

中国一些学者还研究了高等教育消费行为，王梅在《个人高等教育消费城乡差异影响因素调查研究》中研究了个人高等教育消费城乡差异影响因素。其研究采用理论研究与实证研究相结合的方法。理论研究认为，我国个人高等教育消费城乡差异主要体现在消费需求意愿、消费需求方式、消费需求效用和消费需求结果等方面。影响个人高等教育消费城乡差异的因素有个人因素、家庭因素、教育因素和社会因素等四个方面。实证研究发现，影响个人高等教育消费城乡差异的因素有许多种，每种的作用也不一样，具体可以细分为：城乡教育阶段、区域经济发展情况、父母对教育的期望、职业阶层、个人成绩、教育发展观和制度等。该文章还建立了个人高等教育消费城乡差异补偿机制，提出了一系列建议。[4] 耿静静的《河南省卫辉市高等教育消费城乡差异的实证研究》以

---

[1] 陶美重. 论教育消费的本质 [J]. 教育与经济，2007 (4)：17.
[2] 陶美重. 论教育消费的本质 [J]. 教育与经济，2007 (4)：17.
[3] 易培强. 教育消费需求与供给若干问题探讨 [J]. 湖南师范大学教育科学学报，2014 (6).
[4] 王梅. 个人高等教育消费城乡差异影响因素调查研究 [D]. 武汉：华中农业大学，2014.

河南省卫辉市的城乡大学生为研究对象,通过实证研究发现,影响城乡高等教育消费差异的因素可以分为宏观和微观两种。前者包括教育程度、城乡二元结构、户籍制度、就业等。后者包括家庭可支配收入、父母的职业、父母的受教育程度、家庭文化氛围等,该文章同时也从宏观和微观这两个方面提出了改善建议。[①] 以高校学生为研究对象的还有杨清,其文章《高校学生教育消费满意度实证研究——以湖北省某高校为例》是以湖北省某高校为研究对象的实证研究,他发现,学校的软环境比硬环境更能影响学生的满意度,影响教育消费满意度的因素有后勤、校园文化、感知价值、教学、学生管理、图书馆等,这些因素又会受到学生个体因素的影响,比如年级、生源地、性别、专业等。[②]

除了高等教育以外,我国学者还对中小学甚至幼儿园的教育消费行为进行过研究。杨天平、汪玉霞对浙江省金华市四所高中进行了调查,以研究普通高中学生家庭的选择性教育消费情况。研究表明,对于只有一个孩子的家庭而言,选择性教育消费在高中生家庭教育消费中普遍存在,他们能承受得起一个高中生的选择性教育消费的费用,但是对于有多个子女的家庭而言,这些消费很多时候会超出其承受范围。选择性教育消费存在诸如消费主题缺乏、非理性、阶级分化等问题。政府和社会应当重视并改善选择性教育消费现象。[③] 黄秋雯研究了城市家庭小学生课外教育消费行为及其演变过程,发现小学生课外教育感知效果受到家长期望、养育的自我效能和参与互动行为的影响。参与互动行为在家长期望和感知效果之间起着中介作用;年级、性别和家长的受教育程度对小学生课外教育消费行为有不同程度的影响。[④] 刘焱、宋妍萍对中国东中西部10个城市的共计98所幼儿园中的7718名3～6岁儿童的家庭进行了调查,他们发现,幼儿园的学费是这些儿童的家庭学前教育消费的主要部分,影响家庭学前教育消费的因素有城市发展程度、家庭可支配

[①] 耿静静. 河南省卫辉市高等教育消费城乡差异的实证研究 [D]. 武汉:华中农业大学,2013.
[②] 杨清. 高校学生教育消费满意度实证研究——以湖北省某高校为例 [D]. 武汉:华中农业大学,2008.
[③] 杨天平,汪玉霞. 普通高中学生家庭选择性教育消费研究——基于浙江省金华市四所高中的调查 [J]. 教育与经济,2014 (1).
[④] 黄秋雯. 城市家庭小学生课外教育消费行为及演变研究 [D]. 上海:上海交通大学,2011.

收入、幼儿园种类和子女的年龄等。[1]

还有一些学者以特定消费项目或者特定消费影响因素对教育消费进行了研究。魏世勇、王鹏、郭志利用2003~2011年的省际面板数据，采用动态面板广义矩估计法，研究了中国城镇居民人口年龄结构对教育消费的影响[2]；林少真以厦门市为例，研究了社会分层对教育消费的影响[3]；冒敏娟以长沙市三所不同学校的学生和家长为研究对象，通过实证调查，探索并研究了长沙市初中家庭扩展教育消费的特征及其影响因素[4]；孙鹏的研究则基于顾客感知价值理论对新东方中学一对一培训项目的顾客满意度进行了分析和研究[5]；武光霞以学大教育为例，研究了培训机构的品牌形象对顾客感知价值和顾客满意度的影响[6]。

孙顺利基于服务质量差距模型对高等教育服务质量进行了研究并提出了改进建议。他将服务质量差距模型与高等教育的特点和规律结合起来，构建了一个高等教育服务质量差距模型。模型中的要素分为学生和高校两方面，具体涉及学生对教学服务质量的期望和感知、高校对学生期望的教学服务质量的感知、高校教学服务质量规范、高校教学服务传递、高校对外的沟通宣传等。这里共会形成四个差距：学生对教学服务质量的期望与高校对学生期望的教学服务质量的感知的差距、高校对学生期望的教学服务质量的感知与高校教学服务质量规范的差距、高校教学服务质量规范与高校教学服务传递的差距和高校教学服务质量规范与高校对外的沟通宣传的差距。[7] 类似的使用感知与期望的差距理论的还

---

[1] 刘焱，宋妍萍. 我国城市3-6岁儿童家庭学前教育消费支出水平调查[J]. 华中师范大学学报（人文社会科学版），2013（1）.
[2] 魏世勇，王鹏，郭志. 中国城镇居民人口年龄结构与教育消费支持[J]. 南方金融，2014（7）.
[3] 林少真. 社会分层视野下的教育消费问题：以厦门市为例[J]. 中共福建省委党校学报，2010（3）.
[4] 冒敏娟. 长沙市拓展教育消费支出及其影响因素的实证研究[D]. 长沙：湖南大学，2013.
[5] 孙鹏. 基于顾客感知价值理论的新东方中学一对一培训项目顾客满意度分析[D]. 长春：吉林大学，2013.
[6] 武光霞. 培训机构品牌形象对顾客感知价值、顾客满意的影响——以学大教育为例[D]. 大连：东北财经大学，2012.
[7] 孙顺利. 基于服务质量差距模型的高等教育服务质量改进研究[J]. 现代教育管理，2011（5）.

有郑秀敏，其研究以上海市的学生为对象，实证调查了学生对义务教育服务质量的感知和期望，采用 SERVQUAL 评价量表，分析了 SERVQUAL 的五个维度对义务教育服务质量的影响，研究的结果说明，学生对义务教育服务质量的总体评价尚可，但是感知与期望的差距是存在的。就学生对义务教育服务质量的感知而言，个人因素（诸如年级、家庭阶层、独生子女身份、班干部身份等）起到了不同程度的作用。[1] 同样采用 SERVQUAL 评价量表的还有施国洪、陈敬贤、刘庆广，他们实证研究了大学图书馆读者对服务质量的感知与期望差距。[2]

从现有的文献来看，我国存在一些对教育消费的研究，这些研究大致可以分为三种类型：一是对特定层次的教育消费行为以及消费行为差异的影响因素的研究；二是对特定群体或者特定因素的研究；三是对教育的服务质量、期望和满意度的研究。这些研究模型比较单一，大多数是多因素影响单一因素的模型。此外，目前有关教育消费的文献作者的专业大多数是教育类专业，来自管理类专业的作者很少，这就导致了这些研究很少从消费感知等服务营销概念以及消费者行为学有关理论的角度来分析教育消费行为。

12.1.2 消费者介入相关文献和理论综述

12.1.2.1 消费者介入的概念和分类

以前，国内营销学界关于消费者行为的研究中，与消费者介入（也可以称为"涉入"）有关的研究并不多见。直到近几年，消费者介入理论研究才逐渐成为消费者行为学研究的一个主题，即使如此，在国内的研究中此理论兴起和发展的时间还是较短，理论模型等基本都是参照西方学者先前的研究，尤其是微观层面的研究，是值得学者们去探讨和分析的。[3]

消费者介入是一种目标定向的刺激性心态，它会产生一种对特定产

---

[1] 郑秀敏. 基于学生感知的义务教育服务质量实证研究 [J]. 上海教育科研，2015 (9).
[2] 施国洪，陈敬贤，刘庆广. 大学图书馆服务质量读者感知与期望差距的实证分析 [J]. 图书馆工作研究，2009，53 (19).
[3] 高杰. 西方消费者介入研究综述 [J]. 外国经济与管理，2006，28 (11).

品或者服务的需求，会影响到消费者的购买决策。[1] 自从 Zaichkowsky 对消费者介入进行了定义并界定了介入的前因，国外已经有许多关于消费者介入如何影响产品选择和购买决策的研究。[2] 消费者介入指的是一个人基于内在需要、价值观和兴趣而感知到的与客体的关联性。[3] 介入的先行变量（前因）有个人因素、客体或刺激因素以及情境因素三种。[4] Andrew 等提出了介入的三个维度，即强度、持续性和目标，这些因素决定了个体如何对外界刺激做出反应。[5] 国内外学者认为，介入的形式中最常用的是产品介入、广告介入和购买决策介入。迈克尔·所罗门对于介入的概念图解如图 12-1 所示。

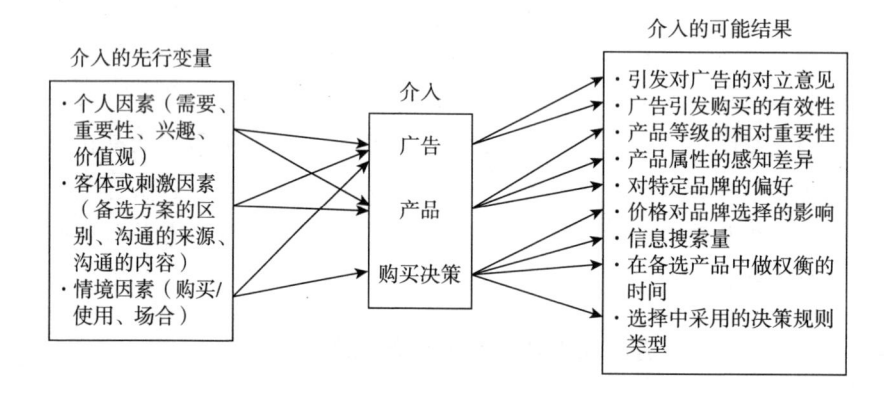

图 12-1　介入的概念图解

注：介入度 = f（个人，情境，客体或刺激）介入的水平可能受这三个因素中一个或多个的影响，并可能发生个人、情境与客体或刺激因素间的相互影响。

---

[1] Millissa, F. Y., Cheung, W. M. Customer Involvement and Perceptions: The Moderating Role of Customer Co-production [J]. Journal of Retailing and Consumer Services, 2011 (18).

[2] Millissa, F. Y., Cheung, W. M. Customer Involvement and Perceptions: The Moderating Role of Customer Co-production [J]. Journal of Retailing and Consumer Services, 2011 (18); Feng, T. W., Sun, L. Y., Zhang, Y. The Effects of Customer and Supplier Involvement on Competitive Advantage: An Empirical Study in China [J]. Industrial Marketing Management, 2010, (39).

[3] Zaichkowsky, J. L. Measuring the Involvement Construct [J]. Journal of Consumer Research, 1985, 12 (3); 迈克尔·所罗门, 卢泰宏, 杨晓燕. 消费者行为学（第 10 版）[M]. 杨晓燕, 郝佳, 胡晓红, 等译. 北京：中国人民大学出版社, 2014：278-280.

[4] 冷雄辉. 消费者涉入前因、涉入程度与购买意愿间关系的实证研究 [J]. 经济经纬, 2012 (2).

[5] 刘建新, 刘建徽. 顾客消费涉入的形成机理与涉入营销 [J]. 北京工商大学学报（社会科学版), 2010, 25 (3).

12.1.2.2 消费者介入相关实证研究

Song 等人研究了不同程度的顾客介入下服务供给对感知价值陈述的影响，他们发现，以产品为中心和以知识为中心这两种类型的服务供给能为购买者提供短期的经济价值和技术价值，但是，长期的关系价值只能通过短期价值的调节作用以及顾客获得的以知识为中心的服务来实现，此外，顾客的介入程度越高，以知识为中心的服务供给对技术价值的影响就越强。[①] 消费者介入这一概念中的"个人关联"被认为是介入最本质的特征。先前相关研究多数是关于产品介入的，对于广告介入和购买决策介入的研究并不多见。产品介入的个人关联指的是产品与消费者的需要和价值的关联性。郭昊丹探讨了负面宣传的不同性质对消费者品牌信任的破坏程度的差异性，研究发现，由于产品质量的丑闻破坏了消费者对企业的信任，因此，相比于道德问题，与产品质量有关的负面评价对消费者品牌评价和信任的破坏程度更加严重。[②] 单初、鲁耀斌的研究证明，负面评价中的评价数量、时效性和信息性均对信任有显著的负向影响。[③] 广告介入中的个人关联指的是广告信息与接收者之间的关系，所以广告介入又叫作"信息—反应介入"。信息接收者会受到广告信息的影响和驱使，对广告做出一定的反应。消费者主动介入信息的处理，如果一些广告的介入度很高，他们就沉浸在广告中难以分心。购买决策介入中的个人关联指的是消费者受到驱动而认真考虑购买决策的过程，在高介入度条件下，消费者会花费更多的时间和精力去搜集和评价信息，并进行比较、权衡和抉择。

Behe 等人研究了介入对视觉注意和产品选择的影响，他们发现，通过更高的固定计数、更长的总固定时间和总观察时间，具有高产品介入度的参与者会对产品及其信息更加留意，此外，高介入的参与者会对价格信息的处理采取一种集中的态度，对信息迹象的总观察时间被认为是

[①] Song, H., Cadeaux, J., Yu, K. K. The Effects of Service Supply on Perceived Value Proposition Under Different Levels of Customer Involvement [J]. Industrial Marketing Management, 2016, 54.

[②] 郭昊丹. 负面宣传性质对消费者信任破坏程度的差异研究 [J]. 湖南科技大学学报（社会科学版），2013, 16 (2).

[③] 单初，鲁耀斌. 正面与负面网上评价对 C2C 商家初始信任影响的实证研究 [J]. 图书情报工作，2010, 54 (12).

产品选择的最好的预测因素。[①] 张新国、崔冬冬等研究了低介入和高介入情境下，产品伤害危机后消费者购买意愿的恢复情况，他们发现，在不同的介入情境下，消费者对产品伤害危机的认知和反应会表现出明显的差异。如果是"低介入"购买情境，消费者不会认真考虑品牌之间的差异，一旦发生产品伤害危机，他们会积极寻找替代品，而危机后购买意愿之所以能够恢复，主要是基于对转移成本、感知风险、感知损失的综合权衡，转移成本和购买意愿正相关，感知风险、感知损失和购买意愿负相关，企业形象和外部响应的作用并不明显。如果是"高介入"购买情境，消费者购买意愿能否恢复主要由感知风险、感知损失、剩余品牌情感共同决定，定性和定量研究的结果表明，良好的企业形象和积极的外部响应能够缓解消费者的感知风险，感知损失越大，感知风险也越大，感知损失会削弱消费者的品牌情感，而良好的企业形象有助于维系这种情感关系。[②] 吴剑琳等人提出了一个产品涉入度、消费者从众及品牌敏感对品牌承诺的影响机制模型，并以轿车消费市场为例运用结构方程模型进行了实证研究，结果表明，产品涉入度和消费者从众对品牌承诺有正向显著影响，品牌敏感在产品涉入度、消费者从众和品牌承诺之间起部分中介作用。[③] 杨学成等探讨了口碑信息来源特性、消费者产品涉入程度以及产品涉入的不同构面对消费者品牌转换意愿的影响，研究发现，口碑信息来源特性和消费者产品涉入程度对消费者品牌转换意愿均有显著的正向影响，产品涉入的不同构面对消费者品牌转换意愿具有不同的影响。[④] 张中科等人探讨了口碑信息各变量和产品涉入对消费者品牌转换意愿的影响以及产品涉入的调节效应，研究发现，产品涉入和口碑信息各变量对消费者品牌转换意愿均有正向显著影响，其中客观事

---

① Behe, B. K., Bae, M., Huddleston, P. T. et al. The Effect of Involvement on Visual Attention and Product Choice [J]. Journal of Retailing and Consumer Services, 2015 (24).
② 张新国, 崔冬冬. 产品伤害危机后消费者购买意愿的恢复——以"低介入"情境为例 [J]. 湖南师范大学社会科学学报, 2012 (3); 崔冬冬, 张新国. 产品伤害危机后消费者购买意愿恢复研究——以"高介入"情境为例 [J]. 中南财经政法大学学报, 2012 (2).
③ 吴剑琳, 代祺, 古继宝. 产品涉入度、消费者从众与品牌承诺：品牌敏感的中介作用——以轿车消费市场为例 [J]. 管理评论, 2011, 23 (9).
④ 杨学成, 张中科, 汪晓凡, 李屹松. 口碑信息与产品涉入对消费者品牌转换意愿影响的实证研究 [J]. 财贸经济, 2009 (7).

实型对消费者品牌转换意愿的影响最大，对调节作用的分析表明，客观事实型对消费者品牌转换意愿的影响受到产品涉入调节作用的影响。[①] 同样研究了产品涉入调节作用的还有银成钺等，他们从功能性、象征性以及经验性这三种不同的品牌形象类型入手，引入产品涉入变量，通过实验设计来探讨品牌形象对品牌延伸评价的作用是否受到产品涉入的调节，研究发现，当品牌延伸到高涉入产品，品牌的功能性形象对延伸评价起到显著的作用，功能性形象对延伸产品感知质量的作用会受到消费者个人涉入程度的调节，而当品牌延伸到低涉入产品时，品牌的象征性形象和经验性形象对延伸评价起到显著作用，经验性形象对延伸产品购买意愿的影响会受到消费者涉入的调节。[②]

12.1.2.3　感知风险相关文献和理论综述

当顾客面临多种选择时，就需要对不同的服务产品进行比较和评价，然而，有许多服务在实际购买之前是无法评价的。对产品评价的难易程度取决于产品的属性，产品的属性有搜寻属性、经验属性和信任属性。搜寻属性是指在购买之前顾客能够评价的、有形的产品属性，有形的产品属性可以帮助顾客在购买之前了解、评价要购买的产品，减少顾客的不确定性感知和购买风险。经验属性是指顾客在购买产品之前无法进行评价的产品属性。顾客在对诸如可靠性、易用性和用户支持等服务属性进行评价之前，必须对服务进行实际的"体验"。某些产品属性即便在实际消费以后，顾客也很难对其进行评价，这就是产品的信任属性。所有的产品都可以置于"容易评价"到"评价困难"的连续谱上，而产品评价的难易程度又取决于产品的搜寻属性、经验属性和信任属性是否显著。大多数的有形产品都位于连续谱的左侧区域，因为有形产品的搜寻属性显著。与之相反的是，多数的服务位于连续谱的中间至右侧区域，因为服务具有较高的经验属性和信任属性，教育就是一种信任属性明显的服务。

顾客在购买之前对服务的评价越困难，其做出购买决策的感知风险

[①] 张中科，王春和. 产品涉入调节下的口碑传播对消费者品牌转换意愿影响研究 [J]. 消费经济，2009，25 (3).

[②] 银成钺，于洪彦. 品牌形象对品牌延伸评价的影响：消费者产品涉入的调节 [J]. 软科学，2008，22 (2).

就越大。顾客在评价各个具有竞争关系的服务时，会评估各个服务中顾客认为重要的服务属性，并且会选择能在最大程度上满足顾客需求的服务。由于服务具有较高的经验和信任属性，顾客可能会由于购买服务的潜在风险而感到焦虑，担心购买的结果会让人失望。如果顾客不满意购买的有形产品，可以进行退换，但是对于服务来说，这种做法并不适用。感知风险与在购买和消费之前难以评价的服务关系尤为紧密，而且，初次购买和使用的顾客可能会面临更大的不确定性。克里斯托弗·洛夫洛克和约亨·沃茨认为感知风险有七种类型（见表12-1）。

表12-1 购买服务的感知风险

感知风险类型	顾客感知举例
功能风险（不满意的表现结果）	·培训课程会向我传授如何找到好工作的技能吗 ·这张信用卡在任何时间和地点购物都有效吗 ·干洗能去除夹克上的污渍吗
财务风险（金钱损失、不可预期的成本）	·如果我听从证券经纪人的建议进行这项投资是否会亏损 ·在网上购物，我的身份证号码是否会被窃取 ·如果去那里度假，我是否要承担许多额外的费用 ·修理汽车的费用是否比预先估计的要高
时间风险（浪费时间、时间延迟的影响）	·进入展览会场参观之前是否会排队等候 ·这家餐厅的服务效率是否很低，致使我下午开会迟到 ·浴室的装修是否比预先估计的要久
物理风险（人身伤害、财产损害）	·在度假胜地滑雪会不会受伤 ·包裹里的东西会不会在邮寄过程中受到损坏 ·去国外度假是否会生病
心理风险（担忧、情绪）	·我怎么知道这架飞机会不会坠毁 ·咨询顾问会不会让我觉得自己很愚蠢 ·医生的诊断会不会让我感到心烦
社会风险（其他人的想法和反应）	·如果朋友们知道我住在便宜的汽车旅馆会怎么看我 ·亲属们会满意我为家庭聚会选择的餐厅吗 ·我的生意合作伙伴会赞同我选择了一家不知名的律师事务所吗
感官风险（对五官感觉的负面影响）	·从我就餐的餐桌向外望，看到的会不会只是停车场，而不是海滩 ·旅馆的床舒服吗 ·我会不会被隔壁客人的鼾声吵醒 ·我住的房间是否有霉味和烟味 ·早餐的咖啡会不会令人作呕

感知风险是一种主观风险，是与客观风险相对的。消费者的购买行为都可能产生无法预知的结果，而这其中的某些结果可能是会让人感到

不愉快的。消费者在购买产品时所感知到的不确定性和不利结果的可能性会导致他们产生感知风险。[1] 除了克里斯托弗·洛夫洛克和约亨·沃茨外，国外还有一些学者已经对感知风险有过一定的研究，比如 Bauer、Jacoby、Kaplan、Cox 等，他们认为感知风险的六个维度（财务风险、功能风险、身体风险、心理风险、社会风险和时间风险）涵盖和解释了总体感知风险的 88.8%。[2] 但这些研究主要针对的是传统的实体消费，而电子商务与传统市场购物存在很大不同。在网络购物环境中，消费者承受的风险往往比传统的购物环境中的更大，因为传统的购物环境使得消费者能够近距离接触和感受甚至试用产品，这样就会降低一定程度的感知风险，而网络购物的匿名性、虚拟性和时间滞后性等都表明这是一种感知风险程度较高的交易。[3] 感知风险是消费者行为研究中的一个重要变量，过去的研究表明，感知风险对消费者的消费决策、态度以及信息处理等行为都有显著的影响，其中消费决策是消费行为研究的核心，感知风险作为影响消费决策的重要因素自然受到研究者的高度关注。[4] 在消费者行为领域，感知风险就是对消费行为损失及其类型不确定性的感知状态，感知风险是个人评估、决策和行为的中心，隐含于决策的所有环节，因此是揭示个体行为决策规律的重要工具，作为关键的影响因子，感知风险已成为揭示产品购买决策规律的重要指标。[5] 本研究模型所使用的感知风险维度有：功能风险、财务风险、时间风险、心理风险和社会风险。

12.1.2.4 消费意愿相关理论和文献综述

由于意愿通常能够预测消费者的行为，所以了解顾客的消费意愿很重要。作为一个测量顾客忠诚度的重要指标，消费意愿被认为是忠诚这

---

[1] 李健生，赵星宇，杨宜苗. 外部线索对自有品牌购买意愿的影响：感知风险和信任的中介作用 [J]. 经济问题探索，2015（8）.

[2] 卓素燕. 感知风险构面、产品价差与顾客网上购买意愿 [J]. 经济经纬，2012（3）；王颖，李英. 基于感知风险和涉入程度的消费者新能源汽车购买意愿实证研究 [J]. 数理统计与管理，2013，32（5）.

[3] 张汉鹏，陈冬宇，王秀国. 基于网站和卖家的 C2C 消费者购买意愿模型：感知收益与风险的转移 [J]. 数理统计与管理，2013，32（4）.

[4] 叶乃沂，周蝶. 消费者网络购物感知风险概念及测量模型研究 [J]. 管理工程学报，2014，28（4）.

[5] Murray, K. B., Schlater, J. L. The Impact of Services Versus Goods on Consumers' Assessment of Perceived Risk [J]. Journal of the Academy of Marketing Science, 1990, 18（1）.

个概念中不可或缺的因素。① 意愿是一个属于心理学范畴的概念,它表明了人们为实施一项行为而付出努力的有意识的计划中的个人动机。② 根据 Ajzen 的计划行为理论,消费意愿直接决定了消费主体如何采取消费行为以及采取特定消费行为的可能性的大小。③ Newberry 等人认为,消费行为与消费意愿直接相关,消费意愿是衡量消费者是否产生消费行为的重要指标。④ 江林和马椿荣将消费意愿操作化为消费时间、消费数量和消费努力程度三个维度。⑤

宋亚非、王秀芹基于对传统口碑与网络口碑的对比,分析了负面口碑对购买意愿的影响,研究发现,不论是传统口碑还是网络口碑,消费者产品介入程度越高,对购买意愿的影响越大。⑥ 陈文沛基于 Laurent 和 Kapferer 的 CIP 量表,对产品属性、消费者介入和新产品购买行为之间的关系进行了研究,他发现,消费者介入对新产品购买行为有显著正向影响。⑦ 江林等人为了深入探讨居民消费意愿的影响因素,从心理账户的视角进行了研究,构建了消费预期对消费意愿的影响模型,并分析了心理账户灵活性的中介作用,研究发现,宏观经济预期、收入预期和物价走势预期等预期维度都正向影响着居民消费意愿,而突发事件预期则负向影响着居民消费意愿,并且心理账户灵活性在消费预期和消费意愿之间起着中介作用。⑧

---

① Bai, B., Law, R., Wen, I. The Impact of Website Quality on Customer Satisfaction and Purchase Intentions: Evidence from Chinese Online Visitors [J]. International Journal of Hospitality Management, 2008, (27).
② Eagly, A. H., Shelly, C. The Psychology of Attitudes [J]. Psychological Inquiry, 1993, (4).
③ Ajzen, I. The Theory of Planned Behavior [J]. Organizational Behavior and Human Decision Processes, 1991, 50 (2).
④ Newberry, C., Robert, B. R., Klemz, C. B. Managerial Implications of Predicting Purchase Behavior from Purchase Intentions: A Retial Patronage Case Study [J]. Journal of Services Marketing, 2003, 17 (6).
⑤ 江林,马椿荣. 我国最终消费率偏低的心理成因实证分析 [J]. 中国流通经济,2009,23 (3).
⑥ 宋亚非,王秀芹. 负面口碑对购买意愿的影响分析——基于传统口碑与网络口碑的对比 [J]. 财经问题研究,2011 (12).
⑦ 陈文沛. 产品属性、消费者介入与新产品购买行为的关系 [J]. 财经论丛,2013 (2).
⑧ 江林,马椿荣. 我国最终消费率偏低的心理成因实证分析 [J]. 中国流通经济,2009,23 (3).

12.2 研究模型与假设

12.2.1 研究模型

在文献回顾部分，我们会发现，并没有将消费者介入、感知风险和消费意愿串联起来的研究，而且有关教育消费的文献大多属于教育类专业文献，来自管理类专业的很少，这就导致了这些研究很少从感知等营销概念的角度来分析教育消费行为的问题。因此，本章提出如图 12 – 2 所示的理论模型。

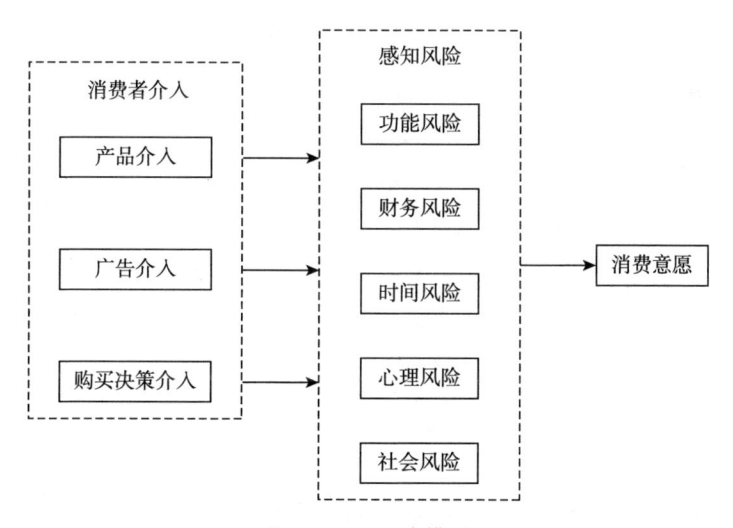

图 12 – 2　理论模型

从图 12 – 2 可以看出，本研究的整个模型由三部分组成：第一部分是消费者介入（产品介入、广告介入和购买决策介入），第二部分是感知风险（功能风险、财务风险、时间风险、心理风险和社会风险），第三部分是消费意愿。本研究以家庭教育消费为对象，分析消费者介入各维度对感知风险各维度的影响，以及感知风险各维度对消费意愿的影响。

12.2.2 研究假设

刘思亚和谢家智以具有金融商品购买经验的顾客为研究对象，探讨后危机时期顾客产品介入、感知风险和金融商品再购意愿之间的关系。

研究发现，产品介入不仅能够降低感知风险，而且还能提升顾客对金融商品的再购意愿。顾客对某一类产品的介入程度越深，在评估此类产品时会越自信；对产品的属性越了解，对产品可能产生负面后果的概率与严重性就越能确定，即能够降低感知风险。[①] Ilyoo 研究了情境性介入（购买决策介入）、感知风险和信任期望对消费者网店选择的影响。他把感知风险划分为多个维度，然后研究了各维度与模型中其他变量之间的关系，研究发现，情境性介入对感知风险的五个维度（财务风险、功能风险、运输风险、心理风险和社会风险）均有正向影响，只有产品的功能风险对消费者的信任期望有正向影响。[②] 郑春东等人认为，消费者涉入倾向和感知风险都是影响消费者对品牌延伸产品评价的因素，消费者涉入倾向和感知风险各维度之间存在不同的相关关系，不能笼统地界定感知风险和消费者涉入倾向之间的关系。[③] 因此，本章提出如下假设。

H1：教育消费产品介入对感知风险有显著影响。

H1a：教育消费产品介入对功能风险有显著影响。

H1b：教育消费产品介入对财务风险有显著影响。

H1c：教育消费产品介入对时间风险有显著影响。

H1d：教育消费产品介入对心理风险有显著影响。

H1e：教育消费产品介入对社会风险有显著影响。

H2：教育消费广告介入对感知风险有显著影响。

H2a：教育消费广告介入对功能风险有显著影响。

H2b：教育消费广告介入对财务风险有显著影响。

H2c：教育消费广告介入对时间风险有显著影响。

H2d：教育消费广告介入对心理风险有显著影响。

H2e：教育消费广告介入对社会风险有显著影响。

H3：教育消费购买决策介入对感知风险有显著影响。

---

① 刘思亚，谢家智. 产品涉入、感知风险与金融商品再购意愿［J］. 南京师大学报（社会科学版），2014（5）.

② Ilyoo, B. H. Understanding the Consumer's Online Merchant Selection Process: The Roles of Rroduct Involvement, Perceived Risk, and Trust Expectation［J］. International Journal of Information Management, 2015（35）.

③ 郑春东，马珂，王寒. 消费者感知风险对消费者平价品牌延伸的影响［J］. 财经问题研究，2012（6）.

H3a：教育消费购买决策介入对功能风险有显著影响。

H3b：教育消费购买决策介入对财务风险有显著影响。

H3c：教育消费购买决策介入对时间风险有显著影响。

H3d：教育消费购买决策介入对心理风险有显著影响。

H3e：教育消费购买决策介入对社会风险有显著影响。

李健生等人基于线索利用理论和风险—信任理论，构建了自有品牌外部线索、感知风险、信任及购买意愿的概念模型，实证研究结果表明，感知风险对信任和购买意愿均有显著的负向影响。[1] 王颖和李英基于感知风险和涉入程度，对消费者的新能源汽车购买意愿进行了实证研究，结果表明，消费者的感知风险会负向影响其对新能源汽车的购买意愿，其中，财务风险、身体风险以及功能风险对购买意愿的影响较大。[2] 因此，本章提出如下假设。

H4：感知风险对教育消费意愿有显著负向影响。

H4a：功能风险对教育消费意愿有显著负向影响。

H4b：财务风险对教育消费意愿有显著负向影响。

H4c：时间风险对教育消费意愿有显著负向影响。

H4d：心理风险对教育消费意愿有显著负向影响。

H4e：社会风险对教育消费意愿有显著负向影响。

12.3　实证研究设计与数据分析

12.3.1　问卷设计

依照相关文献综述中对于本研究理论模型中几个变量的定义，笔者设计了"基于消费者介入和感知风险的教育消费意愿研究"调查问卷。问卷的第一部分描述了本研究的大致目的；第二部分是问卷的主体部分，包括本研究的理论模型中变量的测度项，测度项统一采用李克特五点量

---

[1] 李健生，赵星宇，杨宜苗. 外部线索对自有品牌购买意愿的影响：感知风险和信任的中介作用 [J]. 经济问题探索，2015 (8).

[2] 王颖，李英. 基于感知风险和涉入程度的消费者新能源汽车购买意愿实证研究 [J]. 数理统计与管理，2013，32 (5).

表进行测量,且均来源于已有文献,对于个别测度项笔者进行了微调,使它们更加通俗易懂;第三部分是被调查者的基本资料,包括被调查者的性别、年龄段、职业、学历等信息。模型变量的来源中有外文文献,鉴于中外文化的差异,以及对变量的定义和问题的描述上的不同,有必要对三大变量的测量量表进行预测试。为了节约成本,本研究的预测试和正式测试均采取以网络调查(邮件、QQ、微信文件传送等)为主、以面对面调查为辅的方法。

模型所涉及的变量的测量量表是本研究问卷的主体部分,在进行了预调查后的问卷修改与完善后,正式问卷的变量测量量表部分如表12-2所示。

表 12-2 模型变量测度项

变量	编号	测度项
产品介入	A1	该教育产品/服务对我来说很重要
	A2	该教育产品/服务能激发我的兴趣
	A3	该教育产品/服务对我有一定程度的影响
	A4	我会对该教育产品/服务进行深入研究
	A5	如果我购买了不适当的教育产品/服务,我会感到不安
	A6	该教育产品/服务代表了我或者家庭的选择
	A7	教育消费对我很重要,因此我常常在产品/服务选择上感到困难
广告介入	B1	我会留心该教育产品/服务的广告内容
	B2	我会研究该教育产品/服务的广告与事实是否相符
	B3	广告会影响我对该教育产品/服务的印象
	B4	广告常常决定我是否购买该教育产品/服务
	B5	我喜欢浏览该教育产品/服务的广告
	B6	当我阅读该教育产品/服务的广告时,我会觉得它与我息息相关
	B7	当我阅读该教育产品/服务的广告时,我通常会被吸引
购买决策介入	C1	我会尽可能多地搜寻相关购买信息
	C2	我会花很长时间在相似产品/服务之间进行选择
	C3	我很重视该教育产品/服务的价格
	C4	我会关注与该教育产品/服务有关的促销活动
	C5	我认为建立教育消费咨询平台很重要
	C6	我会花更多的时间来寻求最优价格
功能风险	D1	该教育产品/服务未必能给我的学习和成长提供足够的帮助
	D2	该教育产品/服务未必能够履行其应有的承诺
	D3	该教育产品/服务未必能够弥补我在学习和成长上的不足
	D4	该教育产品/服务未必会在将来的任何时间和地点都帮助到我

续表

变量	编号	测度项
财务风险	E1	购买该教育产品/服务可能会得不偿失
	E2	该教育产品/服务可能会在随后产生额外的费用
	E3	该教育产品/服务的定价比我预计的要高很多
	E4	在网络上购买该教育产品/服务可能会导致我受骗
时间风险	F1	该教育产品/服务会让我花费过多的时间
	F2	如果需要预约,我可能要等待很长时间
	F3	该教育产品/服务可能会让我效率变低,耽误更长远的计划
	F4	为充分了解该教育产品/服务,我可能会在信息搜寻上花很多时间
心理风险	G1	在购买该教育产品/服务后,我可能会感到不安或焦虑
	G2	在购买该教育产品/服务后,我可能会后悔
	G3	当面临教育产品/服务的消费选择时,我常常会感到紧张
	G4	在网络上购买该教育产品/服务可能会让我的私人信息有所泄露
社会风险	H1	周围的人可能会不赞同我购买该教育产品/服务
	H2	周围的人可能会对该教育产品/服务所带来的效果感到不满意
	H3	我很介意别人对我的教育消费选择的看法
	H4	朋友、家人等对我的教育消费选择的看法尤为重要
消费意愿	I1	我购买教育产品/服务的可能性通常很大
	I2	我愿意购买我认为可靠和可信的教育产品/服务
	I3	我愿意将我购买的教育产品/服务推荐给别人
	I4	不论是传统购买方式还是网络购买方式,我都有较高的购买可能性
	I5	只要符合我的要求,我会考虑购买某一教育产品/服务

12.3.2 共同方法偏差

共同方法偏差指的是潜在变量和观察变量之间的一种人为共变,这种共变是由同样的数据、调查对象、测量环境、测度项语境以及测度项本身特征造成的。这种人为共变会使研究结果产生混淆以及误导,它属于一种系统误差。共同方法偏差也叫"同源误差",在心理学、行为科学的研究中广泛存在,已经引起了许多学者的注意。

Harman 单因素检验法是一种检验数据是否受到共同方法偏差影响的方法。这种方法的基本假设是,如果共同方法偏差存在,那么在进行探索性因子分析时,要么能够析出一个单独因子,要么一个公因子能够解释大部分变异量。传统的方法是,把所有变量放入一个探索性因子分析中,然后检验未旋转的因子分析结果,进而确定解释变异量的最少因子个数,如果只是析出一个因子,或者某个因子的解释力很大,那么就可以认为共同方法偏差严重存在。现在更常用的方法是进行验证性因子分析（CFA），设定公因子个数为1，这样就可以对"单一因子解释了所有变异量"这个假设进行更为精确的检验。黄敏学、廖俊云和周南[1]还认为，判断共同方法偏差的另一种方法是检验构念之间的相关系数，如果构念之间的相关系数大于0.9，那么共同方法偏差的问题比较大，如果小于0.9，那么问题就不严重。在下面的CFA和相关系数分析中，笔者会对本研究的共同方法偏差进行检验。

12.3.3 内容效度

效度也是任何测量工具都不可或缺的一个条件，它指的是测验能够正确测到其预测的心理或行为特质的程度。效度分为三种：内容效度、效标关联效度和建构效度。大多数研究选取内容效度和建构效度（分为聚合效度和区别效度）作为效度的说明。

内容效度指的是测验、量表内容或题目的适切性和代表性，即测验内容能否反映所要测量的心理特质，能否达到测量的目的或行为构念。如果测量工具涵盖了它所要测量的某一观念的代表性项目或层面，则可认为测量结果是具有内容效度的。内容效度通常以题目分布的合理性来判断，属于一种对命题的逻辑分析，因此内容效度也称为"逻辑效度"。本研究所使用的量表和问卷题目大多数借鉴了中外学者的研究成果，并且是在与一些调研对象进行了讨论和访谈后整理和修订而成的，因此可以认为测量结果具有良好的内容效度。

12.3.4 正式调研的数据分析

本研究以调查问卷的形式收集数据，调查对象为我国家庭成员，他们既可以是子女方，也可以是父母方，只要进行过至少一次的教育消费行为即可。本次调查共收集到问卷235份，剔除数据存在缺值等无效问卷后，得到有效问卷209份，问卷的有效率为88.9%。

（1）人口统计学特征。年龄段、性别、受教育程度、职业等，都是

---

[1] 黄敏学，廖俊云，周南. 社区体验能提升消费者的品牌忠诚吗——不同体验成分的作用与影响机制研究［J］. 南开管理评论，2015，18（3）.

在描述一个群体特征的部分因素，被称为"人口统计变量"。本研究调查对象的人口统计学特征如表12-3所示。

表12-3 样本的基本信息

单位：个，%

指标	类别	样本数	比例
性别	男	96	45.9
	女	113	54.1
年龄段	18（不含）岁以下	28	13.4
	18（含）~25（不含）岁	38	18.2
	25（含）~30（不含）岁	22	10.5
	30（含）~40（不含）岁	35	16.7
	40（含）~50（不含）岁	16	7.7
	50（含）岁及以上	70	33.5
受教育程度	高中（或中专）及以下	21	10.0
	大专	33	15.8
	本科	105	50.2
	硕士	44	21.1
	博士及以上	6	2.9
职业	公职人员	36	17.2
	教师	17	8.1
	学生	68	32.5
	企业管理人员	28	13.4
	工人	25	12.0
	农民	1	0.5
	个体户	30	14.4
	其他	4	1.9

（2）正式调研的信度检验。在社会科学领域中有关李克特量表的信度估计采用最多的是Cronbach α（克隆巴赫α）系数，该系数又称为"内部一致性α系数"。究竟α系数要多大才算有高的信度，不同的方法论学者对此看法不同。但是，一个普遍的标准是：Cronbach α≥0.7，属于高信度；0.5≤Cronbach α<0.7，属于尚可；Cronbach α<0.5，属于低信度。在SPSS统计软件中，会呈现非标准化α系数和标准化α系数，

这两个 α 的值一般差异不大。在实际应用中，由于各量表在编制上多数会采用相同的测量单位（在本研究中，各个变量的量表均为李克特五点量表），即量表中测度项的测量单位均相同，因而采用非标准化 α 系数作为信度指标值的现象较为多见。如果一份量表中测度项的测量单位不同，有些采用李克特七点量表，有些采用李克特五点量表，则分量表的信度指标值采用标准化 α 系数较为恰当。因此，本研究的 α 系数如果没有特殊说明，均指的是非标准化 α 系数。通过 Cronbach α 系数来检验正式调查的量表信度，其结果如表 12-4 所示。

表 12-4 正式调查的量表信度

变量		Cronbach α 系数	
消费者介入	产品介入	0.872	0.809
	广告介入		0.688
	购买决策介入		0.834
感知风险	功能风险	0.834	0.825
	财务风险		0.816
	时间风险		0.792
	心理风险		0.763
	社会风险		0.805
消费意愿		0.866	

从表 12-4 可以看出，除"广告介入"的 α 系数处在 0.6 至 0.7 之间外，其余变量的 α 系数均在 0.7 以上。因此，正式调查的结果证明量表的测量结果具有良好的内部一致性。

（3）聚合效度检验。在预调查阶段，笔者已经对量表的内容效度进行了检验，下面对建构效度进行检验。

笔者使用 AMOS 软件的验证性因子分析来检验变量的聚合效度和区别效度。Anderson 和 Gerbing 提出，在检验结构模型之前，需要对测量模型进行评估。[①] CFA 检验构念的聚合效度应该从这几个方面入手：标准化因子载荷、多元相关系数的平方（R^2）、平均方差提取值（AVE）、组

[①] Anderson, J. C., Gerbing, D. W. Structural Equation Modeling in Practice: A Review and Recommended Two-Step Approach [J]. Psychological Bulletin, 1988, 103 (3).

合信度 (CR) 等，表 12-5 给出了这些指标的测量值。

表 12-5 标准化因子载荷、R^2、AVE、CR 的测量值

变量	测度项	标准化因子载荷	R^2	AVE	CR
产品介入	A1	0.803	0.645	0.640	0.925
	A2	0.721	0.520		
	A3	0.839	0.704		
	A4	0.870	0.757		
	A5	0.862	0.743		
	A6	0.705	0.497		
	A7	0.783	0.613		
广告介入	B1	0.747	0.558	0.519	0.883
	B2	0.781	0.610		
	B3	0.693	0.480		
	B4	0.712	0.507		
	B5	0.688	0.473		
	B6	0.744	0.554		
	B7	0.674	0.454		
购买决策介入	C1	0.913	0.834	0.683	0.928
	C2	0.875	0.766		
	C3	0.826	0.682		
	C4	0.776	0.602		
	C5	0.715	0.511		
	C6	0.839	0.704		
功能风险	D1	0.805	0.648	0.670	0.890
	D2	0.847	0.717		
	D3	0.826	0.682		
	D4	0.796	0.634		
财务风险	E1	0.832	0.682	0.657	0.884
	E2	0.785	0.616		
	E3	0.871	0.759		
	E4	0.748	0.560		
时间风险	F1	0.761	0.579	0.601	0.857
	F2	0.736	0.542		
	F3	0.803	0.645		
	F4	0.799	0.638		
心理风险	G1	0.672	0.452	0.508	0.805
	G2	0.728	0.530		
	G3	0.731	0.534		
	G4	0.717	0.514		

续表

变量	测度项	标准化因子载荷	R^2	AVE	CR
社会风险	H1	0.781	0.610	0.631	0.872
	H2	0.809	0.654		
	H3	0.762	0.581		
	H4	0.824	0.679		
消费意愿	I1	0.818	0.669	0.761	0.941
	I2	0.924	0.854		
	I3	0.857	0.734		
	I4	0.820	0.672		
	I5	0.936	0.876		

从表12-5可以看出，变量的每个测度项的标准化因子载荷均大于0.7，R^2几乎均大于0.5，AVE均大于0.5，CR均大于0.7。结合先前的Cronbach α值检验结果，可以认为，测量结果具有良好的信度和聚合效度。

（4）区别效度检验。检验区别效度最常用的方法就是比较各个构念的平均方差提取值和构念间相关系数的大小，如果任意两个构念间的平均方差提取值大于两个构念间相关系数的平方（即任意两个构念间的平均方差提取值的算数平方根大于两个构念间相关系数的绝对值），表示构念间有良好的区别效度。这个方法的理论基础是一个潜在构念被其测度项解释的变异量应该高于被另一个潜在构念的测度项解释的变异量。[1] 表12-6给出了AVE和相关系数的对比。

表12-6　区别效度检验结果

变量	1	2	3	4	5	6	7	8	9
产品介入	**0.800**								
广告介入	0.382	**0.720**							
购买决策介入	0.513	0.486	**0.826**						
功能风险	-0.579	-0.302	-0.741	**0.819**					
财务风险	-0.017	0.022	-0.297	0.324	**0.811**				
时间风险	-0.605	-0.415	-0.332	0.296	0.510	**0.775**			
心理风险	-0.396	-0.422	-0.420	0.437	0.466	0.583	**0.713**		
社会风险	-0.216	0.006	-0.304	0.186	0.248	0.352	0.598	**0.794**	
消费意愿	0.714	0.418	0.674	-0.688	-0.765	-0.657	-0.642	-0.430	**0.872**

注：对角线上的黑体数字为各变量AVE的平方根，其下方数字为变量间的相关系数。

---

[1] Bagozzi, R. P., Yi, Y., Phillips, L. W. Assessing Construct Validity in Organizational Research [J]. Administrative Science Quarterly, 1991, 36 (3).

从表 12-6 可以看出，模型中九个变量 AVE 的平方根均大于该变量与其他所有变量的相关系数，因此区别效度通过了检验。同时，表 12-6 中构念之间相关系数的绝对值均没有超过 0.9，这初步说明了本研究的数据共同方法偏差问题不严重。

（5）模型的拟合度。拟合度又称为"适配度"或"适配指标"，AMOS 软件提供的适配度统计量包括 χ^2（CMIN 值）、χ^2 与自由度的比值（CMIN/df）、RMR 值、GFI 值、AGFI 值、NFI 值、RFI 值、IFI 值、TFL 值、CFI 值、RMSEA 值、HOELTER 值、PGFI 值等。本研究采用 NFI、CFI、GFI、RMR 和 RMSEA 五项代表性指标。本研究采用 AMOS 软件对模型的九个变量进行验证性因子分析，对每个变量的拟合度进行了检验，并对比了九因子模型、三因子模型和单因子模型的拟合度，这样可以进一步检验各变量间的区别效度。结果如表 12-7 所示。

表 12-7　构念区分的验证性因子分析结果

指标	NFI 值	CFI 值	GFI 值	RMR 值	RMSEA 值
临界值	>0.9（普通），>0.95（良好）	>0.9（普通），>0.95（良好）	>0.9	<0.05	<0.05（良好），<0.08（普通）
产品介入	0.951	0.974	0.932	0.026	0.059
广告介入	0.923	0.916	0.904	0.045	0.071
购买决策介入	0.948	0.977	0.939	0.024	0.062
功能风险	0.954	0.981	0.946	0.027	0.057
财务风险	0.961	0.972	0.933	0.031	0.062
时间风险	0.956	0.974	0.949	0.028	0.052
心理风险	0.944	0.957	0.931	0.036	0.060
社会风险	0.937	0.948	0.920	0.038	0.065
消费意愿	0.975	0.987	0.962	0.019	0.049
单因子模型	0.562	0.539	0.608	0.123	0.176
三因子模型	0.727	0.741	0.783	0.057	0.114
九因子模型	0.952	0.965	0.923	0.021	0.051

注：单因子模型：产品介入+广告介入+购买决策介入+功能风险+财务风险+时间风险+心理风险+社会风险+消费意愿。三因子模型：产品介入+广告介入+购买决策介入、功能风险+财务风险+时间风险+心理风险+社会风险、消费意愿。九因子模型：产品介入、广告介入、购买决策介入、功能风险、财务风险、时间风险、心理风险、社会风险、消费意愿。

从表12-7可以看出,量表的九个变量的各自拟合指标符合参考标准(普通适配或良好适配),这说明量表的结构良好。同时,通过单因子模型、三因子模型和九因子模型拟合指标的比较可以发现,九因子模型的拟合程度优于单因子模型和三因子模型,说明模型的九个变量确实是九个不同的构念,这也进一步验证了区别效度。此外,单因子模型是将所有变量归于同一个潜变量,其拟合度检验结果说明,共同方法偏差问题确实不严重。

(6)结构方程模型的路径分析。从表12-8可以看出:教育消费产品介入对感知风险中财务风险之外的四个维度均有显著负向影响;教育消费广告介入对感知风险中财务风险和社会风险之外的三个维度均有显著负向影响;教育消费购买决策介入对感知风险各维度均有显著负向影响;教育消费广告介入对感知风险维度的负向影响小于产品介入和购买决策介入对感知风险对应维度的影响;感知风险中社会风险之外的四个维度均对教育消费意愿有显著负向影响。

表12-8 路径分析结果

假设	标准化路径系数	T值	结果
H1a:教育消费产品介入→功能风险	-0.415**	-6.328	负向影响
H1b:教育消费产品介入→财务风险	-0.069	-1.147	无显著影响
H1c:教育消费产品介入→时间风险	-0.398**	-5.580	负向影响
H1d:教育消费产品介入→心理风险	-0.342**	-5.328	负向影响
H1e:教育消费产品介入→社会风险	-0.350**	-5.396	负向影响
H2a:教育消费广告介入→功能风险	-0.306**	-4.215	负向影响
H2b:教育消费广告介入→财务风险	0.037	1.013	无显著影响
H2c:教育消费广告介入→时间风险	-0.214*	-3.306	负向影响
H2d:教育消费广告介入→心理风险	-0.198*	-2.537	负向影响
H2e:教育消费广告介入→社会风险	-0.061	-1.128	无显著影响
H3a:教育消费购买决策介入→功能风险	-0.428**	-0.671	负向影响
H3b:教育消费购买决策介入→财务风险	-0.405**	-6.156	负向影响
H3c:教育消费购买决策介入→时间风险	-0.376**	-5.402	负向影响
H3d:教育消费购买决策介入→心理风险	-0.327**	-4.813	负向影响
H3e:教育消费购买决策介入→社会风险	-0.296**	-3.284	负向影响

续表

假设	标准化路径系数	T 值	结果
H4a：功能风险→教育消费意愿	-0.549***	-7.356	负向影响
H4b：财务风险→教育消费意愿	-0.610***	-0.792	负向影响
H4c：时间风险→教育消费意愿	-0.435**	-6.683	负向影响
H4d：心理风险→教育消费意愿	-0.457**	-6.751	负向影响
H4e：社会风险→教育消费意愿	0.021	0.863	无显著影响

注：*、**、*** 分别表示在 10%、5%、1% 的水平下显著。

12.4 研究结论

感知风险的产生往往是基于一定的知识和经验，还会受到他人的信任评价的影响。因此，消费者可能会对购买后可能遇到的不满意感到焦虑，引发感知风险的上升。感知风险的程度越高，消费者对于消费决策越趋于慎重，风险所带来的不确定性会使消费者降低对产品的重要性感知、对特定产品品牌的偏好和兴趣、关注广告信息的动机以及与网站发生互动的程度，降低消费者介入程度。产品介入指的是消费者对特定产品感兴趣的水平，需要、重要性、兴趣和价值观等个人因素会影响消费者的产品介入。产品介入使得消费者对产品的属性更加了解，因此可以降低随后可能产生的购买后负面后果的不确定性。广告介入指的是消费者对广告信息的关心，或者是消费者在接触到广告时所产生的心理状态。高杰认为，在导致不同程度的介入的诸多原因中，消费者对购买产品的风险的感知是一个不可忽视的因素，消费者的感知风险越高，他们对广告的介入程度也会越高，而广告信息的内容和导向通常会对消费者的态度产生较大影响。[①] 购买决策介入指的是消费者对购买活动的关注，购买决策介入会影响消费者与卖家、商店或网站的互动动机、对产品价格的重视程度、搜集信息的数量和类型、品牌选择、购买地点与方式以及对企业促销活动的关注程度等。

就教育消费产品介入对感知风险各维度的影响而言，除了产品介入

---

① 高杰. 西方消费者介入研究综述 [J]. 外国经济与管理, 2006, 28 (11).

对财务风险的影响不显著以外,其余四个感知风险维度均受到产品介入的显著负向影响。绝大多数家庭尤其是一些收入并不那么高的家庭,对财务风险更加敏感,教育消费通常需要他们付出大量的金钱,因此,产品介入并不能显著影响财务风险。就教育消费广告介入对感知风险各维度的影响而言,除了广告介入对财务风险和社会风险的影响不显著以外,其余三个感知风险维度均受到广告介入的显著负向影响。教育消费这样的重要支出是大多数家庭所必需的,广告信息对财务和社会风险感知的影响很小。在信息社会,互联网上关于教育产品或服务的各种信息的影响力远大于单一的广告信息,消费者接受广告信息内容的程度在很大程度上取决于广告信息来源的可信度。对于教育消费这样高层次的带有投资性的消费而言,消费者一般不会轻易受广告信息的影响,因此,虽然其余三个感知风险维度均受到广告介入的显著负向影响,但是其影响值小于产品介入和购买决策介入。就教育消费购买决策介入对感知风险各维度的影响而言,五个感知风险维度均受到广告介入的显著负向影响。购买决策介入涉及购买行为中的信息收集与评估、备选方案的评价、购买决策的做出、产品价格的对比等。当消费者的购买决策介入程度较高时,他们对于产品或服务的信息和知识的了解就越充分,并且具有一定的辨别力来规避风险,进而降低消费时的不确定性。

　　此外,在先前的研究中,感知风险对消费意愿的负向影响已经多次被证实,不论是传统购买方式还是网络购买方式。通过路径分析发现,除社会风险以外,其余四个感知风险维度均对教育消费意愿有显著负向影响。这是因为社会风险涉及消费者周围人的想法和反应。教育消费是社会生产力最基础的体现因素,一个国家居民教育消费支出的增加是其文明进步的象征,是从生存需求层次走向发展需求层次的体现。"再苦不能苦孩子,再穷不能穷教育",对于中国家庭来说,花钱"买"教育这样的投资不一定都有回报,但他们总是无怨无悔。尤其是随着我国居民收入的持续增长和消费水平的显著提高,教育方面投资的义无反顾性也越来越强,消费者身边人的看法往往难以影响这样的消费行为。

第十三章　城乡家庭教育消费支出影响因素研究

教育消费是指用于教育物化产品和教育劳务上的开支，包括政府和个人在教育上的消费。发展教育事业是我国"科教兴国"战略的内在要求，但是教育的发展受限于多重因素，从教育投入主体来看，国家、社会和家庭在不同时期扮演了不同的角色。在"以人为本"教育发展的大背景下，不论城镇居民还是农村居民都对教育有了新的认识。虽然对教育消费支出的影响总体是呈现正向的，但从城乡差别来看，具体因素的影响程度还有待考察。

目前，中国有关户籍的"农"与"非农"的界限虽然逐渐淡化，但是之前两者之间的差别对教育消费的影响依然存在，它们在收入、教育水平等方面对家庭的影响并没有消失。在一定程度上，这也是影响中国教育公平的一个重要因素。此外，在家庭消费观念方面的影响也是深远而持久的。

13.1　研究现状

在教育消费投入差异方面，易培强指出主要原因在于我国的教育资源配置不平衡是一个长期积累的过程。在我国长期延续的城乡二元体制和城市内部的新二元体制、区域经济社会发展不平衡以及教育发展决策和部署中的偏差不仅没有使教育资源配置不平衡的问题得到缓解，反而使其更加严重。教育资源的配置不平衡主要是指城乡之间、地区之间和学校之间的不平衡。[①]赵萍等提出城乡教育消费投入差异主要表现为城乡家庭教育消费投入的风险不同。农村家庭的教育消费投入风险相比于

---

① 易培强．教育消费需求与供给若干问题探讨［J］．湖南师范大学教育科学学报，2014，(6)．

城镇家庭会在更大程度上受到收入、教育水平等社会多方面的制约。所以,两者之间的教育消费投入也有明显的差别。[1] 这种教育消费投入差异在高等教育中也同样存在,王梅等指出在高等教育消费方面,城乡之间存在教育消费期望差异,虽然家庭对子女的高等教育期望都很高,但是城乡家庭教育期望差异显著,城市家庭子女的教育期望主要集中于本科与研究生,而农村家庭子女的则相对分散。在教育消费风险规避上,农村低收入家庭的学生更倾向于选择农业、师范类等风险较小的高校和专业。[2]

在教育消费支出的影响因素方面,李红伟通过对中国城镇居民家庭教育消费的研究发现,随着经济的发展,家庭教育消费支出不断提高,其主要受到了家庭收入、父母的受教育程度、父母的职业及行业收入水平等因素的影响。其中,家庭收入是决定教育投入的最直接因素。此外,随着城镇化的发展,异地间的人才流动和农民进城打工这一现象导致了很多新城镇居民的出现,而这一部分人群受教育程度普遍较低,虽然家庭的教育消费能力较高,但是实际的教育消费支付普遍偏低。[3] Acerenza等利用12个拉丁美洲和加勒比国家以及美国的收入和支出的微观数据描述了家庭在教育方面的支出情况,研究发现,高等教育支出是整个教育支出的最主要形式,父母的受教育程度和收入同样会影响家庭的教育支出,而且父母双方都在场的家庭和以女性为主要收入提供者的家庭的支出高于其他家庭。[4] 除此之外,在家庭收入的影响方面,Schultz研究发现,在低收入国家,父母会因为投资风险和厌恶借贷而对子女的教育投资进行限制,即使在教育投资能带来很高的回报率时这种情况也频频发生。[5] Brown等也指出家庭收入是影响家庭教育投资以及子女学习成绩的

---

[1] 赵萍,刘洋. 大学生教育投入之城乡差异分析 [J]. 亚太教育,2015 (2).
[2] 王梅,陶美重,王琪. 我国高等教育消费需求城乡差异表现形式分析 [J]. 中国农业教育,2013 (6).
[3] 李红伟. 中国城镇居民家庭教育消费实证研究 [J]. 教育与经济,2000 (4).
[4] Acerenza, S., Gandelman, N. Household Education Spending in Latin America and the Caribbean: Evidence from Income and Expenditure Surveys [J]. Idb Publications, 2017 (5).
[5] Schultz, T. P. Investments in the Schooling and Health of Women and Men: Quantities and Returns [J]. Journal of Human Resources, 1993, 28 (4).

重要因素。[1] 在影响教育消费的其他因素方面，Parish 等指出家庭规模、成员结构和父母的受教育程度等方面也会对家庭的教育消费产生影响。[2] 家庭收入作为家庭经济情况的核心内容，影响着家庭的教育支付能力、教育机会与质量、教育需求等；父母学历结构的分布影响着家庭的教育投入和不同家庭教育投入之间的交互影响，父母的受教育程度和子女的教育、文化品位密切相关。

在城乡教育支出差异方面，姜淼等以中国城镇居民的消费数据为依据，利用 VAR 模型对教育消费支出与消费升级之间的动态关系进行了探究，他们发现，城镇居民的教育消费支出对消费升级有正向的拉动作用，但是影响程度较低且持续时间较短，尽管如此，也显现了城镇教育消费支出的强大作用[3]；张春华通过对天津市 2015 年住户调查数据的剖析发现，居民的家庭教育消费支出呈现逐年增加的趋势，但是从收入差异上来看，"寒门"与"豪门"在子女教育投资上存在很大差距，在城乡地域之间，受到教育观念以及培训机构分布的限制，家庭教育培训费支出有显著差异[4]；刘纯阳等调查发现，对于农村来说，虽然贫困地区大部分农户已经具备了教育投资的理念，但是受到成本、传统观念和自身能力的影响，农户仍然缺乏教育消费的投资积极性[5]；刘守义等以河北某县的农村家庭为样本进行抽查得出，受到传统观念的影响，在农村家庭里，虽然父母对子女有很高的教育期望，但是因受到"读书无用"思想冲击而产生了教育矛盾，并且在价值观念认知上存在重男轻女等偏差[6]；丁小浩等指出，虽然家庭教育支出的内容在城乡之间、地区之间以及不同类型的家庭之间没有明显的差异，但是不

---

[1] Brown, P. H., Park, A. Education and Poverty in Rural China [J]. Economics of Education Review, 2002, 21 (6).
[2] Parish, W. L., Willis, R. J. Daughters, Education, and Family Budgets Taiwan Experiences [J]. Journal of Human Resources, 1993, 28 (4).
[3] 姜淼，郭正日. 我国城镇居民教育支出与消费升级的动态关系研究 [J]. 南方金融，2013 (7).
[4] 张春华. 天津市居民家庭教育消费问题研究 [J]. 天津经济，2017 (2).
[5] 刘纯阳，莫鸣，张红云. 贫困地区农户教育投资行为的经济学分析 [J]. 当代教育科学，2005 (21).
[6] 刘守义，李凤云，刘佳君，等. 农村家庭教育投资目的与期望的研究 [J]. 教育与职业，2008 (20).

同家庭所承受的教育支出负担存在明显差异[1]；邢海晶通过 ELES 分析得出，家庭收入高低是造成我国城乡教育消费支出差距的主要原因之一，并且农村的教育水平明显低于城镇[2]；张笑等认为城镇居民消费与住房和医疗支出正相关，并且与教育支出负相关，农村居民消费与当期住房、医疗和教育支出正相关，但总体来说，住房支出对于两者的影响都比较小[3]；韩海燕指出随着社会的发展，我国城镇居民文化消费结构也在不断变化，文化消费与教育消费呈现此消彼长的趋势，而在地区之间也存在明显的文化消费差异，在不同群体之间，高收入群体的文化消费水平明显较高[4]。

13.2 研究模型

由上述文献综述部分，可知很多学者提出了教育消费支出的影响因素。首先，根据所有的数据库资料，分别将家庭收入、家庭经济水平、父母受教育程度作为影响因素，考察其对家庭教育消费的影响；其次，因为我国城乡之间在各方面均存在差异，故将城乡之间的差异通过对比分析进行进一步揭示，特别是由上述文献可知，收入水平是农村居民较为看重的一点，因此应继续探究家庭收入对城乡教育消费影响程度的大小；最后，根据我国复杂的国情和不同地区的教育形式，结合父母的政治面貌、民族和宗教信仰尽可能全面地考察城乡之间的教育消费支出差异。因此，本章提出如图 13-1 所示的研究模型。

由图 13-1 可以看出，研究模型共分为两大部分：第一部分是相关文献和研究中发现的可能会对家庭教育消费支出产生影响的有关因素，第二部分是家庭教育消费支出。本章以家庭教育消费支出为研究对象，分析各个因素及其整体对家庭教育消费支出的影响。

---

[1] 丁小浩, 薛海平. 我国城镇居民家庭义务教育支出差异性研究 [J]. 教育与经济, 2005 (4).
[2] 邢海晶. 二元结构下城乡教育消费差距分析与对策 [J]. 华南农业大学学报（社会科学版），2011, 10 (3).
[3] 张笑, 彭凡珍, 梁爽. 住房支出、教育支出和医疗支出对城乡居民消费的影响 [J]. 时代金融, 2013 (36).
[4] 韩海燕. 中国城镇居民文化消费问题实证研究 [J]. 中国流通经济, 2012, 26 (6).

第十三章　城乡家庭教育消费支出影响因素研究

```
家庭经济水平 ─┐
家庭户口类型 ─┤
父母的受教育程度 ─┤
家庭总收入 ─┼──→ 家庭教育消费支出
父母的民族 ─┤
父母的政治面貌 ─┤
父母的宗教信仰 ─┘
```

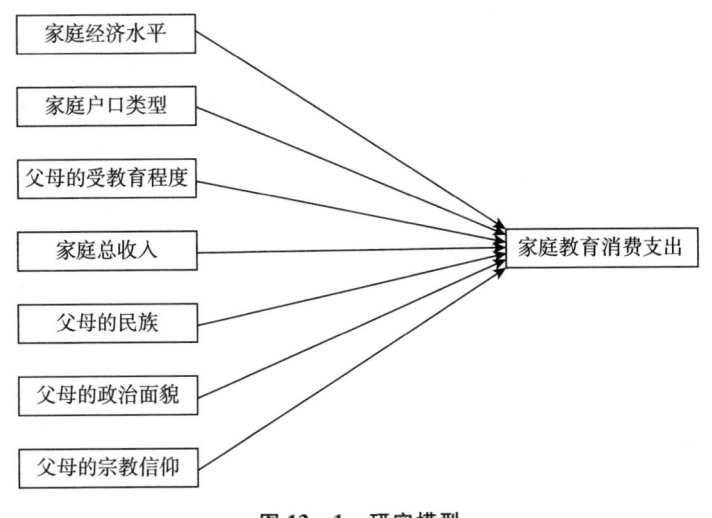

图 13-1　研究模型

13.3　研究假设及实证分析

13.3.1　研究假设

H1：家庭经济水平对家庭教育消费支出有显著影响。

H2：城镇户口的家庭教育消费支出高于农村户口的家庭教育消费支出。

H3：父母的受教育程度越高，家庭教育消费支出越高。

H4：家庭总收入越高，家庭教育消费支出越高。

H5：父母的民族对家庭教育消费支出有显著影响。

H6：父母的政治面貌对家庭教育消费支出有显著影响。

H7：父母的宗教信仰对家庭教育消费支出有显著影响。

13.3.2　实证分析

13.3.2.1　相关假设检验

由于相关部门在教育消费支出方面并没有专门针对教育消费支出方面的数据，本章以"中国综合社会调查（2015）"和"中国教育追踪调查（2015）"的数据来表示中国城乡教育消费的整体情况，数据和资料来源于中国国家调查数据库。根据上述相关文献综述中对于有关影响因素和变量的描述，从两项调查的问卷中提取相关的数据以及问卷的测度项。由于调查并非针对教育消费，所以笔者对问卷中的相关测度项进行了提取，具体包括家庭教育消费支出、家庭总收入、家庭户口类型、父母的受教育程度和家庭经济情况在本地区的整体水平、父母的民族、父母的政治面貌和父母的宗教信仰。由于其中某些变量不可量化，故采用回归分析与描述性统计分析相结合的方式。

为了探究各变量之间的关系，利用 SPSS 22.0 软件对数据进行分析。以家庭教育消费支出（y_1）为因变量，以父母的受教育程度（x_1）、家庭总收入（x_2）、家庭经济水平（x_3）和家庭户口类型（x_4）为自变量构造回归模型：

$$y_1 = ax_1 + bx_2 + cx_3 + dx_4 + C \tag{13-1}$$

其中，C 为常数。对模型进行逐步多元回归分析后，结果如表 13-1 所示。

表 13-1　逐步多元回归分析结果

模型		非标准化系数		标准化系数	T	显著性	VIF
		B	标准误差	Beta			
1	常数	5382.004	449.911		11.962	0.000***	
	家庭总收入	0.040	0.002	0.482	19.751	0.000***	1.000
2	常数	3702.921	799.933		4.629	0.000***	
	家庭总收入	0.039	0.002	0.468	18.712	0.000***	1.054
	父母的受教育程度	337.016	132.885	0.063	2.563	0.011**	1.054

注：因变量：家庭教育消费支出。**、*** 分别表示在5%、1%的水平下显著。

由表 13-1 可得，根据逐步多元回归分析结果，在四个自变量中，只有家庭总收入（x_2）和父母的受教育程度（x_1）对家庭教育消费支出（y_1）有显著影响（P值均小于0.05），并且两个自变量的 VIF 值均小于 5，通过共线性检验。回归系数 $a = 0.063$，$b = 0.468$，常数 $C = 3702.921$。由此可得到回归方程：

$$y = 0.063x_1 + 0.468x_2 + 3702.921 \tag{13-2}$$

因为 a、b 的值均大于 0，所以父母的受教育程度越高家庭教育消费支出越高，家庭总收入越高家庭教育消费支出越高，即 H3、H4 得到验证。

在此基础上，为了进一步探究家庭户口类型、家庭经济水平和家庭教育消费支出之间的关系，利用 SPSS 22.0 进行描述性统计分析，结果如表 13-2、13-3 所示。

表 13-2 描述性分析结果

单位：元

家庭户口类型	N	家庭教育消费支出		
		最小值	最大值	平均值
城镇居民	514	9	400000	11073.948
农村居民	774	9	100000	7108.293

表 13-3 卡方检验结果

名称	数值	df	渐进显著性（两端）
皮尔森卡方	123.078	85	0.004
概似比	154.897	85	0.000***
线性关系	16.609	1	0.000***
有效观察值个数	1288		

注：*** 表示在 1% 的水平下显著。

由表 13-2 可知，从家庭教育消费支出平均值来看，城镇家庭（教育消费支出）高于农村家庭。由表 13-3 可知，卡方检验的渐进显著性的 P 值小于 0.01，所以均拒绝原假设（农村和城镇家庭的教育消费支出无显著差异），从而认为不同户口类型的家庭在教育消费支出方面有明显差异。综上可以得出，城镇家庭的教育消费支出明显高于农村家庭，即 H2 得到验证。

同理，利用描述性统计分析对家庭教育消费支出与家庭经济水平之间的关系进行探究，结果如表 13-4、13-5 所示。

表 13-4 描述性分析结果

单位：元

家庭经济水平 （相比于本地区）	N	家庭教育消费支出		
		最小值	最大值	平均值
远低于平均水平	53	100	30000	6375.8491
低于平均水平	387	9	50000	7248.4729
平均水平	716	50	150000	7853.6872
高于平均水平	127	9	400000	18948.8898
远高于平均水平	5	1000	10000	4200.0000

表 13-5 卡方检验结果

名称	数值	df	渐进显著性（两端）
皮尔森卡方	451.413	340	0.003
概似比	327.442	340	0.678
线性关系	22.437	1	0.000***
有效观察值个数	1288		

注：*** 表示在1%的水平下显著。

由表 13-4 可知，皮尔森卡方检验的渐进显著性的 P 值小于 0.01，所以均拒绝原假设（家庭经济水平对家庭教育消费支出无显著影响），从而认为不同的家庭经济水平在家庭教育消费支出方面有明显差异。且总体表现为随着家庭经济水平的不断提高，家庭教育消费支出也不断提高，即 H1 得到验证。

在父母的民族、政治面貌和宗教信仰方面，由于无法对其进行量化赋值，进而分层分析，故采用描述性统计分析方法对其与家庭教育消费支出之间的关系进行探究，结果如表 13-6 至表 13-11 所示。

表 13-6 描述性分析结果

单位：元

民族	N	家庭教育消费支出		
		最小值	最大值	平均值
汉族	1273	9	400000	8983.3826
蒙古族	1	20000	20000	20000.0000

续表

民族	N	家庭教育消费支出		
		最小值	最大值	平均值
满族	11	1000	20000	7545.4545
回族	35	9	400000	6528.8286
藏族	3	10000	40000	21666.6667
壮族	16	9	36000	5219.3125
维吾尔族	1	200	200	200.0000
其他	52	100	45000	7628.8462

表 13-7 卡方检验结果

名称	数值	df	渐进显著性（两端）
皮尔森卡方	643.745	623	0.274
概似比	225.778	623	1.000
线性关系	0.740	1	0.390
有效观察值个数	1392		

由表 13-6、13-7 可知，皮尔森卡方检验的渐进显著性的 P 值 (0.274) 大于 0.1，所以均接受原假设（父母的民族对家庭消费支出无显著影响），从而认为不同民族的父母在教育消费支出方面没有明显差异，即 H5 得到验证。

表 13-8 描述性分析结果

单位：元

政治面貌	N	家庭教育消费支出		
		最小值	最大值	平均值
群众	1166	9	400000	8469.4297
共青团员	95	9	50000	11105.3879
民主党派人士	1	30000	30000	30000.0000
共产党员	130	100	120000	10403.0769

表 13-9 卡方检验结果

名称	数值	df	渐进显著性（两端）
皮尔森卡方	241.149	267	0.870
概似比	172.996	267	1.000

续表

名称	数值	df	渐进显著性（两端）
线性关系	1.991	1	0.158
有效观察值个数	1392		

由表 13-8、13-9 可知，皮尔森卡方检验的渐进显著性的 P 值（0.870）大于 0.1，所以均接受原假设（父母的政治面貌对家庭教育消费支出无显著影响），从而认为不同政治面貌的父母在家庭教育消费支出方面没有明显差异，即 H6 得到验证。

表 13-10　描述性分析结果

单位：元

宗教	N	家庭教育消费支出		
		最小值	最大值	平均值
不信仰宗教	1236	9	400000	8726.9053
佛教	70	300	300000	12877.1429
道教	2	2000	20000	11000.0000
民间信仰	17	200	120000	10403.0769
伊斯兰教	35	9	20000	5060.2571
天主教	1	2000	2000	2000.0000
基督教	21	500	36500	9376.1905

表 13-11　卡方检验结果

名称	数值	df	渐进显著性（两端）
皮尔森卡方	460.631	616	1.000
概似比	203.519	616	1.000
线性关系	0.228	1	0.633
有效观察值个数	1392		

由表 13-10、13-11 可知，皮尔森卡方检验的渐进显著性的 P 值大于 0.1，所以均接受原假设（父母的宗教信仰对家庭教育消费支出无显著影响），从而认为信仰不同宗教的父母在家庭教育消费支出方面没有明显差异，即 H7 得到验证。

13.3.2.2 城乡家庭教育消费支出与各影响因素的关系探究

虽然以上已经对家庭教育消费支出及其影响因素进行了研究，但是我国是教育大国，有"百年大计，教育为本"的理念，再加上我国幅员辽阔，各地区发展水平不一致，并且呈现地区差异大、城乡差异明显的特征。所以，为了更好地了解和研究我国家庭教育消费在区域之内的差距，本文将进一步针对城乡家庭教育消费支出进行分析，以更好地探索城乡之间的差距，这也对我国教育发展方案的调整有一定的参考价值。

利用 SPSS 22.0 软件分别将农业户口和城镇户口的家庭教育消费支出（y_2）作为因变量，将父母的受教育程度（x_1）和家庭总收入（x_2）作为自变量构造回归模型：

$$y_2 = a_1 x_1 + b_1 x_2 + C_1 \tag{13-3}$$

其中，C_1 为常数。因为由表 13-1 逐步回归得出家庭经济水平与家庭教育消费支出没有显著的线性关系，所以在此将其作为控制变量，所得结果如表 13-12、13-13 所示。

表 13-12 农业户口家庭回归结果

模型		非标准化系数		标准化系数	T	显著性	VIF
		B	标准误差	Beta			
1	常数	6149.813	370.913		16.580	0.000***	
	家庭总收入	0.017	0.004	0.164	4.627	0.000***	1.000
2	常数	4514.061	606.799		7.439	0.000***	
	家庭总收入	0.015	0.004	0.144	4.023	0.000***	1.029
	父母的受教育程度	430.550	126.910	0.121	3.393	0.001	1.029

注：因变量：家庭教育消费支出。*** 表示在1%的水平下显著。

由表 13-12 可知，家庭总收入（x_2）和父母的受教育程度（x_1）对家庭教育消费支出（y_2）有显著影响（P值均小于0.01），并且两个自变量的 VIF 值均小于 5，通过共线性检验。回归系数 $a_1 = 0.121$，$b_1 = 0.144$，常数 $C_1 = 4514.061$。由此可得到回归方程：

$$y_2 = 0.121 x_1 + 0.144 x_2 + 4514.061 \tag{13-4}$$

因为 a_1、b_1 的值均大于 0，所以父母的受教育程度越高家庭教育消费支出越高，家庭总收入越高家庭教育消费支出越高。

表 13 – 13　城镇户口家庭回归结果

模型		非标准化系数		标准化系数	T	显著性	VIF
		B	标准误差	Beta			
1	常数	5963.718	1002.524		5.949	0.000 ***	
	家庭总收入	0.042	0.003	0.521	13.802	0.000 ***	1.000

注：因变量：家庭教育消费支出。*** 表示在 1% 的水平下显著。

由表 13 – 13 可得，家庭总收入（x_2）对家庭教育消费支出（y_2）有显著影响（P 值均小于 0.01），且自变量的 VIF 值小于 5，通过共线性检验。回归系数 $b_1 = 0.521$，常数 $C_1 = 5963.718$。由此可得到回归方程：

$$y_2 = 0.521x_2 + 5963.718 \quad (13-5)$$

因为 b_1 的值大于 0，所以家庭总收入越高家庭教育消费支出越高。

13.4　研究结论

从以上实证分析结果来看，就整体家庭教育消费支出而言，其主要受到家庭总收入、父母的受教育程度、家庭户口类型和家庭经济水平的影响。其中，主要受到家庭总收入和父母的受教育程度的影响。而且就影响程度而言，家庭总收入的影响程度明显高于父母的受教育程度的影响程度。在家庭教育消费支出方面，中国一直有"穷啥不能穷教育"的理念，特别是在农村地区，更是有"读书才能出人头地"的想法，所以在家庭教育消费支出方面，家庭的户口类型和经济水平与家庭教育消费支出不存在明显的线性关系，但会间接影响家庭教育消费支出的多少。在城乡差距方面，农业户口家庭的总收入和父母的受教育程度与家庭教育消费支出有显著的线性关系。在中国农村，特别是最近几十年以来，家庭教育消费支出占家庭总支出相当大的一部分，但是根据父母的受教育程度和家庭总收入的不同，家庭中学生的学历会受到影响，普遍呈现父母的受教育程度和家庭总收入越高，家庭中学生的学历越高的趋势；城镇户口的家庭教育消费支出主要受到家庭总收入的影响，且家庭教育消费支出与家庭总收入的高相关性较大。城镇户口家庭长期生活在一个社会、教育等环境较好的条件下，对于教育的看法不像农业户口家庭那样封闭，所以对于孩子教育的看法受到方方面面的影响，在一定程度上淡化了自身的受教育程度和其他方面对家庭子女教育的影响，所以这些因素对家庭教育消费支出的影响也并不显著。随着我国民主化的不断发展，父母的民族、政治面貌和宗教信仰等因素对生活各个方面的影响也在不断合理化，所以其对家庭教育消费支出也没有显著影响。

因此，从本章分析来看，为了更快更好地促进我国的教育日趋平等化、平衡化、合理化，国家在制定城乡教育政策时应当在公平的前提下，重点考虑城镇教育质量的提升和农村基础教育设施的完善，逐渐打破城乡在各个方面的待遇差异，真正解决家庭特别是农村家庭的教育隐忧。

第十四章　虚拟社区知识贡献对用户黏性的影响研究

随着互联网的全面普及与快速发展，个人教育消费不再局限于学校课堂等传统形式，尤其是在共享经济的浪潮中，共享教育资源成为大势所趋，付费在线学习等形式打破了时间、地域的限制，缓解了名校、名师教育资源垄断等问题。与此同时，"自主学习""终身学习"等观念逐渐深入人心，使得个人教育消费更加分散化、碎片化，其形式与种类也更加多样。新型教育消费形式涉及用户参与、网站运营管理等问题，引起了社会的广泛关注。本章将以大众熟知的贴吧、论坛等虚拟社区为例，对个人教育消费的新形式以及相关问题进行探究。

众所周知，虚拟社区是信息交流和知识共享的重要平台。[①] 调查显示，50%以上的网民受到了虚拟社区中相关信息和知识的影响。[②] 与传统正式的知识交流方式相比，虚拟社区知识共享具有开放性和便利性，不受时间和空间限制，知识共享效率更高。然而，虚拟社区固有的社会关系松散、管理不规范及知识质量不一、标准缺失等问题可能对知识共享效果和用户持续共享意愿带来负面影响。据统计，虚拟社区用户流失非常严重[③]，33%的用户偶尔在虚拟社区中提问或搜寻知识，经常参与知识共享的用户只有4.4%[④]，

[①] Chen, I. Y. L. The Factors Influencing Members' Continuance Intentions in Professional Virtual Communities — A Longitudinal Study [J]. Journal of Information Science, 2007, 33 (4).

[②] Digital Media Research Group. An Analysis of Consumer Media Contactfor Online Shopping [R/OL]. [2014 - 02 - 26], http://mic.iii.org.tw/aisp/reports/reportdetail.asp.docid = CDOC20120330003&dectype = RC&smode = 1; 陈明红. 学术虚拟社区用户持续知识共享的意愿研究 [J]. 情报资料工作, 2015, 36 (1).

[③] Jones, Q., Ravid, G., Rafaeli, S. Information Overload and the Message Dynamics of On-line Interaction Spaces: A Theoretical Model and Empirical Exploration [J]. Information Systems Research, 2004, 15 (2).

[④] Development and Evaluation Commission: The Survey Report of Person and Family Households Digital Divide [R/OL]. [2014 - 03 - 17], http://www.rdec.gov.tw/public/Attachment/012411543371.pdf.

不少用户参与一次后就不再继续参与。这使得许多虚拟社区在创建后不久便走向衰落，不利于虚拟社区的可持续发展[1]。除此之外，目前虚拟社区用户"潜水"（只搜寻、浏览、消费信息而不或很少创造、贡献信息）的现象十分普遍，面临用户参与不足和用户生成内容（UGC）行为的极大不均衡性等问题。[2] Nielsen 研究发现，在大部分虚拟社区，形成了典型的 90 - 9 - 1 现象，即 90% 的用户只访问网站，从未贡献内容，9% 的用户偶尔参与，只有 1% 的用户生产虚拟社区中绝大部分的内容。[3]国内外学者一致认为，成员之间的互动是虚拟社区发展的必要条件，其知识贡献是虚拟社区赖以存在和发展的基础。[4] 用户持续共享知识是虚拟社区保持活力的本质所在。[5] 作为典型的信息系统，虚拟社区的最终成功主要取决于用户的持续参与而不是初始采纳。[6] 在知识虚拟社区中，用户持续的知识贡献是其长期发展的关键。目前，虚拟社区发展所面临的困难主要是如何促进用户的知识贡献以及最大限度留住虚拟社区的用户[7]，因此明确用户的知识贡献行为与用户黏性之间的关系可以为如何留住虚拟社区用户指明方向，对促进虚拟社区持续发展具有重要意义。

---

[1] Chen, I. Y. L. The Factors Influencing Members' Continuance Intentions in Professional Virtual Communities — a Longitudinal Study [J]. Journal of Information Science, 2007, 33 (4).

[2] 徐美凤，叶继元. 学术虚拟社区知识共享研究综述 [J]. 图书情报工作，2011，55 (13)；代宝，刘业政. 虚拟社区知识共享的实证研究综述 [J]. 情报杂志，2014 (10).

[3] Nielsen, J. Participation in Equality: Lurkersvs. Contributors in Internet Communities [EB/OL]. [2014 - 6 - 25], http://www.nngroup.com/articles/participation-inequality/.

[4] 徐美凤，叶继元. 学术虚拟社区知识共享研究综述 [J]. 图书情报工作，2011，55 (13)；Chiu, C. M., Hsu, M. H., Wang, E. T. G. Understanding Knowledge Sharing in Virtual Communities: An Integration of Social Capital and Social Cognitive Theories [J]. Decision Support Systems, 2006, 42 (3).

[5] 李力. 虚拟社区用户持续知识共享意愿影响因素实证研究——以知识贡献和知识搜寻为视角 [J]. 信息资源管理学报，2016 (4).

[6] Bhattacherjee, A. Understanding Information Systems Continuance: An Expectation-Confirmation Model [J]. Mis Quarterly, 2001, 25 (3); Butler, B. S. Membership Size, Communication Activity, and Sustainability: A Resource-Based Model of Online Social Structures [J]. Information Systems Research, 2014, 12 (4); Jin, X. L., Zhou, Z., et al. Why Users Keep Answering Questions in Online Question Answering; Communities: A Theoretical and Empirical Investigation [J]. International Journal of Information Management, 2013, 33 (1).

[7] 万莉，程慧平. 基于自我决定理论的虚拟知识社区用户持续知识贡献行为动机研究 [J]. 情报科学，2016，34 (10).

14.1 相关文献与理论综述

虚拟社区的概念最早由 Rheingold 提出，他认为虚拟社区是一群人通过计算机网络进行沟通形成的团体，他们之间有一定的熟悉程度，互相分享信息和知识，并有一定程度的交流互动和关心。[1] 在发展中学者们使用过英文的"virtual community""online community""electronic community""cyberspace community""computer mediated community"，中文的"在线社区""网上社区""网络社区""虚拟社区""虚拟社群"等名称，随后渐渐统一地采用"虚拟社区"（virtual community）这一名称。

随着虚拟社区的迅猛发展及其对日常生活的渗透，参与虚拟社区的行为已成为人们生活和工作中极其重要的组成部分。虚拟社区成员彼此之间的交流沟通为社区创造了巨大的价值，例如用户生成内容。用户生成内容是虚拟社区形成和发展的重要因素，随着知识经济时代的到来，知识贡献成为用户生成内容中最具价值的组成部分。[2]

万晨曦、郭东强根据虚拟社区成员参与知识贡献形式的不同，将知识贡献的过程分为了两类。[3] 一类是知识贡献者与知识接收者直接进行互动交流，比如一些用户提出问题或者发起某一话题，另外一些用户直接给出解答或回复。[4] 另一类是知识贡献者与知识搜寻者之间间接的知识生产与知识共享活动，即虚拟社区作为知识共享的主体将社区用户在互动过程中贡献的无序与分散的知识集合起来，供其他的用户查询。[5] 此时，虚拟社区相当于一个知识库，知识贡献者通过文字或者图片的方式将自身的知识外化，知识接收者根据自身需要通过搜索关键词等行为将知识内化，知识库在其中起到了中介的作用。

---

[1] Rheingold, H. Virtual Community: Homesteading on the Electronic Frontier [M]. Reading, Mass.: Addison-Wesley Pub. Co, 1993.
[2] Cheng, Z. C., Guo, T. C. The Formation of Social Identity and Self-identity Based on Knowledge Contribution in Virtual Communities: An Inductive Route Model [J]. Computers in Human Behavior, 2015, 43.
[3] 万晨曦, 郭东强. 虚拟社区知识共享研究综述 [J]. 情报科学, 2016, 34 (8).
[4] 孔德超. 虚拟社区的知识共享模式研究 [J]. 图书馆学研究, 2009 (10).
[5] 徐小龙, 王方华. 虚拟社区的知识共享机制研究 [J]. 自然辩证法研究, 2007, 23 (8).

14.1.1 虚拟社区知识贡献相关研究

虚拟社区的蓬勃发展引起了理论界和企业界的关注，针对虚拟社区的研究和实践也日益增多。如已有学者研究虚拟社区的市场营销价值、虚拟社区中的品牌塑造、虚拟社区信息传播、虚拟社区的演化规律等方面的问题。

虚拟社区内的沟通和人际互动主要是通过发帖、聊天等形式进行，这种交流方式传递了大量的信息和知识，包括成员的个人资料、成员的经验和兴趣、成员对某个问题的看法等。也就是说，可以将虚拟社区看作一个自由讨论的平台，成员就自己感兴趣的话题发表见解。这种交流过程能够拉近成员之间的距离，增加虚拟社区的活力并创造更多的知识，因此虚拟社区的这种交流过程实质上是知识共享的过程。但是虚拟社区有别于传统组织和团队，虚拟社区成员参与知识共享并没有任何明显的外在报酬或者利益，那么为什么仍然有大量的成员愿意花费时间和精力，加入社区的知识共享之中？其动机和激励机制值得研究。另外，由于网络的匿名性和开放性，参与者在参与知识共享时会受到哪些外界因素的影响？这也有待进一步的探讨。目前，关于虚拟社区中知识共享影响因素的研究大都是从知识提供者或贡献者的角度来进行分析的，即影响虚拟社区用户进行知识贡献的因素。这些研究主要从社会交换理论、社会资本理论、社会认知理论、利他主义出发，引出影响虚拟社区个体知识共享行为的许多因素，如声望、知识共享的成本与收益、组织奖励、自我效能、帮助他人的愉悦感、互惠、信任、义务等。

14.1.1.1 影响虚拟社区用户进行知识贡献的因素

Kankanhalli 等在研究企业组织中个体向电子知识仓库（EKR）贡献知识的原因这一问题时，以经济学中收益—成本模型为基础，研究并分析了收益因素对知识贡献行为的促进作用以及成本因素的阻碍作用。其中，收益分为内在收益和外在收益，内在收益包括两个，即乐于助人精神和自我效能；外在收益包括三个，即互惠、形象以及组织奖励。[①] 他们在文章中将成本因素定义为失去的知识力量和编码努力。结果表明：

---

① Kankanhalli, A., Tan, B. C. Y., Wei, K. K. Contributing Knowledge to Electronic Knowledge Repositories: An Empirical Investigation [J]. Mis Quarterly, 2005, 29 (1).

在内在收益方面,乐于助人精神和自我效能正向影响知识贡献;在外在收益方面,组织奖励同个体贡献知识行为正相关。Tedjamulia等从个体特征和环境因素两个方面出发构建了一个虚拟社区的个体知识贡献模型。研究中识别出的个体特征主要有用户感知到的内在报酬、知识贡献的自我效能、个体间信任以及个体成就需求四个因素,可用性、个体对于社区的责任以及社区群组的认同则是环境因素。他们在构建模型时还认为个体特征和环境因素是通过个体目标和目标承诺间接地对知识贡献产生影响。[1] Bock等在探讨分析组织内个体知识贡献意向的影响因素研究中,从外在动机、社会心理因素以及组织氛围三个视角出发,通过实证分析表明,个体对知识贡献的态度、组织氛围以及主观规范会正向作用于知识贡献意愿。[2] Roca等综合社会认知理论和社会资本理论对虚拟社区中人们知识共享行为背后的动因进行了深入分析,第一次完整地考虑了社会资本的结构、关系、认知三个维度的因素对知识共享效果的影响,对知识共享的效果分别从质量和数量上进行了评估。知识共享的数量以个体参与共享活动的频繁程度来衡量,知识共享的质量参照Delone和Lean提出的知识评估方法,从知识内容的六个方面来进行评价,包括相关性、可理解性、精确性、完整性、可靠性和时效性。但是他们的研究是基于静态的分析,没有对期初和共享过程中的各变量进行观测,无法进行纵向的比较。[3] Hsu等根据社会认知理论,从个人和环境因素两个角度研究了虚拟社区中的知识共享行为,实证分析了信任、自我效验和成果期望对共享行为的影响以及这些因素之间的关系。他们第一次对知识共享影响因素之间的相关性做出分析,以往的分析均假设这些影响因素之间是不相关的。他们根据Nonaka的SECI知识转化模型的定义对知识共享行

---

[1] Tedjamulia, S. J. J., Dean, D. L., Olsen, D. R., et al. Motivating Content Contributions to Online Communities: Toward a More Comprehensive Theory [C] // 38th Hawaii International Conference on System Sciences (HICSS-38 2005), CD-ROM / Abstracts Proceedings, 3-6 January 2005, Big Island, HI, USA. IEEE, 2005.

[2] Bock, G. W., Zmud, R. W., Kim, Y. G., et al. Behavioral Intention Formation in Knowledge Sharing: Examining the Roles of Extrinsic Motivators, Social-psychological Factors, and Organizational Climate [J]. Mis Quarterly, 2005, 29 (1).

[3] Roca, J. C., Chiu, C. M., Martínez, F. J. Understanding E-learning Continuance Intention: An Extension of the Technology Acceptance Model [J]. International Journal of Human—Computer Studies, 2006, 64 (8).

为进行评估，并完整地总结了社区中的信任形成并巩固的过程。他们认为虚拟社区中的信任的三个阶段——经济信任、信息信任、认同信任是不能逾越的，只能从低层次发展到高层次，只有先形成低层次的信任，才能形成高层次的信任。[1] Chen 等在其研究中指出，影响网上知识社区成员知识共享的因素分为个人因素和情境因素两类，其中，个人因素包括知识效能、感知的相容性和感知的相对优势，情境因素包括互惠规范和相互信任。[2] Liang 等的研究以社会交换理论、信任理论、沟通理论、领导理论为基础，探究信任、沟通、领导等组织文化对虚拟社区中知识贡献的影响以及互动。他们通过对三个虚拟社区的 297 名成员进行调研获取了一手数据，进行实证研究后得出的结论是信任、沟通和领导都能对虚拟社区用户的知识贡献产生显著的正向影响，具有高度信任、沟通或领导力的成员比具有中低度信任、沟通或领导力的成员具有更高水平的知识贡献。其中，信任与沟通对知识贡献行为的交互作用、领导与沟通对知识贡献行为的交互作用也十分显著，这是他们在研究中提出的不同于以往研究的新结论，对探究不同因素对虚拟社区知识贡献的影响作用提供了新的方向。[3] Wang 等采用电子邮件和客观数据挖掘方式来收集数据，运用临界质量理论来分析知识共享平台中用户集体知识贡献行动的特征，研究发现，这种知识贡献平台可以使集体知识贡献的行动发生并自我维持，用户基于享受性、利他性等原因进行知识贡献，大量用户来自不同的知识领域并具有良好的教育背景，平台有明确的进行贡献的评分规则和奖励，每篇文章的编辑次数和贡献者数量随时被记录，但是目前的平台中依旧是只有少数用户为集体做出极大的贡献，更多的人做得很少或并没有贡献。[4]

---

[1] Hsu, M. H., Ju, T. L., Yen, C. H., et al. Knowledge Sharing Behavior in Virtual Communities: The Relationship Between Trust, Self-efficacy, and Outcome Expectation [J]. International Journal of Human—Computer Studies, 2007, 65 (2).

[2] Chen, C. J., Hung, S. W. To Give or to Receive? Factors Influencing Members' Knowledge Sharing and Community Promotion in Professional Virtual Communitie [J]. Information & Management, 2010, 47 (4).

[3] Liang, C., Chang, C. C., Rothwell, W., et al. Influences of Organizational Culture on Knowledge Sharing in an Online Virtual Community [J]. Journal of Organizational & End User Computing, 2016, 28 (4).

[4] Wang, J. T., Yang, J. M., Quan, C., et al. Creating the Sustainable Conditions for Knowledge Information Sharing in Virtual Community [J]. SpringerPlus, 2016, 5 (1).

陈明红以社会资本理论和技术接受模型为基础，提出社会资本、感知有用性以及感知易用性都能够对学术虚拟社区知识贡献的满意度产生显著的正向影响，并且这种满意度是用户持续参与的动因。① 何丹丹、郭东强利用社会认知理论框架，将移动社区知识贡献的影响因素划分为环境因素和个体因素。其中，环境因素包括互惠规范、人际信任、制度信任、社区激励和移动性，个体因素指个人结果期望。他们的研究结果表明，环境因素对知识贡献行为有直接正向影响，个人结果期望对知识贡献行为也有显著的正向影响，只有当个体预期知识贡献的收益等于或高于其付出的成本时，个体才会进行知识贡献，同时，环境因素还通过个人结果期望间接影响知识贡献行为。② 李力以知识贡献和知识搜寻为视角研究虚拟社区知识共享意愿的影响因素，提出用户感知知识增长、心流体验是影响用户对知识贡献和知识搜寻经历满意度的重要因素，并能影响用户的持续知识贡献和知识搜寻意愿，出于互惠目的，当用户打算在社区中继续搜寻知识时，用户往往也会选择继续在社区中贡献知识。③ 万莉、程慧平基于自我决定理论，将用户在虚拟社区中进行知识贡献的动机分为外部动机（互惠、感知激励）和内部动机（知识贡献自我效能、乐于助人）。研究结果表明，用户的内部动机对知识贡献意愿及知识贡献效果的影响显著，人类固有的一种追求新奇、挑战、发展和锻炼自身能力的先天倾向是提升用户知识贡献意愿的重要驱动力。外部动机对知识贡献意愿及知识贡献效果有正向影响，这说明提升用户的知识贡献意愿及知识贡献效果需要外部动机的激励，内部动机通常容易受环境、自我目标动向的抑制，不会主动发挥效用，外部动机能有效推动内部动机、活跃用户行为，是用户知识贡献行为在一定时期内保持稳定、可持续的重要驱动力。④ 施涛、姜亦珂将学术虚拟社区的知识贡献分为创作型和复制型，创作型回答所需的最少时间是影响用户是否进行创作

---

① 陈明红. 学术虚拟社区用户持续知识共享的意愿研究 [J]. 情报资料工作，2015，36（1）.
② 何丹丹，郭东强. 基于社会认知理论的移动社区个体知识贡献影响因素研究——以个人结果期望为中介 [J]. 情报理论与实践，2016，39（9）.
③ 李力. 虚拟社区用户持续知识共享意愿影响因素实证研究——以知识贡献和知识搜寻为视角 [J]. 信息资源管理学报，2016（4）.
④ 万莉，程慧平. 基于自我决定理论的虚拟知识社区用户持续知识贡献行为动机研究 [J]. 情报科学，2016，34（10）.

型回答的关键因素,外在激励对复制型知识贡献行为产生正向影响,内在奖励对创作型知识贡献行为产生正向影响。同时,学术虚拟社区采用的外在激励与内在激励存在显著的替代效应。此外,当学术虚拟社区提供较多的外在激励时,内在激励的作用将降低,理性的用户会选择简单的复制型知识贡献行为而不进行创作型知识贡献行为。[①] 周志民、张江乐等根据嵌入理论框架,从社会资本理论视角出发,研究了内外倾人格特质与知识贡献行为之间的联系,认为外倾性人格特质会促进成员形成咨询网络中心性和情感网络中心性,外倾性人格特质、情感网络中心性与互惠规范会直接影响知识贡献行为。[②] 吴海萍探讨了人格特质对用户在虚拟社区内进行知识贡献的影响作用,并且指出神经质的用户已经表现出花在网络上的时间更长、喜欢在网络上寻求归属感等特征,容易在虚拟社区中产生心流体验,这类人更容易产生虚拟社区内的知识贡献行为。[③]

通过对上述文献进行梳理可以发现,关于虚拟社区知识贡献的影响因素的研究主要是基于自我决定理论、社会认知理论、社会资本理论以及收益—成本理论等,经历了一个从静态分析到动态分析的过程,同时也将影响虚拟社区知识贡献的分散因素综合起来,对其相关性进行探索。总体而言,虚拟社区知识贡献的影响因素可以分为两类,第一类是内在因素,包括自我效能、乐于助人、用户感知到的内在报酬或奖励、个人结果期望、个体对知识贡献的态度、个体成就需求、感知相对优势、人格特性以及相容性等方面;第二类是外在因素,包括互惠规范、社区氛围、社区激励、社区信任、社区群组的认同以及社区形象等方面。

14.1.1.2 知识贡献对用户自身及虚拟社区的影响

当前的文献对影响用户知识贡献的因素的研究较多,关于用户进行知识贡献对自身和外界的影响的研究则比较欠缺,这类文献在内容和数

[①] 施涛,姜亦珂. 社会化问答社区用户知识贡献行为模型研究 [J]. 科技进步与对策,2017,34 (18).

[②] 周志民,张江乐,熊义萍. 内外倾人格特质如何影响在线品牌社群中的知识分享行为——网络中心性与互惠规范的中介作用 [J]. 南开管理评论,2014,17 (3).

[③] 吴海萍. 虚拟品牌社群知识分享行为的影响因素研究——基于心流体验的中介作用 [D]. 泉州:华侨大学,2016.

量方面都远不如"影响虚拟社区用户知识贡献的因素"研究丰富。

Huang等提出,通过向虚拟社区贡献知识,用户可以充分地展示他们自身的专业知识和技能,使通常很难察觉到的知识和技能获得外部可视性,从而建立他们的"个人品牌形象"。[1] Cheng等通过实证分析证明知识贡献可以直接影响社会认同,同时社会互动关系和成员尊重在知识贡献对社会认同的影响中起中介作用,社会认同会进一步影响自我认同。[2]

万晨曦、郭东强认为用户在虚拟社区中回答其他用户的提问可以帮助他人解决困难,从而获得成就感,或者通过分享自身的知识获得众人的认可,从而获得满足感,此外,也可以获得较高的职位和声誉。[3] 施涛、姜亦珂将社区用户进行知识贡献的收益分为自主感收益、胜任感收益和归属感收益。用户在问答社区内可自由决定回答行为,因而自主感收益无显著差异,但不同知识贡献行为获得的胜任感收益和归属感收益差别较大。创作型回答过程中,用户能够锻炼已有技能、获取新知识,使能力显著提升,因此获得的胜任感收益较多。同时,创作型回答具有独特性,能够引发关注、讨论以及人际互动与支持,为回答者带来身份感,因此创作型回答者获得的归属感收益也较多。相反,用户在复制型回答过程中,仅对相关知识进行复制与粘贴,难以实现能力提升,无法获得胜任感收益,而且当大部分用户采用复制型回答时,问题的答案会比较单一,用户不会在相似问题和答案上做过多停留和进行密切互动,回答者难以被关注和增加身份感,因此复制型回答者获得的归属感收益也较少。[4]

这方面的研究涉及了用户进行知识贡献所获得的认知及情感方面的收益,也在一定程度上指出了知识贡献对虚拟社区发展的最关键因

---

[1] Huang, P, Zhang, Z. Participation in Open Knowledge Communities and Job-Hopping: Evidence from Enterprise Software [J]. Management Information Systems Quarterly, 2016, 40 (3).

[2] Cheng, Z. C., Guo, T. C. The Formation of Social Identity and Self-identity Based on Knowledge Contribution in Virtual Communities: An Inductive Route Model [J]. Computers in Human Behavior, 2015, 43.

[3] 万晨曦,郭东强. 虚拟社区知识共享研究综述 [J]. 情报科学, 2016, 34 (8).

[4] 施涛,姜亦珂. 学术虚拟社区激励政策对用户知识贡献行为的影响研究 [J]. 图书馆, 2017 (4).

素——用户黏性具有促进作用,但是关于知识贡献对用户黏性影响的内在机理并不明确。

14.1.2 用户黏性相关研究

用户黏性(user stickiness)是随着互联网的兴起而产生的用于描述网站吸引并留住用户的能力的属性。1999年,Boddoe Stephens 在雅虎用户黏性计划中明确提出这一概念,认为用户黏性是指公司保留用户持续使用其网站的能力。自从互联网领域用户黏性的概念被提出后,国内外研究者对基于互联网的不同产品的用户黏性进行了大量的研究,主要聚集在影响用户黏性的因素及互联网用户黏性的测评等方面。

Lin 指出,高质量的网站感知价值、用户对网站的正面态度和信任有助于用户黏性的产生。① 还有研究者从个体因素和社会影响因素(感知的社会影响)对用户黏性行为进行研究。Yang 等在研究 Facebook 的用户黏性时,运用实证的方法得出用户的感知享乐价值(hedonic value)对用户黏性有显著正向影响,对于对社交网站抱有较高信任度的用户来说,感知社交价值(social value)对用户黏性的正向影响更大。② Yeh 等在研究社交网站的用户黏性时,借助期望确认模型,并引入感知娱乐性、感知人际交往价值变量,通过实证得出感知人际交往价值和感知娱乐性通过用户持续使用意愿间接正向影响用户黏性。③ Chiang 等构建了 YouTube 视频网站的用户黏性模型,并通过实证证明了用户的持续使用动机和分享行为意愿对用户黏性有显著的正向影响,用户需求、个人因素和环境因素通过持续使用动机和分享行为意愿对用户黏性产生间接的影响。④ Huang 等在研究团购网站的用户黏性时以 D&M 信息系统成功模型为基

---

① Lin, C. C. Online Stickiness: Its Antecedents and Effect on Purchasing Intention [J]. Behaviour & Information Technology, 2007, 26 (6).
② Yang, H. L., Lin, C. L. Why Do People Stick to Facebook Web Site? A Value Theory-Based View [J]. Information Technology & People, 2014, 27 (1).
③ Yeh, R. C., Lin, Y. C., Tseng, K. H., et al. Why Do People Stick to Play Social Network Sites? An Extension of Expectation-Confirmation Model with Perceived Interpersonal Values and Playfulness Perspectives [J]. Studies in Computational Intelligence, 2013, 457.
④ Chiang, H. S., Hsiao, K. L. YouTube Stickiness: The Needs, Personal, and Environmental Perspective [J]. Internet Research, 2015, 25 (1).

础,通过研究得出团购网站的信息质量、服务质量、系统质量三个变量对用户黏性有显著正向影响。① Lu 等在研究博客用户黏性的文章中,以用户黏性行为概念为基础,定义博客用户黏性为用户使用博客的时间以及停留时间。该研究得出,性别、网络使用程度、过去经历以及身份等个人因素会对用户黏性行为产生影响。② 此外,还有学者认为用户黏性会增加其访问频率和延长访问时间,并认为用户黏性在一定程度上受网络消费者心流体验特征的影响。③

赵青、薛君在关于网络用户黏性行为测评的研究中指出,网络用户黏性行为被认为是一种在持续使用基础上形成的具有一定心理依赖特征的行为,其程度介于正常使用和成瘾之间。④ 杨冠淳、卢向华从技术设计属性和管理设计属性两个方面探讨影响虚拟社区用户黏性的因素,以国内多个休闲虚拟社区的用户为样本搜集数据进行实证研究,发现娱乐性及归属感是影响用户黏性的主要因素,而个性化服务、社区基础设施、基于活动的交流机会、社区朋友圈感知则是显著影响用户黏性的技术与管理设计因素。⑤ 张初兵等从互动性视角探讨旅游 App 的用户黏性,以"信念→态度→行为"为框架,综合运用互动性理论与心流理论,构建旅游 App 互动性影响用户黏性与购买意愿的路径模型。实证研究发现,感知互动性通过心流体验对用户满意度产生显著影响,心流体验用户满意度则对用户黏性和购买意愿产生显著影响。⑥ 周军杰研究了社会化商务背景下社交媒体用户的黏性,提出用户互动通过自我效能、信任及虚拟社区感等因素的中介作用间接影响用户黏性。⑦ 吴颖敏、张媚研究了

---

① Huang, L., Jia, L., Song, J. Antecedents of User Stickiness and Loyalty and Their Effects on Users' Group-Buying Repurchase Intention [C]. the Americas Conference on Information Systems, 2015.
② Lu, H., Lee, M. Demographic Differences and the Antecedents of Blog Stickiness [J]. Online Information Review, 2010, 34 (1).
③ Rettie R. An Exploration of Flow During Internet Use [J]. Internet Research, 2001, 11 (2).
④ 赵青,薛君. 网络用户粘性行为测评研究 [J]. 统计与信息论坛, 2014, 29 (10).
⑤ 杨冠淳,卢向华. 促进用户粘性的虚拟社区技术与管理设计创新——基于实证的研究 [J]. 研究与发展管理, 2009, 21 (5).
⑥ 张初兵,李义娜,吴波,等. 旅游 App 用户粘性与购买意向:互动性视角 [J]. 旅游学刊, 2017, 32 (6).
⑦ 周军杰. 虚拟社区内不同群体的知识贡献行为:一项对比研究 [J]. 管理评论, 2015, 27 (2): 55.

医疗健康类 App 用户黏性行为，通过在线问卷调查获取数据，通过实证分析得出社会影响、电子健康素养、感知易用性、感知有用性与 App 用户黏性呈正相关，感知风险高会增加持续使用不确定性，社会影响对用户黏性的影响超过感知有用性对其的影响。[①] 段菲菲等以心流理论和技术接受模型（TAM）理论为基础，通过手机游戏设计、手机游戏内容以及玩家自身三个维度来探究手机游戏用户黏性影响因素，并使用结构方程对收集到的 163 个调查样本的数据进行实证研究。结果显示，心流体验是影响手机游戏用户黏性的重要因素，互动性、远程感知、实用性、感知控制力对心流体验具有显著的正向影响。[②] 熊巍、王舒盼、潘琼在研究微信移动社交用户体验和黏性时提出，心流体验是用户体验的重要内容，用户黏性是衡量网络产品与服务绩效的重要维度。他们构建了在移动社交情境下心流体验对用户黏性的影响机制模型。研究证明，感知有用性、互动性、娱乐性和涉入度这四个前因变量对心流体验均有显著的正向影响，用户心流体验能显著地正向影响用户黏性。[③] 朱静雯等以技术接受模型和沉浸体验为理论基础，构建了移动阅读沉浸体验对用户黏性的影响因素模型。他们通过问卷调查获取数据并使用偏最小二乘结构方程模型进行分析，结果证明，感知易用性、感知有用性和涉入度对沉浸体验有显著的正向影响，并通过沉浸体验进一步显著影响用户黏性。[④] 闫晓甜指出影响移动学习 App 用户黏性的因素包括感知有用性、感知易用性、感知系统质量、沉浸体验和使用动机等，但是对其中影响机理的探究还不明确。[⑤] 针对虚拟社区的用户黏性相对较小，程志超、吴印博选取虚拟社区成员分享知识的视角，采用社会资本理论，从社会互动联结、信任和共同愿景三个维度分析和探讨知识分享对用户黏性的影响，实证分析结果显示，知识分享通过社会互动联结和信任的中介作用对用户黏性产生正向

[①] 吴颖敏，张媚. 医疗健康 App 用户粘性行为的实证研究 [J]. 现代预防医学，2017，44（6）.
[②] 段菲菲，翟姗姗，池毛毛，等. 手机游戏用户粘性影响机制研究：整合 Flow 理论和 TAM 理论 [J]. 图书情报工作，2017，（3）.
[③] 熊巍，王舒盼，潘琼. 微信移动社交用户心流体验对用户粘性的影响研究 [J]. 新闻界，2015，（7）.
[④] 朱静雯，方爱华，刘坤锋. 移动阅读沉浸体验对用户黏性的影响研究 [J]. 编辑之友，2017，（4）.
[⑤] 闫晓甜. 移动学习 APP 用户黏性影响因素研究 [D]. 大连：辽宁师范大学，2016.

影响，而共同愿景在知识分享与用户黏性间的作用不显著。[1]

通过对相关文献进行梳理总结，本研究认为虚拟社区的用户黏性应该体现在以下几个方面：（1）虚拟社区的用户持续使用率，即用户是否经常访问某一虚拟社区；（2）用户访问虚拟社区的深度，即用户只是快速浏览还是深入了解虚拟社区中的内容；（3）用户与虚拟社区之间以及某用户与其他用户之间的互动程度，即用户是否会对虚拟社区中出现的内容发表看法、对感兴趣的内容提出问题、解答别人提出的问题、分享自己的原创内容等；（4）用户对某一虚拟社区的认同感和归属感，即用户是否将访问某一虚拟社区看作生活和学习的一部分，并不自觉地向他人推荐。因此，用户黏性不仅仅是用户对某一虚拟社区的多次访问，而且是使用频率、使用深度、交互程度和内心情感的综合。虚拟社区有其独特性，不能完全套用其他互联网产品的用户黏性研究，因此需要针对虚拟社区的用户黏性进行研究。

关于虚拟社区用户黏性影响因素的研究，有些是基于技术接受模型提出的，偏向于从认知方面分析用户黏性的影响因素；有些是基于沉浸理论提出的，偏向于从情感方面分析用户黏性的影响因素；有些研究将这两种理论相结合，但是比较少，其构建模型和假设的推理过程以及适用的情境范围是否能够应用于其他领域是需要进一步探索的。总体来看，无论是国内还是国外，大部分学者的研究都可以归类为从个体因素或者社会因素角度探究用户黏性的影响因素，但是少有研究从用户自身的行为出发，去探索其对用户黏性的效用。尤其是在知识经济时代，知识是虚拟社区中最具有价值的用户生成内容，当用户进行知识贡献时，会产生一定的心理和社会效用。所以，探索知识贡献对用户黏性的作用具有重要的理论和实践意义。

14.1.3 沉浸理论相关研究

20世纪70年代，匈牙利美籍心理学家Csikszentmihalyi发现很多艺术家在工作时常有锲而不舍的态度，而当人们处于某种立即性的反馈回

---

[1] 程志超，吴印博. 社会资本视角下虚拟社区知识分享对用户粘性的影响机制研究[J]. 情报科学，2017，35（12）.

路时，也常有欲罢不能的趋势。于是，他大胆提出了一种心灵现象——人类的最优体验（the optimal experience）。当人心目中形成一个目标，而又恰好具有足够的能力时，他就会感到自己与目标之间的距离是在可见的范围内，心中就会产生"挑战"的欲望，于是他的行动和环境的反馈之间就形成了即时而明确的互动，他的注意力被即时的反馈牢牢抓住，环境逼迫着个人意识立刻做出回应。这种完全沉浸在某种活动或情境中、无视其他事物存在的状态，被 Csikszentmihalyi 称为"心流"（flow）。因此，沉浸理论又叫"心流理论"，国内有时也把"flow"译为"流畅体验""福乐体验"等。Csikszentmihalyi 提出的沉浸理论认为，沉浸就是完全投入某一情境中而体验到的一种整体感受，是人们愿意持续做出某一行为的主要动因。[1]

早期沉浸理论指出，"挑战"（challenge）与"技巧"（skill）是影响沉浸的主要因素。挑战太高，使用者会对环境缺少控制能力，从而产生焦虑或挫折感；挑战太低，使用者会因觉得无聊而失去兴趣，沉浸状态主要发生在两者平衡的情况下。Massimini 和 Carli 梳理了挑战与技巧之间的关系，得到了八种组合，从而对沉浸理论的挑战—技能平衡模型进行了修正，提出只有当挑战与技巧同时处于较高程度时，沉浸经验才有可能发生，当两者均处于较低水平时，参与者的心态表现为冷漠。[2] Jackson 研究了优秀运动员处于沉浸体验时的心理状态，进而对沉浸状态特征进行了补充，增加了"自成目的"一条，即人们是在内部动机的驱使下，发自内心地参与活动，不在乎任何外在奖励，活动本身就是目的。[3] 在此基础上，Novak 和 Hoffman 等根据沉浸体验发生的过程，将九大特征归为三类。[4] 第一类是条件因素，即技能与挑战的平衡、明

---

[1] Csikszentmihalyi, M. Beyond Boredom and Anxiety: The Experience of Play in Work and Games [J]. Quest, 1975, 6 (2).
[2] Massimini, F., Carli, M. The Systematic Assessment of Flow in Daily Experience [J]. Optimal Experience, 1988.
[3] Jackson, S. A. Toward a Conceptual Understanding of the Flow Experience in Elite Athletes [J]. Research Quarterly for Exercise & Sport, 1996, 67 (1).
[4] Novak, T. P., Hoffman, D. L., Yung, Y. F. Measuring the Flow Construct in Online Environments: A Structural Modeling Approach [J]. Marketing Science, 1998, 19; Novak, T. P., Hoffman, D. L., Yung, Y. F. Measuring the Customer Experience in Online Environments: A Structural Modeling Approach [J]. Marketing Science, 2000, 19 (1).

确的目标、即时的反馈，只有具备这三个条件，沉浸体验才有可能产生。第二类是体验因素，即行知合一、全神贯注、潜在的控制感，这三点描述了人在心流状态中的感受。第三类是结果因素，即自我意识丧失、时间感迥异、自成目的的体验，这是个体经历沉浸体验时内心体验的结果。而 Chen 等则认为这是心流产生的三个阶段：事前、体验和效果。①

在用户进行知识贡献的过程中，也会产生这种沉浸式的体验。如虚拟社区中的其他人提出了一个问题或发起了一场讨论，A 用户所具有的知识储备和能力使他感觉能够回答这个问题或参与其中，于是他产生了"挑战"的欲望，时刻思考这一问题，在心中形成了明确的要解决这一问题的目标。在参与讨论时全神贯注、投入其中，过程中也能够自如掌控自己的思考并跟上他人讨论的节奏，社区中的其他用户对于他的发言给予即时的反馈，对可取之处予以肯定，对不足之处予以补充，在整个过程中，该用户随时关注讨论的实时动态，完全沉浸在这一讨论中。或者某用户在工作与学习中总结出了关于解决某一问题的途径和自己实施的心得体会，希望分享给遇到同样问题的其他人。一方面，因为他自身掌握解决这一问题的方法并且已经得到实施，所以具备足够的技能；另一方面，将这一方法从问题到原理阐述清楚并且发表自己的心得体会需要倾注一定的时间精力并且需要反复提炼修改，使人能够读懂，还需要在他人提出质疑时给予解释，所以也具有很大的挑战。该用户在将自己的经验技能分享给别人这一明确目标之下，全神贯注地撰写，感觉时间不知不觉就过去了。当这一文章发布之后，其他人从中受益的反馈会让该用户感觉非常享受，即使辛苦也是值得的。面对其他人的提问和质疑，该用户也会因为有自身实践的验证而自如地与他人进行讨论，或解决他人的疑问或进一步完善自己的方案。这种情况下，该用户也会沉浸在从撰写到发布再到讨论的全过程中。

根据万晨曦、郭东强对知识贡献两种不同形式的分类，上述第一种情况中知识贡献者与接收者直接进行互动交流②，本研究称其为"参与

---

① Chen, H., Wigand, R. T., Nilan, M. S. Optimal Experience of Webactivities [J]. Computers in Human Behavior, 1999, 15 (5).
② 万晨曦，郭东强. 虚拟社区知识共享研究综述 [J]. 情报科学, 2016, 34 (8).

型知识贡献",即用户在他人发起讨论的情况下发表自己的观点、与他人共同讨论的行为;第二种情况中知识贡献者与接收者间接地产生知识共享活动,本研究称其为"主导型知识贡献",即用户主动发起讨论、分享自己的心得感悟以及教程等内容,从而引起他人参与的行为。这两种类型的知识贡献过程都会产生沉浸体验,从而引导用户持续地在虚拟社区进行知识贡献。

Koufairs 指出心流体验由感知控制、愉悦性和专注度三个维度构成。他在研究网络消费者行为时发现,挑战因素对消费者进入心流状态的影响非常小,而产品涉入度影响最大。[1] Hausman 等指出心流体验由挑战、感知控制、愉悦性和专注度四个维度构成。[2] Zaman 等指出心流体验可以用感知控制与愉悦性来衡量。[3] 熊巍等的研究证明,感知有用性、互动性、娱乐性和涉入度对心流体验有显著正向影响。王卫等提出 MOOC 平台的目标的准确性、即时的反馈以及临场感可以正向、显著影响心流体验。

本研究借鉴以上学者划分的维度,并将沉浸体验产生的三个阶段九个因素与虚拟社区的特点相结合,将沉浸体验划分为三个维度,分别是专注度、控制度和融入度。其中,专注度指的是用户专心参与虚拟社区过程的程度,包括已有研究中提到的全神贯注、自我意识丧失、浑然忘我、时间感迥异、行知合一、活动与意识融为一体等方面的内容;控制度指的是用户感觉自身有足够的相对优势来自如掌控自己参与虚拟社区的活动并在一定程度上控制参与过程,包括已有研究中提到的技能与挑战的平衡、潜在的控制感、自成目的的体验、即时的反馈、明确的目标等方面的内容;融入度指的是用户在参与虚拟社区过程中所感受到的愉悦心情以及由此产生的认同感和归属感,包括已有研究中提到的愉悦感、亲切感、归属感等方面的内容。

---

[1] Koufaris, M. Applying the Technology Acceptance Model and Flow Theory to Online Consumer Behavior [J]. Information Systems Research, 2002, 13 (2).

[2] Hausman, A. V., Siekpe, J. S. The Effect of Web Interface Features on Consumer Online Purchase Intentions [J]. Journal of Business Research, 2003, 62 (1).

[3] Zaman, M., Anandarajan, M., Dai, Q. Experiencing Flow with Instant Messaging and Its Facilitating Role on Creative Behaviors [J]. Computers in Human Behavior, 2010, 26 (5).

14.2 研究模型与假设

14.2.1 知识贡献对用户黏性的影响

徐文静将信息共享作为情感承诺构念中的重要因素，指出SNS（社交网站）用户通过实现信息共享、人际关系构建等，得到了很大程度的愉悦感，用户持续使用的意愿因而变得越发强烈。[①] 程志超、吴印博采用社会资本理论，从社会互动联结、信任和共同愿景三个维度分析和探讨知识分享对用户黏性的影响，实证分析结果显示，知识分享能够对用户黏性产生正向影响。[②] Cheng等从社会网络视角和工作群体视角提出用户在虚拟社区中进行知识贡献的行为会通过社会互动纽带和成员之间的尊重来影响成员的社会认同，而成员的社会认同会进一步增加他们的自我认同，这种自我认同感的加强又会反过来促使他们继续进行知识贡献的行为从而增加用户黏性。[③]

因此我们提出如下假设。

H1：参与型知识贡献对用户黏性有显著的正向影响。

H2：主导型知识贡献对用户黏性有显著的正向影响。

14.2.2 知识贡献对沉浸体验的影响

网络时代背景下，全新的开放式学习模式与其他网络行为（如网络聊天、网络购物、网络游戏等活动）一样可以获得沉浸体验，用户生成内容对沉浸体验的产生具有重要的意义。Soma和Asmita的研究表明，在线沉浸体验更容易产生于浏览用户自己生成内容的页面中。[④] 研究将被试分为三组：第一组被试观看呈现自然景观的幻灯片，第二组

[①] 徐文静. 影响SNS用户持续使用动机的因素分析 [D]. 长春：东北师范大学，2011.

[②] 程志超，吴印博. 社会资本视角下虚拟社区知识分享对用户粘性的影响机制研究 [J]. 情报科学，2017，35（12）.

[③] Cheng, Z. C., Guo, T. C. The Formation of Social Identity and Self-identity Based on Knowledge Contribution in Virtual Communities: An Inductive Route Model [J]. Computers in Human Behavior, 2015, 43.

[④] Soma, P., Asmita, S. Impact of Online Flow Experience on Personality Variables Subjective Happiness and Satisfaction with Life [J]. Journal of Humanities and Social Science, 2012, 5 (1).

被试浏览自己的 Facebook 主页，第三组被试接受 stroop 和算数任务，分别以脑电图、脉搏、皮肤电、肌电图、瞳孔和呼吸等生理水平为指标，结果发现浏览自己 Facebook 主页组被试的生理水平与其他两组差异显著，呈现出沉浸体验的特征。在网络虚拟社区中进行知识贡献呈现出的一些特征，如有一定的目标、即时反馈、提供具有挑战性的任务、强烈的声音和图像刺激，使人注意力集中，进而体验到沉浸状态。施涛、姜亦珂认为在虚拟社区进行知识贡献可以让用户得到自主感收益，使用户自由自主地控制自身参与虚拟社区、进行知识贡献的行为，因此可以对用户的控制感产生影响；能够使用户产生胜任感收益，更加专注于知识贡献，因此可以对用户的专注度产生影响；能够使用户产生归属感收益，为用户带来身份感，因此对用户的融入度产生影响。[1]

因此，我们提出如下假设。

H3：参与型知识贡献对专注度有显著的正向影响。

H4：主导型知识贡献对专注度有显著的正向影响。

H5：参与型知识贡献对控制度有显著的正向影响。

H6：主导型知识贡献对控制度有显著的正向影响。

H7：参与型知识贡献对融入度有显著的正向影响。

H8：主导型知识贡献对融入度有显著的正向影响。

14.2.3 沉浸体验对用户黏性的影响

当用户在虚拟社区中进行知识贡献非常顺利、享受时，这种令人兴奋的沉浸体验会使他们持续不断地进行知识贡献以继续获得这种体验。Csikszentmihalyi 提出的沉浸理论认为，沉浸就是完全投入某一情境中而体验到的一种整体感受，是人们愿意持续做出某一行为的主要动因。[2] Shiau 等和 Chang 等对博客和社交网站的研究均表明，心流体验

---

[1] 施涛，姜亦珂．学术虚拟社区激励政策对用户知识贡献行为的影响研究 [J]．图书馆，2017（4）．

[2] Csikszentmihalyi, M. Beyond Boredom and Anxiety: The Experience of Play in Work and Games [J]. Quest, 1975, 6 (2).

会影响用户的使用满意度和持续使用意愿。[1] Zhou 等针对移动即时通信软件的研究也表明,心流体验会影响用户的感知有用性和满意度,继而对用户忠诚意愿产生积极影响。[2] Lee 和 Choi 的研究表明,心流体验会影响学习者对在线课程的满意度,继而影响在线学习的持续使用意愿。[3] 陈洁等的研究证明,通过增强消费者的心流体验可以影响重复购买意愿。[4] 李仪凡的研究证实,心流体验可通过影响网络游戏者的享乐主义和满意度对其积极口碑推荐和持续使用行为产生影响。[5] 宋之杰、石晓林的研究显示,心流体验显著影响消费者对网购网站的感知有用性和满意度,继而影响用户对网购网站的忠诚度。[6] 由此,我们提出如下假设。

H9:专注度对用户黏性有显著的正向影响。

H10:控制度对用户黏性有显著的正向影响。

H11:融入度对用户黏性有显著的正向影响。

14.2.4 理论模型的提出

由于参与型知识贡献和主导型知识贡献会产生沉浸体验,而沉浸体验是用户持续某一行为的动因,因此本研究提出如图 14-1 所示的理论模型。

---

[1] Shiau, W. L., Huang, L. C., Shih, C. H. Understanding Continuance Intention of Blog Users: A Perspective of Flow and Expectation Confirmation Theory [J]. Journal of Convergence Information Technology, 2011, 6 (4); Chang, Y. P., Zhu, D. H. The Role of Perceived Social Capital and Flow Experience in Building Users' Continuance Intention to Social Networking Sites in China [J]. Computers in Human Behavior, 2007, 23 (5).

[2] Zhou, T., Lu, Y. Examining Mobile Instant Messaging User Loyalty from the Perspectives of Network Externalities and Flow Experience [J]. Computers in Human Behavior, 2011, 27 (2).

[3] Lee, Y., Choi, J. A Structural Equation Model of Predictors of Online Learning Retention [J]. Internet & Higher Education, 2013, 16 (1).

[4] 陈洁,丛芳,康枫. 基于心流体验视角的在线消费者购买行为影响因素研究 [J]. 南开管理评论, 2009, 12 (2).

[5] 李仪凡. 互联网用户体验结构模型 [D]. 上海:复旦大学, 2009.

[6] 宋之杰,石晓林. 团购网站消费者忠诚度研究——基于心流体验和信息系统持续使用理论 [J]. 科技与管理, 2013, 15 (5).

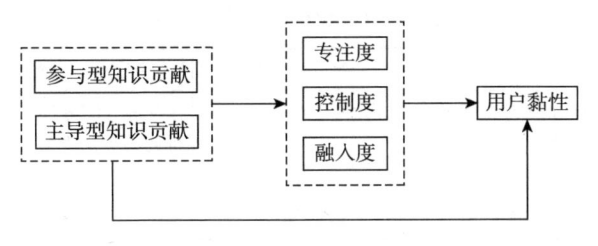

图 14-1 本研究理论模型

14.3 实证研究设计与数据分析

14.3.1 问卷设计

本研究采用问卷调查法获取数据，对理论模型进行检验。调查问卷共分为四部分，各部分的主要内容如下。

第一部分：调查问卷简介。在问卷主体部分之前首先对本研究中界定的虚拟社区进行简要介绍，使被调查者明确本调查的范围，从而根据自身情况判断是否适合填写问卷。

第二部分：筛选题。询问被试"您是否有参与虚拟社区的经历（如：知乎、豆瓣、CSDN、博客园、简书、果壳网、花瓣、站酷、经管之家、各种交流分享的贴吧论坛等）？"选项为：是（请继续作答）；否（调查结束）。若被试选择"是"则表明被试有参与虚拟社区的经历，符合本研究的调查标准，其提交的问卷为有效问卷；若被试选择"否"则表明被试没有参与过本研究中界定的虚拟社区，不符合本研究的调查标准。

第三部分：问卷主体，分为知识贡献量表、沉浸体验量表及用户黏性量表。知识贡献量表中包含参与型知识贡献和主导型知识贡献2个方面共6个题项。沉浸体验量表包含专注度、控制度和融入度3个方面共13个题项。用户黏性量表包含4个方面的内容，分别为：持续使用、访问深度、互动程度、内心情感（见表14-1）。

第四部分：人口统计特征调查。问卷最后对被调查者的性别、年龄、居住地区、受教育程度进行统计。

表 14 – 1　测量题项及其来源

潜在变量		题项	来源
参与型知识贡献	A1	我对别人在虚拟社区内提出的问题进行回答	徐文静. 影响 SNS 用户持续使用动机的因素分析 [D]. 东北师范大学, 2011; 程志超, 吴印博. 社会资本视角下虚拟社区知识分享对用户粘性的影响机制研究 [J]. 情报科学, 2017, 35 (12); Cheng, Z. C., Guo, T. C. The Formation of Social Identity and Self – identity Based on Knowledge Contribution in Virtual Communities: An Inductive Route Model [J]. Computers in Human Behavior, 2015, 43: 229 – 241
	A2	我指出别人在虚拟社区的发言中的错误并进行正确阐述	
	A3	我在虚拟社区内与其他成员共同讨论某一问题	
主导型知识贡献	B1	我主动将自己学习的心得体验在虚拟社区里分享给他人	
	B2	我在虚拟社区里发布教程将自己的知识技能分享给他人	
	B3	我在虚拟社区里将自己的作品展示给他人	
专注度	C1	参与虚拟社区的过程中我全神贯注	Csikszentmihalyi, M. Beyond Boredom and Anxiety: The Experience of Play in Work and Games [J]. Quest, 1975, 6 (2); Novak, T. P., Hoffman, D. L., Yung, Y. F. Measuring the Flow Construct in Online Environments: A Structural Modeling Approach [J]. Marketing Science, 1998, 19; Chen, H., Wigand, R. T., Nilan, M. S. Optimal Experience of Webactivities [J]. Computers in Human Behavior, 1999, 15 (5); Hausman, A. V., Siekpe, J. S. The Effect of Web Interface Features on Consumer Online Purchase Intentions [J]. Journal of Business Research, 2003, 62 (1); Zaman, M., Anandarajan, M., Dai, Q. Experiencing Flow with Instant Messaging and Its Facilitating Role on Creative Behaviors [J]. Computers in Human Behavior, 2010, 26 (5)
	C2	参与虚拟社区的过程中我能够达到一种浑然忘我的状态	
	C3	参与虚拟社区使我感觉时间过得特别快,总有意犹未尽的感觉	
	C4	参与虚拟社区的过程中我能够将活动与意识融为一体	
控制度	D1	参与虚拟社区的讨论使我感觉既有挑战性又有成就感	
	D2	我能够自如地掌控自己参与虚拟社区的讨论	
	D3	我发自内心地参与虚拟社区中的讨论,不在意外部奖励	
	D4	我希望自己在虚拟社区中发表的内容能够得到即时的反馈	
	D5	我与社区其他成员有一定的相似性,沟通顺畅	
融入度	E1	参与虚拟社区的过程使我感到愉悦	
	E2	参与虚拟社区的过程使我感到亲切	
	E3	我能够融入虚拟社区成员的圈子	
	E4	在其他场合我也能时刻意识到自己是某社区的成员	

续表

潜在变量		题项	来源
用户黏性	F1	我定期性、经常性地访问某一虚拟社区	
	F2	我熟悉某虚拟社区每个板块的内容，并持续关注其更新情况	
	F3	我与其他成员自然地沟通，彼此有一定的熟悉程度	
	F4	我对某虚拟社区有归属感	

14.3.2 量表的效度检验

经过预调研，将与其他题项一致性较差的 C4 和 D2 删除，形成最终的调查问卷。通过 QQ、微信以及几个主流虚拟社区发放问卷，共回收 329 份，剔除无效问卷 41 份，共收集到 288 份有效问卷。将正式调查收集的数据用 SPSS 21.0 软件进行统计分析，发现参与型知识贡献、主导型知识贡献、专注度、控制度、融入度、用户黏性 6 个潜在变量的 Cronbach α 系数值都在 0.8 以上，说明量表的信度良好，KMO 值以及球形检验结果都显著，适合进行因子分析，具体如表 14 - 2 所示。

表 14 - 2　量表的 Cronbach α 系数、KMO 值及球形检验结果

维度		Cronbach α 系数	KMO 值	Bartlett 球形检验		
				近似卡方	df	Sig.
知识贡献	参与型知识贡献	0.837	0.701	776.898	15	0.000
	主导型知识贡献	0.854				
沉浸体验	专注度	0.802	0.837	1501.202	55	0.000
	控制度	0.864				
	融入度	0.861				
用户黏性		0.864	0.741	247.381	6	0.000

针对知识贡献量表（包含参与型知识贡献和主导型知识贡献两个潜在变量）采用主成分分析法提取因子，采用最大方差法进行因子旋转，旋转在 3 次迭代后收敛，解释的累积方差为 76.533%（见表 14 - 3）。旋转后得到两个因子，题项 B1、B2、B3 落到第一个因子上的载荷均超过

0.8，题项 A1、A2、A3 落到第二的因子上的载荷也均超过 0.8（见表 14-4），这说明知识贡献量表具有良好的效度。

表 14-3　知识贡献量表解释的总方差

单位：%

成分	初始特征值			提取平方和载入			旋转平方和载入		
	合计	方差	累积方差	合计	方差	累积方差	合计	方差	累积方差
1	2.897	48.289	48.289	2.897	48.289	48.289	2.322	38.702	38.702
2	1.695	28.244	76.533	1.695	28.244	76.533	2.270	37.832	76.533
3	0.449	7.486	84.019						
4	0.394	6.572	90.591						
5	0.353	5.880	96.471						
6	0.212	3.529	100.000						

表 14-4　知识贡献量表旋转成分矩阵

题项	成分	
	1	2
A1	0.125	0.841
A2	0.118	0.853
A3	0.101	0.890
B1	0.877	0.074
B2	0.858	0.144
B3	0.881	0.134

针对沉浸体验量表（包含专注度、控制度和融入度三个潜在变量）采用主成分分析法提取因子，采用最大方差法进行因子旋转，旋转在 5 次迭代后收敛，解释的累积方差为 71.580%（见表 14-5）。旋转后得到三个因子，题项 E1、E2、E3、E4 落到第一个因子上的载荷均超过 0.8，题项 D1、D3、D4、D5 落到第二个因子上的载荷均超过 0.7，题项 C1、C2、C3 落到第三个因子上的载荷均超过 0.7（见表 14-6），这说明沉浸体验量表具有良好的效度。

第十四章 虚拟社区知识贡献对用户黏性的影响研究

表 14-5 沉浸体验量表解释的总方差

单位：%

成分	初始特征值 合计	初始特征值 方差	初始特征值 累积方差	提取平方和载入 合计	提取平方和载入 方差	提取平方和载入 累积方差	旋转平方和载入 合计	旋转平方和载入 方差	旋转平方和载入 累积方差
1	4.553	41.393	41.393	4.553	41.393	41.393	2.865	26.044	26.044
2	2.039	18.533	59.926	2.039	18.533	59.926	2.851	25.917	51.961
3	1.282	11.654	71.580	1.282	11.654	71.580	2.158	19.620	71.580
4	0.531	4.827	76.408						
5	0.494	4.492	80.900						
6	0.456	4.149	85.049						
7	0.434	3.946	88.995						
8	0.381	3.467	92.461						
9	0.303	2.758	95.219						
10	0.282	2.561	97.779						
11	0.244	2.221	100.000						

表 14-6 沉浸体验量表旋转成分矩阵

题项	成分 1	成分 2	成分 3
C1	0.019	0.206	0.855
C2	0.071	0.329	0.735
C3	0.228	0.122	0.838
D1	0.208	0.795	0.203
D3	0.150	0.825	0.114
D4	0.088	0.794	0.224
D5	0.144	0.813	0.208
E1	0.804	0.152	0.136
E2	0.853	0.162	0.061
E3	0.836	0.071	0.110
E4	0.800	0.164	0.049

最后，针对用户黏性量表（只包含一个维度）采用主成分分析法提取因子，只能提取出一个因子，无法进行旋转，解释的累积方差为 66.695%，四个题项在公因子上的载荷分别为 0.714、0.761、0.778 和 0.758，均超过 0.7，这说明用户黏性量表也具有良好的效度。

14.3.3 模型外在质量评估

利用 AMOS 21.0 软件进行模型外在质量检验，通过六次修正以后，模型的适配性达到可接受水平，具体的绝对适配度指数、增值适配度指数以及简约适配度指数如表 14-7 所示。除 AGFI 值和 RFI 值稍稍低于最理想的适配标准之外，其余适配指标均达到理想适配标准。由于 AGFI 值和 RFI 值已经接近理想的适配标准，因此不再对模型进行继续修正以免影响整体模型的意义。总体来说，模型适配良好，外在质量较好。

表 14-7 修正后的结构模型适配度检验摘要

	统计检验量	适配的标准或临界值	检验结果数据	模型适配判断
绝对适配度指数	χ^2 值	P > 0.05（未达到显著性水平）	279.356（P = 0.124）	是
	RMR 值	< 0.05	0.046	是
	RMSEA 值	< 0.08（< 0.05 为优良，< 0.08 为良好）	0.055	良好
	GFI 值	> 0.90	0.909	是
	AGFI 值	> 0.90	0.877	否
增值适配度指数	NFI 值	> 0.90	0.903	是
	RFI 值	> 0.90	0.881	否
	IFI 值	> 0.90	0.952	是
	TLI 值（NNFI 值）	> 0.90	0.941	是
	CFI 值	> 0.90	0.952	是
简约适配度指数	PGFI 值	> 0.50	0.673	是
	PNFI 值	> 0.50	0.735	是
	PCFI 值	> 0.50	0.775	是
	CN 值	> 200	295	是
	χ^2 自由度比	< 2.00	1.633（自由度为171）	是
	AIC 值	理论模型值小于独立模型值，且同时小于饱和模型值	440.872 < 462.000 < 3349.297	是
	CAIC 值	理论模型值小于独立模型值，且同时小于饱和模型值	660.650 < 1308.144 < 3426.220	是

14.3.4 模型内在质量评估

潜在变量组合信度值的计算结果如表14-8所示,其中,参与型知识贡献的潜在变量组合信度值为0.8372,主导型知识贡献为0.8558,专注度为0.8050,控制度为0.8559,融入度为0.8489,用户黏性为0.8311,均符合在0.6以上的标准。潜在变量的平均提取方差值(AVE)的计算结果如表14-8所示,其中,参与型知识贡献的潜在变量的平均提取方差值为0.6322,主导型知识贡献为0.6646,专注度为0.5795,控制度为0.5981,融入度为0.5848,用户黏性为0.5517,均符合在0.5以上的标准。此外,单个观察变量的项目信度(individual item reliability)在0.5以上,所有参数统计量的估计值均达到显著水平,即T绝对值>1.96,P<0.05,总体来说模型的内在质量良好。

表14-8 模型内在质量检验摘要

潜在变量	测量指标	因素负荷量	信度系数(R^2)	测量误差($1-R^2$)	组合信度	平均提取方差值(AVE)
参与型知识贡献	A1	0.766	0.586	0.414	0.8372	0.6322
	A2	0.762	0.580	0.420		
	A3	0.854	0.729	0.271		
主导型知识贡献	B1	0.804	0.647	0.353	0.8558	0.6646
	B2	0.785	0.617	0.383		
	B3	0.855	0.731	0.269		
专注度	C1	0.785	0.617	0.383	0.8050	0.5795
	C2	0.719	0.517	0.483		
	C3	0.778	0.606	0.394		
控制度	D1	0.824	0.678	0.322	0.8559	0.5981
	D3	0.721	0.520	0.480		
	D4	0.775	0.601	0.399		
	D5	0.770	0.593	0.407		
融入度	E1	0.803	0.645	0.355	0.8489	0.5848
	E2	0.765	0.585	0.415		
	E3	0.702	0.492	0.508		
	E4	0.785	0.616	0.384		

续表

潜在变量	测量指标	因素负荷量	信度系数（R^2）	测量误差（$1-R^2$）	组合信度	平均提取方差值（AVE）
用户黏性	F1	0.713	0.508	0.492	0.8311	0.5517
	F2	0.768	0.590	0.410		
	F3	0.743	0.552	0.448		
	F4	0.746	0.557	0.443		

14.3.5 模型路径系数

在对模型进行外在质量检验及内在质量检验并基本满足要求之后，对模型的路径系数进行整理说明。图 14-2 中对模型的 11 条路径（分别对应 11 个假设）的编号 W1-W11 及其路径系数进行标注，除路径 W8（主导型知识贡献对融入度的影响）之外，其他路径系数在 0.01 的显著性水平下均为显著，路径系数均为正。

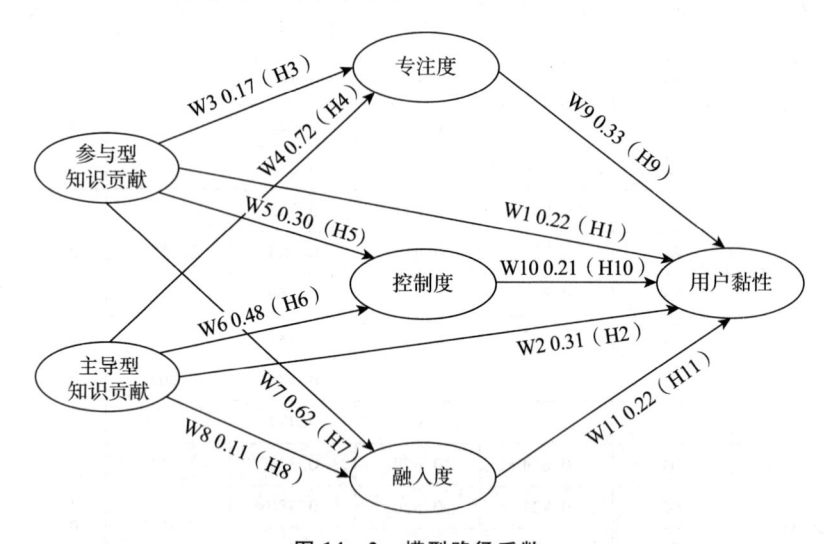

图 14-2 模型路径系数

图 14-2 各路径计算模型中各潜在变量之间关系的直接效果值、间接效果值以及总效果值如表 14-9 所示。参与型知识贡献对专注度、控制度以及融入度的直接效果值分别为 0.17、0.30 和 0.62，由于不存在间接效果，故总效果值与其对应的直接效果值相同。参与型知识贡献对用

户黏性的直接效果值为 0.22，间接效果值为 W3×W9+W5×W10+W7×W11=0.17×0.33+0.30×0.21+0.62×0.22=0.2555，总效果值=直接效果值+间接效果值=0.22+0.2555=0.4755。主导型知识贡献对专注度、控制度以及融入度的直接效果值分别为 0.72、0.48 和 0.11，由于不存在间接效果，故总效果值与其对应的直接效果值相同。主导型知识贡献对用户黏性的直接效果值为 0.31，间接效果值为 W4×W9+W6×W10+W8×W11=0.72×0.33+0.48×0.21+0.11×0.22=0.3384，总效果值=直接效果值+间接效果值=0.31+0.3384=0.6484。专注度、控制度和融入度对用户黏性的直接效果值分别为 0.33、0.21 和 0.22，由于不存在间接效果，故总效果值与其对应的直接效果值相同。

表 14-9　模型中各效果值

变量关系	直接效果值	间接效果值	总效果值
参与型知识贡献→专注度	0.17	—	0.17
参与型知识贡献→控制度	0.30	—	0.30
参与型知识贡献→融入度	0.62	—	0.62
参与型知识贡献→用户黏性	0.22	0.2555	0.4755
主导型知识贡献→专注度	0.72	—	0.72
主导型知识贡献→控制度	0.48	—	0.48
主导型知识贡献→融入度	0.11	—	0.11
主导型知识贡献→用户黏性	0.31	0.3384	0.6484
专注度→用户黏性	0.33	—	0.33
控制度→用户黏性	0.21	—	0.21
融入度→用户黏性	0.22	—	0.22

根据 AMOS 21.0 输出的报表以及上文对检验结果进行的总结，将假设检验是否通过的情况在表 14-10 中进行总结。H1 参与型知识贡献对用户黏性有显著的正向影响，在 0.01 的显著性水平下通过检验，标准化路径系数为 0.22；H2 主导型知识贡献对用户黏性有显著的正向影响，在 0.01 的显著性水平下通过检验，标准化路径系数为 0.31；H3 参与型知识贡献对专注度有显著的正向影响，在 0.01 的显著性水平下通过检验，标准化路径系数为 0.17；H4 主导型知识贡献对专注度有显著的正向影

响，在 0.01 的显著性水平下通过检验，标准化路径系数为 0.72；H5 参与型知识贡献对控制度有显著的正向影响，在 0.01 的显著性水平下通过检验，标准化路径系数为 0.30；H6 主导型知识贡献对控制度有显著的正向影响，在 0.01 的显著性水平下通过检验，标准化路径系数为 0.48；H7 参与型知识贡献对融入度有显著的正向影响，在 0.01 的显著性水平下通过检验，标准化路径系数为 0.62；H8 主导型知识贡献对融入度有显著的正向影响，P 值为 0.073，在 0.01 的显著性水平下没有通过检验；H9 专注度对用户黏性有显著的正向影响，在 0.01 的显著性水平下通过检验，标准化路径系数为 0.33；H10 控制度对用户黏性有显著的正向影响，在 0.01 的显著性水平下通过检验，标准化路径系数为 0.21；H11 融入度对用户黏性有显著的正向影响，在 0.01 的显著性水平下通过检验，标准化路径系数为 0.22。

表 14 - 10　假设检验概况

假设	路径关系	标准化路径系数	P 值	结论
H1	参与型知识贡献→用户黏性	0.22	0.002	支持
H2	主导型知识贡献→用户黏性	0.31	***	支持
H3	参与型知识贡献→专注度	0.17	0.004	支持
H4	主导型知识贡献→专注度	0.72	***	支持
H5	参与型知识贡献→控制度	0.30	***	支持
H6	主导型知识贡献→控制度	0.48	***	支持
H7	参与型知识贡献→融入度	0.62	***	支持
H8	主导型知识贡献→融入度	0.11	0.073	不支持
H9	专注度→用户黏性	0.33	***	支持
H10	控制度→用户黏性	0.21	***	支持
H11	融入度→用户黏性	0.22	0.002	支持

对于假设 8 中，主导型知识贡献对融入度产生显著正向影响的检验未通过，原因可能在于，在用户进行主导型知识贡献的情况下，更多的是将在工作与学习中总结出的关于解决某一问题的途径和自己实施的心得体会分享给他人。用户可能更多的是将精力倾注在如何撰写这一教程中，并反复修改提炼，这一过程会比教程发布之后的讨论在贡献者的心

中分量更重。其更多的是引发贡献者的专注与掌控全局的享受，而与其他用户的讨论则相对弱化，因此主导型知识贡献更多的是通过专注度和控制度对用户黏性产生影响。相反，参与型知识贡献本身就是始于参与讨论，所以用户的融入度起到很重要的作用。

14.4 研究结论

14.4.1 知识贡献对用户黏性产生显著的正向影响

参与型知识贡献对用户黏性产生显著的正向影响，直接影响效果为0.22，间接影响效果为0.2555，总效果为0.4755；主导型知识贡献对用户黏性产生显著的正向影响，直接影响效果为0.31，间接影响效果为0.3384，总效果为0.6484。从模型标准化路径系数可以看出，主导型知识贡献对用户黏性的正向影响大于参与型知识贡献对用户黏性的正向影响。对于用户黏性，本研究主要是从用户持续使用（经常访问）、访问深度、与其他用户的互动程度以及用户自身的认同感和归属感四个方面来衡量的。两种形式的知识贡献都能够促使用户在发言之后持续不断地继续访问特定的虚拟社区，随时关注自己的发言是否受到了他人的关注或者他人对自己的发言所持的态度。进行知识贡献之后，无论是参与别人发起的讨论还是自己主动引起话题都会使用户不仅仅是单纯浏览虚拟社区内容，而且会引发深入思考，对该虚拟社区中的内容进行深入了解，获得深刻印象。在进行两种类型的知识贡献的过程中，贡献者与其他用户之间的互动程度是比较深的，甚至会发展到虚拟社区之外的其他场合的交流和联系。当上述三个方面都满足时，用户自然而然会对该虚拟社区产生认同感和归属感，将访问这一虚拟社区当作生活与学习的一部分，与他人交流时也会不自觉地提到这一虚拟社区并向他人推荐。相比而言，进行主导型知识贡献的用户可能会更加专注、投入地进行知识的创造，更加缜密、深入地进行思考，更容易建立起对特定虚拟社区的感情，因此主导型知识贡献对用户黏性的影响程度更深。

14.4.2 知识贡献对沉浸体验产生显著的正向影响

在知识贡献对专注度的影响方面，参与型知识贡献对专注度产生显著的正向影响，影响效果为0.17；主导型知识贡献对专注度产生显著的正向影响，影响效果为0.72。从模型标准化路径系数可以看出，主导型知识贡献对专注度的正向影响要远远大于参与型知识贡献对专注度的正向影响。参与型知识贡献侧重的是在虚拟社区内与其他用户的交流互动，而主导型知识贡献虽然也有与其他用户的互动，但是用户的更多精力可能会用于在社区发布内容之前的撰写工作，这需要很大的投入程度。用户撰写内容的过程中行为与意识高度统一，感觉时间过得很快，更容易达到浑然忘我的状态，这也是进行主导型知识贡献的用户专注度更高的原因。

在知识贡献对融入度的影响方面，参与型知识贡献对融入度产生显著的正向影响，影响效果为0.62；主导型知识贡献对融入度的影响在0.01的显著性水平下并不显著。前文在解释主导型知识贡献对用户专注度的影响要大于参与型知识贡献时提到，进行主导型知识贡献的用户会将很大一部分注意力集中在发布内容之前的撰写工作上，因此专注程度会比较高。也是由于这个原因，进行主导型知识贡献的用户分配在交流互动上的精力会相对少一些，因此其融入度显得不那么显著。而进行参与型知识贡献的用户本身的出发点便是参与某一话题的讨论，整个过程都处于交流互动中，虽然他们也会在发表自己的观点之前进行深入的思考与总结，但是其侧重程度与主导型知识贡献有所不同。因此，参与型知识贡献对用户融入度的影响要显著大于主导型知识贡献。

在知识贡献对控制度的影响方面，参与型知识贡献对控制度产生显著的正向影响，影响效果为0.30；主导型知识贡献对控制度产生显著的正向影响，影响效果为0.48。从模型标准化路径系数可以看出，主导型知识贡献对控制度的正向影响要大于参与型知识贡献对控制度的正向影响。用户进行参与型知识贡献和主导型知识贡献时都需要具备一定的能力和知识储备去自如地掌控自己的发言，当用户进行发言之后希望其他成员关注自己，希望得到即时的反馈，假如反馈即时且有价值，用户再次参与的意愿会更加强烈。这种良性循环的产生不是靠外部奖励而是发自内心的意愿，当意愿与能力同时具备时，用户便会感觉到这样的参与能够在自己的掌控之中，内心会感觉非常的顺畅。至于主导型知识贡献对控制度的影响大于参与型知识贡献对控制度的影响，其原因可能在于主导型知识贡献的挑战性和贡献之后的成就感更加强烈。

14.4.3 沉浸体验对用户黏性产生显著的正向影响

专注度、控制度和融入度均对用户黏性产生显著的正向影响，从模型标准化路径系数可以看出，专注度对用户黏性的影响程度最深，影响效果为0.33，其次是融入度和控制度，分别为0.22和0.21。用户在进行知识贡献的过程中全神贯注地投入，达到一种浑然忘我的状态，当前所进行的活动与自己的意识高度统一，用户会感觉时间过得很快，结束访问虚拟社区时总有一种意犹未尽的感觉。能够在虚拟社区进行知识贡献的用户本身具有一定的优势和能力来自如地掌控自身参与虚拟社区的活动，与他人顺利地交流并清晰地表达自己的观点，赞同或反驳他人的观点并提出充分的理由。他们希望自己的发言能够得到即时的反馈，反馈越充分他们再次参与的意愿越强烈，并非由外部奖励所引起。当在特定虚拟社区的知识贡献达到一定程度时，用户会把访问虚拟社区当成自然而然的事情，并且会在访问过程中随时进行知识贡献，这种体验不是刻意为之，而是顺其自然地完成。用户体验到亲切、愉悦的感觉，对虚拟社区产生归属感，甚至在其他非虚拟社区情境之下也能时刻意识到自己是某一虚拟社区的成员，并引以为荣，主动向他人推荐。因此，用户在进行知识贡献时产生的沉浸体验能够促使用户持续、深入地访问某一虚拟社区，与其他成员进行互动，并产生归属感。这种网络用户黏性也就是赵青、薛君提出的在持续使用基础上形成的具有一定心理依赖特征且其程度介于正常使用和成瘾之间的行为。[1]

---

[1] 赵青，薛君. 网络用户粘性行为测评研究 [J]. 统计与信息论坛，2014，29 (10).

第六部分

政策建议篇

第十五章 实现中国教育消费合理化的启示

15.1 中国教育消费合理化的方向和目标

15.1.1 中国教育消费合理化的方向

中国实现教育消费合理化的方向是，遵循教育发展的基本规律，继续加大教育改革力度，通过完善教育消费的环境和政策推动教育消费向合理化的方向转变；通过合理的区域经济、城乡经济发展政策提高城乡居民的收入，从而提高全社会教育消费水平和消费能力；通过合理的经济政策逐渐消除日益扩大的收入分配和贫富差距，缩小各阶层教育消费差距，实现教育消费公平；通过正确的理论宣传与教育，转变家庭和个人教育消费观念，改变非理性消费观念和行为，努力促进教育信息化建设，从而推动我国教育消费质量的升级。

15.1.2 中国教育消费合理化的目标

中国教育消费合理化的总目标是，教育消费在促进人的全面发展的基础上，实现人的幸福最大化。其中包括：消费性教育消费合理化、研究型教育消费合理化、家庭和个人教育消费选择的行为合理化、全社会教育消费水平和结构与经济社会发展相匹配等。

在我国现代化进程中，必须实现教育消费合理化，加大研究型教育消费投入，加快消除教育消费的不合理现象，从而实现经济的持续增长。

15.2 中国教育消费合理化的对策

根据我国教育消费合理化的方向和目标，结合前面几部分对我国教育消费问题的研究，本章认为做好以下几方面工作是中国教育消费合理化发展得以实现的有力保证。

15.2.1　改革教育管理和投资体制

（1）改变单一的以政府为主体的教育投资体制，实现办学体制多元化。长期以来，我国的办学体制受经济体制的束缚和制度惯性的影响，教育投资形成了以政府投资为主要渠道的体系，办学主体单一，缺乏个人、社会的共同参与，抑制了地方、社会的办学积极性。其结果是，教育投入渠道过窄，整体社会资源的调动不足，使我国主要依靠政府投资；庞大的教育体系在较低水平上运转，难以有力支撑教育规模的扩大和教育质量的提高，不能满足人民群众日益增长的教育需求；办学模式单一，缺乏特色和活力。

近年来，随着办学体制的改革，原有的国家单一办学的体制逐步向以国家办学为主、社会各界参与、多种形式办学的体制转化，以政府办学为主与以社会办学为辅的办学体制逐步形成。实践表明，教育投资渠道和办学主体的多元化，一方面，可以通过市场机制适当缓解教育资源不足的问题，满足社会对教育的不同需求；另一方面，有助于打破办学模式僵化的局面，改变由国家通过考试选拔少数人，使其接受高等教育的状况，使教育更直接地面向社会的实际需求。我国教育要进一步走出僵化的经济体制，更大限度地摆脱经费短缺、活力缺乏的困境，必须进一步转变办学思想、改变办学体制、鼓励各种社会力量投资办学，形成主体多元化的办学体系，即以国家办学为主、多种办学体制共同发展的格局。

（2）继续加大教育管理体制改革力度，确立高校法人地位。我国的高等学校，从招生计划到专业设置乃至课程安排，仍没有摆脱政府对学校的限制，不利于学校办学自主权的充分发挥，不利于高校根据社会发展情况灵活地调整培养规模和方向，培养社会急需的人才。必须调整政府与学校的关系，划清宏观管理和执行的权力界限，使高等学校真正成为面向社会、自主办学的法人实体。

在增强学校办学自主权的同时，还应当认真选出一批必要的权威性中介机构，包括评价、咨询、审议等机构，以便能够客观、公正地指导学校不断提高办学水平和办学效益，并在此基础上使政府及其主管部门逐步转向以完善法律法规、制定教育长远规划等为主的宏观教育管理，为调整政府和学校的关系奠定更为坚实的基础。

15.2.2 大力推行素质教育

（1）加强教育法制建设。推行素质教育是我国21世纪教育发展的主导和既定目标。应将素质教育的有关内容，如关于国民素质的基本要求、素质教育的基本方针等，写入《宪法》、《教育法》和《教师法》等法律法规之中，做到实施素质教育时能有法可依、有章可循，从而，确立国民正确的素质教育意识。继续加大教育法制建设、教育体制改革以及社会综合改革的力度，将素质教育纳入国家整体发展的运行机制之中，并给予其明确地位，使素质教育的发展真正成为"科教兴国"战略的核心内容之一。

（2）切实提高全体教师的素质和水平。转变校长、教师和教育行政管理人员的思想观念和方法，在此基础上给予其更多、更大的自主权，最大限度地调动其主动性和积极性。教育行政管理机构内部的师范、高教、人事等司、局部门应有系统和科学的规划，把提高全体教师的素质和水平等工作落到实处。

（3）协调处理好素质教育与应试教育的关系。正确认识并协调处理好素质教育与考试、全面发展与注重个性、学校教育与社会家庭教育、教育的普及与提高、教育改革与社会进步、国家标准与地方特色、择校与就近入学、基础教育与其他各类教育的关系。加大科学的指导和决策力度，使素质教育不仅深入人心，而且有深厚的理论基础。

15.2.3 控制教育消费差异，实现教育公平

（1）控制经费投入差异，促进高等教育内涵式发展。实证分析发现，高校整体基尼系数较大，科技经费投入存在严重的不公平现象，特别是在同类别高校之间，差异呈增大趋势，尤其要重视更易引起社会矛盾的极化现象。高等教育事业的内涵式发展涉及效率与公平两方面，整体科研效率的提升虽然离不开高水平大学的带动作用，但更需要公平的竞争环境，缺少公平的效率是低水平的，尤其是在高水平大学边际效率递减阶段，更应合理配置教育资源，适当地增加科技经费在发展落后学

校上的投入，这既有利于高等教育资源的均衡布局，又有利于提高整体科研效率、增强高校竞争意识、促进高等教育的内涵式发展。

（2）加大农林类高校科技经费投入，促进高等教育均衡发展。十九大报告中提出的"基本普及高等教育"目标的实现要求高等教育全面均衡的发展，需要各类别高校整体水平的提升作为保障。针对农林类高校科技经费投入水平低、差距大、发展公平性不足等问题，相关部门要认清高等农林教育在解决"三农"问题中的重要作用，落实《关于推进高等农林教育综合改革的若干意见》，"在重大改革、建设项目中加大高等农林教育支持力度"，实现各类别高校、各学科门类的均衡发展。

（3）健全公平评价指标与动态竞争机制。一方面，高校类别、学科优势不同导致科技经费投入上的差异，高等教育需要的公平竞争不是要消灭差异，而是在公平的评价指标下完善经费投入机制，既保证不同高校得到充分的经费支持，又能避免部分高校资源垄断所导致的低效率现象出现。与此同时，要发挥科技经费配置的引导作用，办出高校特色，克服同质化倾向，但不能将科技经费的多少作为衡量课题研究重要性的标准。另一方面，在"双一流"建设过程中，健全"优胜劣汰"的动态竞争机制，剔除未达标的高校或学科，既能保证公平，又能避免高校身份固化所造成的教育发展竞争缺失问题。

15.2.4　融合国家战略，提升教育消费质量

《推进共建"一带一路"教育行动》指出，教育是"一带一路"建设的基础，具有先导性作用，高等教育消费质量的提升对重点地区的发展具有重要意义。

（1）加强多方合作，提高管理水平。教育消费质量持续提升的主要动力来自外部政策条件的改善与技术效率的提高。一方面，高校间应加强合作，相互借鉴经验，做到优势互补，进而提高管理水平，高水平的管理与外部条件的改善密切配合，共同促进教育消费质量的不断提高；另一方面，应当完善高校与民间企业的交流合作机制，使产学研相结合，双方优势互补、良性合作，实现双赢甚至多赢。

（2）注重规模效应，避免投入冗余。十九大报告指出，要实现高等教育的内涵式发展，既要提高效率，又要保证公平。在高等教育资源的

投入方面，需要协调好各投入要素之间的关系，增强高等教育资源配置的合理性，提高资源的利用效率，既要考虑规模效应，又要避免投入冗余。除此之外，高等教育资源的投入需更加注重地区间公平，控制地区间差异，进而提升教育消费的质量与合理性。

（3）落实《国家中长期教育改革和发展规划纲要（2010—2020年）》等文件精神，完善资源投入监督体系。"全面提高高等教育质量"这一目标的实现，一方面需要相关地区积极融入国家战略，重视高等教育事业的发展，提高扶持力度，为高等教育提供良好的外部政策条件；另一方面，需要完善对教育经费等资源使用流程的监督，这既有利于社会大环境的改善，又可以避免资源浪费现象的发生，从源头上打破阻碍资源配置效率提升的桎梏，进一步地提升高等教育消费质量。

15.2.5 大力发展研究型教育

（1）创造适宜的家庭教育环境，为培养创新型人才奠定基础。一个人的创新性蕴藏在他的自主性之中，而自主性的发展离不开他生活的环境，是在与他的生活环境相互刺激的过程中形成的。如果环境能不断地刺激一个人做出主动、独立的反应，为他提供个性发展的机会，他的自主性就会得到较为充分的发展。反之，如果环境总是对个体富有自主的、独创的表现做出否定反应，一个人的自主性自然就会收敛，甚至被扼杀。

综观大量创新型人才的成长历程，创新能力的取得在很大程度上得益于家庭教育的成功。适宜的家庭环境对孩子的教育要宽严相济，既要严格要求，又不应过分监督，以免影响孩子自主个性的形成。

（2）加大全社会对教育的关注，为创新型人才的培养注入生命和力量。全社会要营造一种创新的氛围，激励创新，使每一个人能充分发挥创新性、积极性。培养创新型人才是国家创新体系的一个重要部分，要加大舆论宣传，使加大创新型人才培养力度成为全社会的共识，受到人们越来越多的重视。

（3）扬长避短，加大教育创新。我们应把中国教育注重知识，要求学生勤奋、踏实、谦虚与美国教育注重智力开发、综合能力培养，要求学生兴趣广、视野宽、胆子大结合起来；把中国教育强调知识的严密、完整、系统与美国教育注重掌握知识的内在精神和发展方向结合起来；

把中国教育强调学生基础知识扎实与美国教育强调学生自立、开拓结合起来；把中国教育强调求实的作风与美国教育追求浪漫的风格结合起来；把中国教育"学多悟少"与美国教育"学少悟多"结合起来，探索出创新教育的有效模式。同时，还要营造创新的氛围和环境，树立科学的态度和科学的精神等。

（4）国家应该强化高等教育质量监督机制，充分发挥政府在保证高等教育质量上的重要作用。通过法律手段或者制定一系列政策、资助贫困生完成学业以及对各大高校进行评估的方法，对高等学校的教育质量进行监督。构建合理的人才机制，建立科学的人才任用机制；针对人才资源有限的现状，重视人才的可持续发展，以人为本；通过了解不同人才的特点，在选拔上坚持公正、公开、公平的原则，不断完善各项人才考核制度；在坚持"人尽其才，才尽其用"的原则下，对各类人才的潜力进行激发，积极探索改革分配制度。

（5）加强对研究型人才的培养，加大资金扶持力度。研究型教育消费的增加可以改善我国劳动力就业结构、提升劳动力技术水平，帮助企业实现从"中国制造"向"中国创造"的转型升级，进而实现我国产业结构从劳动密集型、资源密集型向技术密集型、资本密集型以及创新密集型转变，促进产业结构升级。因此，需要重视研究型教育消费在我国经济发展模式转变过程中的作用。

（6）各地区在研究型教育消费的扶持方式上应该更具灵活性，以促进区域协调发展。宏观层面上研究型教育消费对产业结构升级的促进机制已经得到证实。但是我国地域广阔，各个地区之间具有差异性，地区之间研究型教育消费对产业结构升级的促进机制并不相同，部分区域这种促进作用还未显现出来，所以应该进一步挖掘研究型教育消费在促进产业结构升级方面的潜力，推动二者的良性互动。

15.2.6　调整和加强职业教育

职业教育与经济、社会和科学技术发展的关系最为密切和直接。经济发展中，产业结构、区域结构、城乡结构的变化，引致所需劳动力层次的结构和人才标准的变化，职业教育必须根据人才市场的需求，及时调整办学目标、专业结构和课程结构等，把人才素质结构的培养目标与国民经济发展的目标有机地结合起来。职业教育部门应积极主动探索发展职业教育的新路子。

（1）加强宏观调控，协调供需矛盾。我国重学科教育、轻技术与职业教育，重理论、轻实践的传统教育观念，使个人接受职业教育的需求明显不足。高等院校本科扩招政策的实施，使个人的职业教育需求减少，职业教育社会供需矛盾加剧，进而导致市场调控职业教育公共目标失灵。显然，这种宏观调控仅仅靠职业教育行政部门是难以完成的，建议由中央政府加强宏观管理，重点抓好以下工作。

一是统筹管理。政府应加强对职业教育的统一管理、统筹规划、综合协调，满足社会对人才的需求，逐步完善职业教育机制、动力机制和约束机制。此外，政府还应抓好统筹专业布局、统筹招生、统筹督导评估等工作。

二是在政策上，鼓励职业院校建立符合中国国情的教育模式、建立科学的教学体系。通过监督、评估来推动职业教育办学机构内部的改革。同时，政府应调整财政投入结构，强化普通高等教育和普通高中教育的成本分担机制，引导人们对职业教育的有效需求，实现发展职业教育的宏观调控目标。

（2）以市场需求为导向，加快关于课程调整与教材的研究。经济的发展带来许多新的就业机会，但现有人才与新的就业要求不相适应。职业教育如果不能适应经济发展变化的需要，培养的毕业生就找不到合适的工作岗位，进而造成人力资本投资的浪费。

为提高职业教育的质量应抓好以下工作：一是加强教育科研，把握市场对人才需求的动态，为课程设置提供科学依据；二是加强教研与教学管理，提高教师的教学水平；三是加快教材体系改革，调整培养目标。职业教育的主要功能是为企业培养具有一定技能的劳动力。这一特点决定了它必须面向劳动力市场，改变目前教材中出现的"少、空、旧"现象，建立既注重基础知识又突出职业教育特色的全新教材体系。

（3）完善职业资格标准，强化就业准入制度。相关管理部门应根据我国经济结构的战略性调整，以及劳动力市场的需求趋势，制定完善的职业资格标准及其实施细则，并加强就业准入制度建设。职业教育部门和机构要依据职业资格标准和就业准入制度，制定相应的职业教育和培养标准，优化专业设置和教学内容，使应用型人才培养能够适应国内外竞争的需要。

15.2.7 鼓励发展民办教育

（1）鼓励我国民办教育的发展。首先要认识到民办教育和公办教育是我国教育事业的不同形式，只要管理得当，就能推动我国教育事业的发展。它们之间的竞争，既有利于民办教育的发展，也有利于公办教育的完善和发展。同时，公平竞争并不否定民办学校的自主权，即从法律层面看，民办学校应比公办学校享有更大的发展空间和自由性，如民办学校应享有比公办学校更优惠的招生政策，若将公办学校的办法套用在民办学校身上，看似公平实际上对民办学校是不公平的。因为它忽略了民办学校的特征：自筹资金，自主办学，不要国家投资和人员编制等。如果对民办学校的招生限制过多，则会损害举办者的权益，不利于民办教育事业的发展。所以，从制度上要给我国民办教育国民待遇，鼓励民办教育健康发展。要实现公办学校与民办学校共同发展，必须提高民办教育在整个教育体系中的结构比例，扩大民办教育的办学规模，不断增强民办教育的整体实力，逐步形成民办学校与公办学校互相促进、互相竞争、协调发展的局面。

（2）鼓励社会以多种形式参与办学。例如，私人办学、事业单位办学、企业单位办学、集团办学、股份制办学、中外合作办学、公办大学开设二级学院等。鼓励上市公司投资办学或筹办学校，鼓励管理公司等有一定规模的单位承办学校，以便提高管理效率，实现规模效应。借鉴民办学校的运行机制，提高公办学校的办学效率和质量。鼓励校企合作，利用企业的资金和学校的无形资产，增加教育投入，加快民办教育的健康发展。民办学校要加快发展步伐，增强向社会融资的功能，加大投资力度，改善办学条件，扩大办学规模，提高管理水平，提高教学质量和办学效益，扩大影响，做大做强。

（3）优化民办教育发展环境。新闻媒体要加强对民办教育政策法规的宣传，宣传民办教育的好典型，对民办教育在发展过程中出现的问题，要以正确引导为主，形成有利于民办教育发展的良好舆论环境。加强民办教育的法制建设，建立完善的法律法规体系，对国家给予民办学校的优惠政策要认真落实到位，切实保障民办学校与公办学校平等的法律地位，努力维护民办学校及其举办者、教职工和学生的合法权益。各级政府的有关部门特别是教育行政部门应依法加大对民办教育的扶持、奖励力度，主动为民办学校排忧解难和提供优质服务。

（4）准确定位。民办教育的发展应以幼儿教育、高中教育、职业与成人教育、高等教育特别是高等职业技术教育为重点，形成与公办教育优势互补、共同发展的格局。

（5）加强自身建设。民办教育要加强制度建设、管理机构建设、基础设施建设、教师队伍建设和校园文化建设。只有踏踏实实抓好这些工作，民办教育的办学条件才能得到全面改善，民办教育的办学水平和教学质量才能得到全面提高，民办教育的校园文化品位才能得到全面体现，民办教育在社会上的整体形象才能全面地树立起来，民办教育才能真正迈入良性循环的发展轨道。

15.2.8 转变教育发展模式，与时俱进，适应经济新常态

经济新常态背景下，经济增长对要素结构提出了新的要求。如何提高全要素生产率？关键是依靠科技进步。因此，在经济新常态背景下，教育更应该注重对创新型人才、复合型人才的培养。另外，随着信息与通信技术的发展，信息技术已经成为各国经济增长的重要推动力，中国应该加快"互联网+教育"的新模式探索，加快教育信息化建设，培养更多信息化人才。

中国经济在近几十年来得到了较快的发展，然而教育经费不足成为制约许多地区教育健康发展的重要因素。尤其是中国高等教育规模不断扩大，主要依靠财政投入的教育经费模式并不能满足高等教育的需求，因此应该进一步拓展教育经费来源，形成以政府财政投入为主、融资渠道多元的教育经费结构。另外，应该合理分配有限教育资源的投入结构，合理配置资源比例，增加产出投入比，实现教育经费的帕累托最优配置。

建立健全教育消费需求对信息产业科研机构创新能力的激励机制，信息产业科研机构应该及时了解消费者需求，不断将新产品推广到市场，同时还应该进一步对消费者进行跟踪，从而及时得到消费者的反馈信息，促进产品的快速改进和进一步创新活动的开展。

改革科研经费管理制度，促进科技创新的快速发展。找准科研人员在科研工作中的"痛点"，打通政策执行中的"堵点"，不断增强科研工作人员的工作成就感与荣誉感，进一步改革科研项目经费管理政策，坚持"简政放权、优化服务、强化落实、放管结合"的原则，从科研项目经费管理的申报、执行和验收等环节系统地优化体制设计，使科研经费管理机制充满活力，充分调动科研工作人员的积极性，不断提高中国创新能力，为实现经济增长数量和质量的双赢提供保障。

加快实现以生产性教育消费驱动的创新型经济增长方式，推动经济增长方式的转型升级。以生产性教育消费促进对研究型和应用型人才的培养，积累人力资本要素，促进技术创新，实现生产方式的转变和生产效率的提升，高效的人力资本要素结合物质资本要素，在创新性技术的驱动下实现经济的增长。

15.2.9 完善收入分配制度，协调政府和市场的调节作用

收入是消费的前提，提高收入是解决各地区教育消费问题的一个关键途径。近年来中国面临经济下行压力，居民收入上升缓慢，应该不断创造社会就业，发扬"大众创业、万众创新"的精神，促进经济健康发展。另外，应该积极综合应用政府财政和货币政策，调节收入分配结构，控制并缩小城乡收入差距，建立健全社会主义市场经济体制，促进教育消费合理化。

促进教育消费的公平，将我国教育消费差异控制在合理的范围内，并促使其朝不断缩小的方向转变。政府应该加大对农村及边远地区的教育投资力度，改善农村教育的基础设施及教师队伍，实现各地区教育资源公平共享，改善经济增长的质量，这对促进我国各地区经济协调发展，维护社会公平正义具有重要的意义。目前，我国教育消费差异有从以区域内部差异为主向以区域间差异为主转变的趋势，因此应该更加注重我国各大经济区域间教育事业的均衡发展，促进教育消费的公平。

参考文献

[1] 蔡永莲. 发达国家教育消费的比较研究 [J]. 外国教育资料, 2000 (6): 34-41.

[2] 曹鹏, 程皓, 邱雪晨. 中国十大城市群国际贸易贡献率质量空间比较研究 [J]. 统计与信息论坛, 2014 (6): 61-67.

[3] 陈朝旭. 政府公共教育投资与经济增长关系的实证分析 [J]. 财经问题研究, 2011 (2): 85-89.

[4] 陈光, 刘颖. 高等教育贡献率研究的理论模型与实证分析 [J]. 中国高教研究, 2011 (3) 12-16.

[5] 陈健, 高波. 收入差距、房价与消费变动: 基于面板数据联立方程模型的分析 [J]. 上海经济研究, 2012 (2): 53-62.

[6] 陈丽. 教育信息化2.0: 互联网促进教育变革的趋势与方向 [J]. 中国远程教育, 2018 (9): 6-8.

[7] 陈明红. 学术虚拟社区用户持续知识共享的意愿研究 [J]. 情报资料工作, 2015, 36 (1): 41-47.

[8] 陈文沛. 产品属性、消费者介入与新产品购买行为的关系 [J]. 财经论丛, 2013 (2): 101-106.

[9] 程志超, 吴印博. 社会资本视角下虚拟社区知识分享对用户粘性的影响机制研究 [J]. 情报科学, 2017, 35 (12): 16-21.

[10] 崔冬冬, 张新国. 产品伤害危机后消费者购买意愿恢复研究——以"高介入"情境为例 [J]. 中南财经政法大学学报, 2012 (2): 50-55.

[11] 代宝, 刘业政. 虚拟社区知识共享的实证研究综述 [J]. 情报杂志, 2014 (10): 201-206.

[12] 戴维·罗默. 高级宏观经济学 [M], 苏剑, 罗涛, 译, 北京: 商务印书馆, 1999.

[13] 单初, 鲁耀斌. 正面与负面网上评价对C2C商家初始信任影响的实证研究 [J]. 图书情报工作, 2010, 54 (12): 136-140.

[14] 邓创，付蓉. 中国财政性教育经费投入对产业结构的非线性影响 [J]. 教育与经济，2017 (5)：10-19.

[15] 丁小浩，薛海平. 我国城镇居民家庭义务教育支出差异性研究 [J]. 教育与经济，2005 (4)：39-44.

[16] 丁志国，赵宣凯，苏治. 中国经济增长的核心动力——基于资源配置效率的产业升级方向与路径选择 [J]. 中国工业经济，2012 (9)：18-30.

[17] 都新英. 教育对经济增长的贡献率测算——以新疆地区为例 [J]. 中国统计，2018 (1)：64-66.

[18] 杜鹏，顾昕. 中国高等教育生均教育经费：低水平、慢增长、不均衡 [J]. 中国高教研究，2016 (5)：46-52.

[19] 杜育红，赵冉. 教育在经济增长中的作用：要素积累、效率提升抑或资本互补？[J]. 教育研究，2018 (5)：27-35.

[20] 段菲菲，翟姗姗，池毛毛，等. 手机游戏用户粘性影响机制研究：整合 Flow 理论和 TAM 理论 [J]. 图书情报工作，2017 (3)：21-28.

[21] 范柏乃，来雄翔. 中国教育投资对经济增长贡献率研究 [J]. 浙江大学学报（人文社会科学版），2005 (4)：52-59.

[22] 方超，黄斌. 教育投入对中国经济增长的影响——基于增长回归框架的空间计量研究 [J]. 大连理工大学学报（社会科学版），2018 (6)：91-99.

[23] 冯艳飞. 中国高等教育产业研究 [M]. 北京：经济管理出版社，2004.

[24] 付凌晖. 我国产业结构高级化与经济增长关系的实证研究 [J]. 统计研究，2010 (8).

[25] 盖建华. 我国信息技术产业和现代服务业产业关联分析 [J]. 经济问题，2010 (3)：31-36.

[26] 干春晖，郑若谷，余典范. 中国产业结构变迁对经济增长和波动的影响 [J]. 经济研究，2011 (5)：4-16.

[27] 高杰. 西方消费者介入研究综述 [J]. 外国经济与管理，2006，28 (11)：51-58.

[28] 耿静静. 河南省卫辉市高等教育消费城乡差异的实证研究 [D]. 武汉：华中农业大学，2013.

[29] 耿修林．不同收入等级下城镇居民消费结构的动态比较［J］．统计与信息论坛，2009（12）：72-77．

[30] 顾明远．教育大辞典（增订合编本）［M］．上海：上海教育出版社，1998．

[31] 顾芸．教育投入、时空效应与经济增长——兼论教育投入对经济增长的"效率与公平"作用［J］．现代教育管理，2018（5）：36-40．

[32] 郭昊丹．负面宣传性质对消费者信任破坏程度的差异研究［J］．湖南科技大学学报（社会科学版），2013，16（2）：93-96．

[33] 韩海燕．中国城镇居民文化消费问题实证研究［J］．中国流通经济，2012，26（6）：93-98．

[34] 杭永宝．中国教育对经济增长贡献率分类测算及其相关分析［J］．教育研究，2007（2）：38-47．

[35] 何丹丹，郭东强．基于社会认知理论的移动社区个体知识贡献影响因素研究——以个人结果期望为中介［J］．情报理论与实践，2016，39（9）：82-89．

[36] 何菊莲，袁永逸，李军．教育对经济发展方式转变的贡献：测量与评价——来自全国的经验证据（1995—2014）［J］．教育与经济，2017（4）．

[37] 何克抗．我国教育信息化理论研究新进展［J］．中国电化教育，2011（1）：1-19．

[38] 洪兴建，李金昌．两极分化测度方法述评与中国居民收入两极分化［J］．经济研究，2007（11）：139-153．

[39] 胡鞍钢，熊志义．大国兴衰与人力资本变迁［J］．教育研究，2003（4）：15．

[40] 胡庆十，吴怡兴．关于教育投入外溢效益计量模型之我见——与周胜、刘正良商榷［J］．教育与经济，2013（6）：54-58．

[41] 黄济，王策三．现代教育论［M］．北京：人民教育出版社，1996．

[42] 黄秋雯．城市家庭小学生课外教育消费行为及演变研究［D］．上海：上海交通大学，2011．

[43] 黄荣怀．教育信息化助力当前教育变革机遇与挑战［J］．中国电化教育，2011（2）：36-40．

[44] 黄通菊. 培育教育消费拉动经济增长 [J]. 中国成人教育, 1999 (9): 3.

[45] 嵇春梅. 扩大内需启动教育消费 [J]. 中国职业技术教育, 1999 (8): 40.

[46] 贾新明, 刘亮. 结构方程模型与联立方程模型的比较 [J]. 数理统计与管理, 2008 (3): 439-446.

[47] 江林, 官秀双, 卢健飞, 等. 消费预期对居民消费意愿的影响研究: 心理账户灵活性的中介作用 [J]. 消费经济, 2016, 32 (4): 54-60.

[48] 江林, 马椿荣. 我国最终消费率偏低的心理成因实证分析 [J]. 中国流通经济, 2009, 23 (3): 57-60.

[49] 姜淼, 郭正日. 我国城镇居民教育支出与消费升级的动态关系研究 [J]. 南方金融, 2013 (7): 37-39.

[50] 蒋乃华. 城市教育消费中的性别差异——以江苏省扬州市城区为例 [J]. 中国人口科学, 2002 (2): 66-70.

[51] 焦建利, 贾义敏, 任改梅. 教育信息化的宏观政策和战略研究 [J]. 远程教育杂志, 2014 (1): 25-32.

[52] 凯洛夫. 教育学 [M]. 北京: 人民教育出版社, 1957.

[53] 柯佑祥. 教育经济学 [M]. 武汉: 华中科技大学出版社, 2009.

[54] 克里斯托弗·洛夫洛克, 约亨·沃茨. 服务营销 (原书第7版·全球版) [M]. 北京: 机械工业出版社, 2014.

[55] 孔德超. 虚拟社区的知识共享模式研究 [J]. 图书馆学研究, 2009 (10): 95-97.

[56] 夸美纽斯. 大教学论 [M]. 傅任敢, 译. 北京: 人民教育出版社, 1979.

[57] 蓝庆新, 陈超凡. 新型城镇化推动产业结构升级了吗？——基于中国省级面板数据的空间计量研究 [J]. 财经研究, 2013 (12): 55-71.

[58] 冷雄辉. 消费者涉入前因、涉入程度与购买意愿间关系的实证研究 [J]. 经济经纬, 2012 (2): 125-129.

[59] 李红伟. 中国城镇居民家庭教育消费实证研究 [J]. 教育与经济, 2000 (4): 1-7.

[60] 李辉, 王鑫, 彭立强. 高等农业院校本科阶段教育资源配置效率研究 [J]. 中国高教研究, 2010 (12): 61-63.

[61] 李建民. 中国的人口新常态和经济新常态 [J]. 人口研究, 2015 (1): 3-13.

[62] 李剑萍, 魏薇. 教育学导论 [M]. 北京: 人民出版社, 2006.

[63] 李健生, 赵星宇, 杨宜苗. 外部线索对自有品牌购买意愿的影响: 感知风险和信任的中介作用 [J]. 经济问题探索, 2015 (8): 44-51.

[64] 李力. 虚拟社区用户持续知识共享意愿影响因素实证研究——以知识贡献和知识搜寻为视角 [J]. 信息资源管理学报, 2016 (4): 91-100.

[65] 李仪凡. 互联网用户体验结构模型 [D]. 上海: 复旦大学, 2009.

[66] 李永生. 满足高等教育消费, 促进经济发展 [J]. 广州航海高等专科学校学报, 2000 (6): 50-53.

[67] 李元静, 王成璋. 资源配置效率的比较分析——以我国区域高等教育资源为例 [J]. 软科学, 2014 (10): 22-26.

[68] 栗建华. 我国教育投入、经济增长与就业问题SD模型研究 [D]. 上海: 复旦大学, 2005: 15-16.

[69] 梁前德, 傅家荣. 中国居民教育消费基本问题研究 [J]. 湖北经济学院学报, 2004 (3): 41-46.

[70] 林少真. 社会分层视野下的教育消费问题: 以厦门市为例 [J]. 中共福建省委党校学报, 2010 (3): 71-76.

[71] 刘纯阳, 莫鸣, 张红云. 贫困地区农户教育投资行为的经济学分析 [J]. 当代教育科学, 2005 (21): 27-30.

[72] 刘方域. 教育消费应大力启动和超前发展 [J]. 上海商业, 2001 (8): 17-19.

[73] 刘国清. 我国区域高等教育投资的经济效应——基于东、中、西部面板数据 [J]. 系统工程, 2012 (9): 117-122.

[74] 刘湖. 我国教育消费合理化问题研究 [J]. 消费经济, 2011 (8): 88-91.

[75] 刘华军, 鲍振, 杨骞. 中国农业碳排放的地区差距及其分布动态演进——基于Dagum基尼系数分解与非参数估计方法的实证研究 [J]. 农业技术经济, 2013 (3): 72-81.

[76] 刘华军,张权.中国高等教育资源空间非均衡研究[J].中国人口科学,2013(3):77-84.

[77] 刘建新,刘建徽.顾客消费涉入的形成机理与涉入营销[J].北京工商大学学报(社会科学版),2010,25(3):69-73.

[78] 刘录护.家庭子女教育消费:社会不平等机制的微观建构[J].辽宁教育研究,2007(2):1-4.

[79] 刘守义,李凤云,刘佳君,等.农村家庭教育投资目的与期望的研究[J].教育与职业,2008(20):26-27.

[80] 刘思亚,谢家智.产品涉入、感知风险与金融商品再购意愿[J].南京师大学报(社会科学版),2014(5):51-60.

[81] 刘维奇,靳共元.我国教育消费结构失衡研究:收入分配视角的考察[J].工业技术经济,2006(7):114-116.

[82] 刘焱,宋妍萍.我国城市3-6岁儿童家庭学前教育消费支出水平调查[J].华中师范大学学报(人文社会科学版),2013(1):155-160.

[83] 卢梭.爱弥儿[M].李东旭,译.北京:中国社会出版社,1999.

[84] 卢艳秋,靖继鹏,曲永龙.信息产业与传统产业关联机理初探[J].中国软科学,1998(7):56-59.

[85] 卢一峰.浅议教育消费[N].河北经济日报,2005年7月18日,第B04版.

[86] 吕春燕,孟浩,何建坤.研究型大学在国家自主创新体系中的作用分析[J].清华大学教育研究,2005(5):1-7.

[87] 吕炜,等.高等教育财政:国际经验与中国道路选择[M].大连:东北财经大学出版社,2004.

[88] 吕颖.高等教育对经济增长贡献的定性分析[J].学术交流,2004(5):88.

[89] 罗伯特·J.巴罗,哈维尔·萨拉伊马丁.经济增长[M].何晖,刘明兴,译.北京:中国社会出版社,2000.

[90] 马斯洛.动机与人格[M].许金声,等,译.北京:华夏出版社,1987.

[91] 马骁,涂浪.我国高等教育投资社会收益率测算[J].财经科学,2001(4):94-98.

[92] 马歇尔.经济学原理:上[M].朱志泰,陈良璧,译.北京:商

务印书馆，1981．

[93] 马玉萍，易志亮．互联网教育应助力于传统教育发展［J］．合作经济与科技，2014（16）：170-172．

[94] 迈克尔·所罗门，卢泰宏，杨晓燕．消费者行为学（第10版）［M］．杨晓燕，郝佳，胡晓红，等，译．北京：中国人民大学出版社，2014．

[95] 毛洪涛，马丹．高等教育发展与经济增长关系的计量分析［J］．财经科学，2004（1）：92-95．

[96] 毛盛勇，刘一颖．高等教育劳动力与中国经济增长［J］．统计研究，2010（5）：53-57．

[97] 冒敏娟．长沙市拓展教育消费支出及其影响因素的实证研究［D］．长沙：湖南大学，2013．

[98] 孟宪承．中国古代教育文选［M］．北京：人民教育出版社，1983．

[99] 闵维方．教育促进经济增长的作用机制研究［J］．北京大学教育评论，2017（3）：123-136．

[100] 穆绪涛，宋锡荣，邹薇．我国信息产业发展综述研究［J］．情报资料工作，2006（1）：34-37．

[101] 南京师范大学教育系．教育学［M］．北京：人民教育出版社，1984．

[102] 戚湧，郭逸．基于SFA方法的科技资源市场配置效率评价［J］．科研管理，2015（3）：84-91．

[103] 齐建国，王红，彭绪庶，刘生龙．中国经济新常态内涵和形成机制［J］．经济纵横，2015（3）：7-17．

[104] 乔琳．金砖五国教育投资对经济增长的外溢效应——基于菲德尔模型的实证研究［J］．中央财经大学学报，2013（4）：63-68．

[105] 全国十二所重点师范大学联合编写．教育学基础［M］．北京：教育科学出版社，2002．

[106] 任保平，宋文月．新常态下中国经济增长潜力开发的制约因素［J］．学术月刊，2015（2）：15-22．

[107] 任钟印，等，编．世界教育名著通览［M］．武汉：湖北教育出版社，1994．

[108] 邵宗杰，裴文敏，卢真金．教育学［M］．上海：华东师范大学出

版社, 2002.

[109] 沈百福. 义务教育投入的城乡差异分析 [J]. 教育科学, 2004 (3): 23-26.

[110] 沈丽, 鲍建慧. 中国金融发展的分布动态演进: 1978—2008年——基于非参数估计方法的实证研究 [J]. 数量经济技术经济研究, 2013 (5): 33-47.

[111] 师萍. 陕西省高等教育和经济增长的关系研究 [J]. 西北大学学报 (哲学社会科学版), 2007 (6): 58-62.

[112] 施国洪, 陈敬贤, 刘庆广. 大学图书馆服务质量读者感知与期望差距的实证分析 [J]. 图书馆工作研究, 2009, 53 (19): 64-80.

[113] 施涛, 姜亦珂. 社会化问答社区用户知识贡献行为模型研究 [J]. 科技进步与对策, 2017, 34 (18): 126-130.

[114] 施涛, 姜亦珂. 学术虚拟社区激励政策对用户知识贡献行为的影响研究 [J]. 图书馆, 2017 (4): 82-86.

[115] 施永, 彭海艳. 我国农村居民教育消费支出的差异分析 [J]. 商业经济研究, 2008 (33): 17-18.

[116] 时彦怀. 辩证看待教育消费对经济增长的拉动作用 [J]. 邢台职业技术学院学报, 2005 (4): 78.

[117] 宋家乐, 李秀敏. 中国经济增长的源泉: 人力资本投资 [J]. 中央财经大学学报, 2010 (12): 56-61.

[118] 宋亚非, 王秀芹. 负面口碑对购买意愿的影响分析——基于传统口碑与网络口碑的对比 [J]. 财经问题研究, 2011 (12): 22-27.

[119] 宋之杰, 石晓林. 团购网站消费者忠诚度研究——基于心流体验和信息系统持续使用理论 [J]. 科技与管理, 2013, 15 (5): 30-34.

[120] 苏丽锋, 李俊杰. "一带一路" 沿线国家教育对经济增长影响效应分析——基于地域和收入水平的分类比较 [J]. 教育与经济, 2017 (2): 33-41.

[121] 孙彩虹. 重庆市中小学生家庭教育消费支出差异分析 [J]. 重庆工商大学学报 (西部经济论坛), 2003 (1): 37-40.

[122] 孙发利. 论教育消费力对经济增长的拉动作用 [J]. 辽宁教育学院学报, 2002 (7): 41.

[123] 孙鹏.基于顾客感知价值理论的新东方中学一对一培训项目顾客满意度分析 [D].长春:吉林大学,2013.

[124] 孙顺利.基于服务质量差距模型的高等教育服务质量改进研究 [J].现代教育管理,2011 (5):62-64.

[125] 孙喜亭.教育原理 [M].北京:北京师范大学出版社,1993.

[126] 孙玉阳,宋有涛,王慧玲.环境规制对产业结构升级的正负接替效应研究——基于中国省际面板数据的实证研究 [J].产业经济,2018 (5).

[127] 陶美重.论教育消费的本质 [J].教育与经济,2007 (4):17.

[128] 田芯,董震.论我国教育消费的社会认同 [J].东北大学学报 (社会科学版),2012 (6):538-543.

[129] 田玉梅,袁芳.论我国教育投资和人力资本的形成 [J].中国流通经济,2004 (12):57-60.

[130] 万晨曦,郭东强.虚拟社区知识共享研究综述 [J].情报科学,2016,34 (8):165-170.

[131] 万莉,程慧平.基于自我决定理论的虚拟知识社区用户持续知识贡献行为动机研究 [J].情报科学,2016,34 (10):15-19.

[132] 王奔,晏艳阳.我国生均教育经费支出的省际差异及其影响因素 [J].经济地理,2017 (2):39-45.

[133] 王崇举,陈新力,刘幼昕.重庆市学生教育消费对经济增长的带动作用 [J].数量经济技术经济研究,2003 (5):34-37.

[134] 王道俊,王汉澜.教育学 (新编本) [M].北京:人民教育出版社,1989.

[135] 王海明.伦理学原理 [M].北京:北京大学出版社,2001.

[136] 王焕培.论我国教育消费存在的问题及对策 [J].消费经济,2009 (3):73-75.

[137] 王康,王磊,罗玉波.中国区域食品价格差异收敛性检验——基于微观价格数据的空间计量与动态效应分析 [J].统计与信息论坛,2016 (5):49-56.

[138] 王梅.个人高等教育消费城乡差异影响因素调查研究 [D].武汉:华中农业大学,2014.

[139] 王梅, 陶美重, 王琪. 我国高等教育消费需求城乡差异表现形式分析 [J]. 中国农业教育, 2013 (6).

[140] 王续琨, 栾兰人. 网络时代中国信息产业发展对策 [J]. 东北师范大学学报 (哲学社会科学版), 2008 (5): 124-128.

[141] 王莹. 教育对我国经济拉动的实证分析 [D]. 吉林大学, 2007.

[142] 王颖, 李英. 基于感知风险和涉入程度的消费者新能源汽车购买意愿实证研究 [J]. 数理统计与管理, 2013, 32 (5): 863-872.

[143] 王玉昆. 教育经济学 [M]. 北京: 华文出版社, 1998.

[144] 王章豹, 俞一珍. 我国高等教育人力资本与产业结构调整升级的相关性分析 [J]. 现代教育管理, 2016 (3): 25-31.

[145] 魏梅. 我国高等教育效率增长率区域差异及其影响因素分析——基于空间计量模型的实证研究 [J]. 清华大学教育研究, 2012 (8): 97-102.

[146] 魏世勇, 王鹏, 郭志. 中国城镇居民人口年龄结构与教育消费支持 [J]. 南方金融, 2014 (7): 30-37.

[147] 文方. 教育要真正成为拉动经济增长的产业 [J]. 中国经贸导刊, 2002 (6): 16.

[148] 文豪. 市场需求对知识产权创新激励效应的影响 [J]. 经济社会体制比较, 2009 (4): 180-183.

[149] 文启湘, 高觉民. 消费经济学导论 [M]. 西安: 陕西人民出版社, 2000.

[150] 吴海萍. 虚拟品牌社群知识分享行为的影响因素研究——基于心流体验的中介作用 [D]. 泉州: 华侨大学, 2016.

[151] 吴剑琳, 代祺, 古继宝. 产品涉入度、消费者从众与品牌承诺: 品牌敏感的中介作用——以轿车消费市场为例 [J]. 管理评论, 2011, 23 (9): 68-75.

[152] 吴兴玲, 田应福. 基于 ADL 模型的贵州省高等教育与经济增长关系的实证分析 [J]. 管理科学, 2015 (23).

[153] 吴颖敏, 张媚. 医疗健康类 App 用户粘性行为的实证研究 [J]. 现代预防医学, 2017, 44 (6): 1083-1087.

[154] 武光霞. 培训机构品牌形象对顾客感知价值、顾客满意的影响——

以学大教育为例 [D]. 大连：东北财经大学，2012.

[155] 谢万华. 教育消费对我国经济增长的贡献 [J]. 教育与经济，1999（4）：17-19.

[156] 邢海晶. 二元结构下城乡教育消费差距分析与对策 [J]. 华南农业大学学报（社会科学版），2011，10（3）：105-110.

[157] 熊巍，王舒盼，潘琼. 微信移动社交用户心流体验对用户粘性的影响研究 [J]. 新闻界，2015（7）：13-18.

[158] 熊勇清，印磊，黄健柏. 新兴产业成长中的需求拉动作用的实证检验——以新一代信息与电子业为例 [J]. 软科学，2015（2）：28-32.

[159] 徐春华，刘力. 省域居民消费、对外开放程度与产业结构升级——基于省际面板数据的空间计量分析 [J]. 国际经贸探索，2013（11）：39-52.

[160] 徐厚道，陈仁保. 教育学通论 [M]. 北京：北京工业大学出版社，2003.

[161] 徐美凤，叶继元. 学术虚拟社区知识共享研究综述 [J]. 图书情报工作，2011，55（13）：67-71.

[162] 徐其虎. 论教育消费的特点 [J]. 杭州师范大学学报（社会科学版），2003（1）：98-101.

[163] 徐文静. 影响SNS用户持续使用动机的因素分析 [D]. 长春：东北师范大学，2011.

[164] 徐小龙，王方华. 虚拟社区的知识共享机制研究 [J]. 自然辩证法研究，2007，23（8）：83-86.

[165] 徐盈之，孙剑. 信息产业和制造业的融合：基于绩效分析的研究 [J]. 中国工业经济，2009（7）：56-66.

[166] 许治，师萍. 基于DEA方法的我国科技投入相对效率评价 [J]. 科学学研究，2005（4）：481-484.

[167] 闫晓甜. 移动学习APP用户黏性影响因素研究 [D]. 大连：辽宁师范大学，2016.

[168] 杨传喜，徐顽强，张俊飚. 农林高等院校科技资源配置效率研究 [J]. 科研管理，2013（4）：115-122.

[169] 杨冠淳,卢向华. 促进用户粘性的虚拟社区技术与管理设计创新——基于实证的研究 [J]. 研究与发展管理,2009,21 (5): 29-38.

[170] 杨清. 高校学生教育消费满意度实证研究——以湖北省某高校为例 [D]. 武汉: 华中农业大学,2008.

[171] 杨天平,汪玉霞. 普通高中学生家庭选择性教育消费研究——基于浙江省金华市四所高中的调查 [J]. 教育与经济,2014 (1): 10-21.

[172] 杨秀芹. 试论教育消费的消费性收益 [J]. 青年探索,2002 (3): 45-48.

[173] 杨学成,张中科,汪晓凡,等. 口碑信息与产品涉入对消费者品牌转换意愿影响的实证研究 [J]. 财贸经济,2009 (7): 107-111.

[174] 杨雪松,杨作书. 扩大高校招生规模拉动经济持久增长 [J]. 渝州大学学报 (社会科学版),1999 (4): 50-52.

[175] 仰海锐,朱云鹏,曾琼琼. 居民消费与创新能力关联性研究 [J]. 长安大学学报 (社会科学版),2015 (3): 70-75.

[176] 姚艳红,易红. 引导教育消费成为新的消费热点 [J]. 消费经济,1998 (4): 34.

[177] 叶杰,周佳民. 中国生均教育经费支出的省际差异、内在结构、发展趋势与财政性原因 [J]. 教育发展研究,2017 (23): 30-41.

[178] 叶茂林. 教育发展与经济增长 [M]. 北京: 社会科学文献出版社,2005.

[179] 叶乃沂,周蝶. 消费者网络购物感知风险概念及测量模型研究 [J]. 管理工程学报,2014,28 (4): 88-94.

[180] 叶扬,贾中正. 农村家庭跨期的人力资本投资行为的经济学分析 [J]. 统计与决策,2008 (9): 134-135.

[181] 易培强. 教育消费需求与供给若干问题探讨 [J]. 湖南师范大学教育科学学报,2014 (6): 93-100.

[182] 银成钺,于洪彦. 品牌形象对品牌延伸评价的影响: 消费者产品涉入的调节 [J]. 软科学,2008,22 (2): 26-31.

[183] 尹世杰. 消费经济学 [M]. 北京: 中国财政经济出版社,2001.

[184] 尹向东. 消费差异与中、西部消费发展战略 [J]. 消费经济,2000

(2): 25-27.

[185] 雍会, 韩庆丰. 基于 Hicks—Moorsteen 指数的中国高等教育效率研究 [J]. 现代教育管理, 2017 (8): 42-46.

[186] 游小珺, 赵光龙, 杜德斌, 等. 中国高等教育经费投入空间格局及形成机理研究 [J]. 地理科学, 2016 (2): 180-187.

[187] 于刃刚, 李玉红. 信息产业的产业特点分析 [J]. 经济与管理, 2003 (2): 5-6, 8.

[188] 于伟, 张鹏. 我国高校生均经费支出省际差异的再分析——基于 shapley 值分解的方法 [J]. 北京大学教育评论, 2015 (4): 97-107, 190-191.

[189] 余斌, 吴振宇. 中国经济新常态与宏观调控政策取向 [J]. 改革, 2014 (11): 17-25.

[190] 余秀兰. 略论教育消费 [J]. 高等教育研究, 2000 (3): 49-52.

[191] 袁伦渠, 涂其松. 《教育投资与经济增长》 [J]. 中国人力资源开发, 2003 (3): 8-11.

[192] 袁振国. 当代教育学 [M]. 北京: 教育科学出版社, 1999.

[193] 斋藤优. 技术开发论 [M]. 王月辉, 译. 北京: 科学技术出版社, 1996.

[194] 张初兵, 李义娜, 吴波, 等. 旅游 App 用户粘性与购买意向: 互动性视角 [J]. 旅游学刊, 2017, 32 (6): 109-118.

[195] 张春华. 天津市居民家庭教育消费问题研究 [J]. 天津经济, 2017 (2): 20-24.

[196] 张海英, 周志刚, 刘星. 我国区域高等教育水平的综合评价 [J]. 统计与决策, 2013 (1): 66-69.

[197] 张汉鹏, 陈冬宇, 王秀国. 基于网站和卖家的 C2C 消费者购买意愿模型: 感知收益与风险的转移 [J]. 数理统计与管理, 2013, 32 (4): 718-726.

[198] 张少军, 刘志彪. 国内价值链是否对接了全球价值链——基于联立方程模型的经验分析 [J]. 国际贸易问题, 2013 (2): 14-27.

[199] 张淑惠, 王潇潇. 财政投入对高等教育规模的影响——基于联立方程模型 [J]. 中国高教研究, 2012 (10): 15-20.

[200] 张小波. 基于综合评价的研究生教育质量效率指数研究——对"985 工程"一期 34 所高校的实证分析 [J]. 中国高教研究, 2013 (9): 68-75.

[201] 张笑, 彭凡珍, 梁爽. 住房支出、教育支出和医疗支出对城乡居民消费的影响 [J]. 时代金融, 2013 (36): 188-190.

[202] 张新国, 崔冬冬. 产品伤害危机后消费者购买意愿的恢复——以"低介入"情境为例 [J]. 湖南师范大学社会科学学报, 2012 (3): 92-96.

[203] 张中科, 王春和. 产品涉入调节下的口碑传播对消费者品牌转换意愿影响研究 [J]. 消费经济, 2009, 25 (3): 47-50.

[204] 赵萍, 刘洋. 大学生教育消费投入之城乡差异分析 [J]. 亚太教育, 2015 (2): 114.

[205] 赵青, 薛君. 网络用户粘性行为测评研究 [J]. 统计与信息论坛, 2014, 29 (10): 72-78.

[206] 者贵昌. 中国西部新农村建设中教育消费问题的分析与研究 [J]. 云南师范大学学报（哲学社会科学版）, 2009 (2): 133-138.

[207] 郑春东, 马珂, 王寒. 消费者感知风险对消费者平价品牌延伸的影响 [J]. 财经问题研究, 2012 (6): 11-16.

[208] 郑秀敏. 基于学生感知的义务教育服务质量实证研究 [J]. 上海教育科研, 2015 (9): 38-49.

[209] 郑英隆. 信息产业加速发展和产业机构升级的交互关系研究 [J]. 经济评论, 2001 (1): 48-53.

[210] 中国大百科全书总编辑委员会. 中国大百科全书·教育 [M]. 北京: 中国大百科全书出版社, 1988.

[211] 钟无涯. 教育投入与经济绩效——基于京沪粤的区域比较 [J]. 教育与经济, 2014 (2): 64-72.

[212] 钟晓玲. 我国教育投入的城乡及地区差异分析 [J]. 价格月刊, 2007 (4): 59-62.

[213] 周金浪. 教育学 [M]. 上海: 上海教育出版社, 2006.

[214] 周军杰. 虚拟社区内不同群体的知识贡献行为: 一项对比研究 [J]. 管理评论, 2015, 27 (2): 55.

[215] 周志民，张江乐，熊义萍．内外倾人格特质如何影响在线品牌社群中的知识分享行为——网络中心性与互惠规范的中介作用[J]．南开管理评论，2014，17（3）：19-29．

[216] 朱静雯，方爱华，刘坤锋．移动阅读沉浸体验对用户黏性的影响研究[J]．编辑之友，2017（4）：13-18．

[217] 朱书慧，汪基德．我国学前教育信息化建设与应用研究现状[J]．电化教育研究，2013（10）：40-46．

[218] 祝智庭．中国教育信息化十年[J]．教育信息化回顾与展望，2011（1）：20-25．

[219] 卓素燕．感知风险构面、产品价差与顾客网上购买意愿[J]．经济经纬，2012（3）：131-135．

[220] 邹琪．教育支出与经济增长的实证研究——以江浙沪为例[J]．江苏社会科学，2013（3）：49-53．

[221] Philippe Aghion, Peter Howitt. 内生增长理论[M]．陶然，倪彬华，等，译，北京：北京大学出版社，2004：298．

[222] Acerenza, S., Gandelman, N. Household Education Spending in Latin America and the Caribbean: Evidence from Income and Expenditure Surveys [J]. Idb Publications, 2017, (5): 1-43.

[223] Ajzen, I. The Theory of Planned Behavior [J]. Organizational Behavior and Human Decision Processes, 1991, 50 (2): 179-211.

[224] Anderson, J. C., Gerbing, D. W. Structural Equation Modeling in Practice: A Review and Recommended Two-Step Approach [J]. Psychological Bulletin, 1988, 103 (3): 411-423.

[225] Arrow, K. J. The Economic of Learning by Doing [J]. Review of Economic Studies, 1962, 29: 155-173.

[226] Azariadis, C., Drazen, A. Threshold Externalities in Economic Development [J]. Quarterly Journal of Economics, 1990, 105 (2): 501-526.

[227] Bagozzi, R. P. Yi, Y. Phillips, L. W. Assessing Construct Validity in Organizational Research [J]. Administrative Science Quarterly, 1991, 36 (3): 421-458.

[228] Bai, B., Law, R., Wen, I. The Impact of Website Quality on Customer Satisfaction and Purchase Intentions: Evidence from Chinese Online Visitors [J]. International Journal of Hospitality Management, 2008, (27): 391-402.

[229] Barro, R. J., Sala-i-Martin, X. Economic Growth [M]. New York: McGraw-Hill, 1995.

[230] Becker, G. Human Capital [M]. New York: Columbia University Press, 1964.

[231] Behe, B. K., Bae, M., Huddleston, P. T., Sage, L. The Effect of Involvement on Visual Attention and Product Choice [J]. Journal of Retailing and Consumer Services, 2015, (24): 10-21.

[232] Benabou, R. Heterogeneity, Stratification, and Growth: Macroeconomic Implications of Community Structure and School Finance [J]. American Economic Review, 1996, 86 (3): 584-609.

[233] Benhabib, J., Spiegel, M. M. The Role of Human Capital in Economic Development: Evidence from Aggregate Cross-Country Data [J]. Journal of Monetary Economics, 1994, 34 (2): 143-173.

[234] Bhattacherjee, A. Understanding Information Systems Continuance: An Expectation-Confirmation Model [J]. Mis Quarterly, 2001, 25 (3): 351-370.

[235] Bock, G. W., Zmud, R. W., Kim, Y. G., et al. Behavioral Intention Formation in Knowledge Sharing: Examining the Roles of Extrinsic Motivators, Social-psychological Factors, and Organizational Climate [J]. Mis Quarterly, 2005, 29 (1): 87-111.

[236] Brown, P. H., Park, A. Education and Poverty in Rural China [J]. Economics of Education Review, 2002, 21 (6): 523-541.

[237] Butler, B. S. Membership Size, Communication Activity, and Sustainability: A Resource-Based Model of Online Social Structures [J]. Information Systems Research, 2014, 12 (4), 346-362.

[238] Card, Krueger. Target Nominial Income: An Appriaisal [J]. Economic Journal, 1992, 93: 806-819.

[239] Cass, D. Optimum Growth in an Aggregative Model of Capital Accumulation [J]. Review of Economic Studies, 1965, 32: 233 - 240.

[240] Chang, Y. P. , Zhu, D. H. The Role of Perceived Social Capital and Flow Experience in Building Users' Continuance Intention to Social Networking Sites in China [J]. Computers in Human Behavior, 2007, 23 (5): 995 - 1001.

[241] Charnes, A. , Cooper, W. W. , Rhodes, E. Measuring the Efficiency of Decision Making Units [J]. European Journal of Operational Research, 1978, 2 (6): 429 - 444.

[242] Chen, C. J. , Hung, S. W. To Give or to Receive? Factors Influencing Members' Knowledge Sharing and Community Promotion in Professional Virtual Communities [J]. Information & Management, 2010, 47 (4): 226 - 236.

[243] Cheng, Z. C. , Guo, T. C. The Formation of Social Identity and Self-identity Based on Knowledge Contribution in Virtual Communities: An Inductive Route Model [J]. Computers in Human Behavior, 2015, 43: 229 - 241.

[244] Chen, H. , Wigand, R. T. , Nilan, M. S. Optimal Experience of Webactivities [J]. Computers in Human Behavior, 1999, 15 (5): 585 - 608.

[245] Chen, I. Y. L. The Factors Influencing Members' Continuance Intentions in Professional Virtual Communities — a Longitudinal Study [J]. Journal of Information Science, 2007, 33 (4): 451 - 467.

[246] Chiang, H. S. , Hsiao, K. L. YouTube Stickiness: The Needs, Personal, and Environmental Perspective [J]. Internet Research, 2015, 25 (1): 85 - 106.

[247] Chiu, C. M. , Hsu, M. H. , Wang, E. T. G. Understanding Knowledge Sharing in Virtual Communities: An Integration of Social Capital and Social Cognitive Theories [J]. Decision Support Systems, 2006, 42 (3): 1872 - 1888.

[248] Csikszentmihalyi, M. Beyond Boredom and Anxiety: The Experience of

Play in Work and Games [J]. Quest, 1975, 6 (2).

[249] Denison, E. F. The Sources of Economic Growth in the United States and the Alternatives before Us [M]. New York: Committee for Economic Development, 1962.

[250] Development and Evaluation Commission: The Survey Report of Person and Family Households Digital Divide [R/OL]. [2014 - 03 - 17], http://www.rdec.gov.tw/public/Attachment/012411543371.pdf.

[251] Dewan, S., Kraemer, K. L. Information Technology and Productivity: Evidence from country-level Data [J]. Management Science, 2000, 46 (4): 548 - 562.

[252] Digital Media Research Group. An Analysis of Consumer Media Contactfor Online Shopping [R/OL]. [2014 - 02 - 26], http://mic.iii.org.tw/aisp/reports/reportdetail.asp.docid = CDOC20120330003&dectype = RC&smode = 1.

[253] Domar, E. D. Capital Expansion, Rate of Growth, and Employment [J]. Econometrica, 1964, 14: 133 - 147.

[254] Eagly, A. H., Shelly, C. The Psychology of Attitudes [J]. Psychological Inquiry, 1993, (4): 358 - 365.

[255] Feng, T. W., Sun, L. Y., Zhang, Y. The Effects of Customer and Supplier Involvement on Competitive Advantage: An Empirical Study in China [J]. Industrial Marketing Management, 2010, (39): 1384 - 1394.

[256] Foltz, J., Barham, B., Chavas J. P., et al. Efficiency and Technological at US Research Universities [J]. Journal of Productivity Analysis, 2012, 37 (2): 171 - 186.

[257] Glomm, G., Ravikumar, B. Public vs Private Investment in Human Capital: Endogenous Growth and Income Inequality [J]. Journal of Political Economy, 1992, 100 (4): 818 - 834.

[258] Harrod, R. F. Toward a Dynamic Economics: Some Recent Developments of Economic Theory and Their Application to Policy [M]. London: Macmillan, 1942.

[259] Hausman, A. V., Siekpe, J. S. The Effect of Web Interface Features on Consumer Online Purchase Intentions [J]. Journal of Business Research, 2003, 62 (1): 5 - 13.

[260] Hsu, M. H., Ju, T. L., Yen, C. H., et al. Knowledge Sharing Behavior in Virtual Communities: The Relationship Between Trust, Self-efficacy, and Outcome Expectations. [J]. International Journal of Human—Computer Studies, 2007, 65 (2): 153 - 169.

[261] Huang, L., Jia, L., Song, J. Antecedents of User Stickiness and Loyalty and Their Effects on Users' Group-Buying Repurchase Intention [C]. the Americas Conference on Information Systems, 2015.

[262] Huang, P., Zhang, Z. Participation in Open Knowledge Communities and Job-Hopping: Evidence from Enterprise Software [J]. Management Information Systems Quarterly, 2016, 40 (3): 785 - 806.

[263] Ilyoo, B. H. Understanding the Consumer's Online Merchant Selection Process: The Roles of Rroduct Involvement, Perceived Risk, and Trust Expectation [J]. International Journal of Information Management, 2015, (35): 322 - 336.

[264] Jackson, S. A. Toward a Conceptual Understanding of the Flow Experience in Elite Athletes [J]. Research Quarterly for Exercise & Sport, 1996, 67 (1): 76 - 90.

[265] Jin, X. L., Zhou, Z., et al. Why Users Keep Answering Questions in Online Question Answering; Communities: A Theoretical and Empirical Investigation [J]. International Journal of Information Management, 2013, 33 (1): 93 - 104.

[266] Jones, Q., Ravid, G., Rafaeli, S. Information Overload and the Message Dynamics of Online Interaction Spaces: A Theoretical Model and Empirical Exploration [J]. Information Systems Research, 2004, 15 (2): 194 - 210.

[267] Kankanhalli, A., Tan, B. C. Y., Wei, K. K. Contributing Knowledge to Electronic Knowledge Repositories: An Empirical Investigation [J]. Mis Quarterly, 2005, 29 (1): 113 - 143.

[268] Koopmans, T. C. On the Concept of Optimal Economic Growth [M] // Econometric Approach to Development Planning, Amsterdam, North Holland, 1965.

[269] Koufaris, M. Applying the Technology Acceptance Model and Flow Theory to Online Consumer Behavior [J]. Information Systems Research, 2002, 13 (2): 205 - 223.

[270] Lee, Y., Choi, J. A Structural Equation Model of Predictors of Online Learning Retention [J]. Internet & Higher Education, 2013, 16 (1): 36 - 42.

[271] Liang, C., Chang, C. C., Rothwell, W., et al. Influences of Organizational Culture on Knowledge Sharing in an Online Virtual Community [J]. Journal of Organizational & End User Computing, 2016, 28 (4): 15 - 32.

[272] Lin, C. C. Online Stickiness: Its Antecedents and Effect on Purchasing Intention [J]. Behaviour & Information Technology, 2007, 26 (6): 507 - 516.

[273] Lucas, R. E. Jr. On the Mechanics of Economic Development [J]. Journal of Monetary Economics, 1988, 22 (1): 3 - 42.

[274] Lu, H., Lee, M. Demographic Differences and the Antecedents of Blog Stickiness [J]. Online Information Review, 2010, 34 (1): 21 - 38.

[275] Maddison, A. Growth and Slowdown in Advanced Capitalist Economics: Techniques of Quantitative Assessment [J]. Journal of Economic Literature, 1987, 25 (2).

[276] Malthus, T. R. An Essay on the Principle of Population [M]. London: W. Pickering, 1798, 1986.

[277] Mankiw, N. G., Romer, D., Weil, D. N. A Contribution to the Empirics of Economic Growth [J]. Quarterly Journal of Economics, 1992, 107 (2): 407 - 437.

[278] Mankiw, N. G., Romer, D., Weil, D. N. The Growth of Nations [J]. Brookings Papers on E-conomic Activity, 1994, 25: 275 - 310.

[279] Massimini, F. , Carli, M. The Systematic Assessment of Flow in Daily Experience [J]. Optimal Experience, 1988: 266 - 287.

[280] Millissa, F. Y. , Cheung, W. M. Customer Involvement and Perceptions: The Moderating Role of Customer Co-production [J]. Journal of Retailing and Consumer Services, 2011, (18): 271 - 277.

[281] Mookherjee, D. , Shorrocks, A. A. Decomposition Analysis of the Trend in UK Income Inequality [J]. The Economic Journal, 1982, 92 (368): 886 - 902.

[282] Murray, K. B. , Schlater, J. L. The Impact of Services Versus Goods on Consumers' Assessment of Perceived Risk [J]. Journal of the Academy of Marketing Science, 1990, 18 (1): 51 - 65.

[283] Nelson, R. , Phelps, E. Investment in Humans, Technological Diffusion, and Economic Growth [J]. American Economic Review, 1966, 61: 69 - 75.

[284] Newberry, C. , Robert, B. R. , Klemz, C. B. Managerial Implications of Predicting Purchase Behavior from Purchase Intentions: A Retial Patronage Case Study [J]. Journal of Services Marketing, 2003, 17 (6): 609 - 620.

[285] Nielsen, J. , Participation in Equality: Lurkersvs. Contributors in Internet Communities [EB/OL]. [2014 - 06 - 05], http://www.nngroup.com/articles/participation-inequality/.

[286] Novak, T. P. , Hoffman, D. L. , Yung, Y. F. Measuring the Customer Experience in Online Environments: A Structural Modeling Approach [J]. Marketing Science, 2000, 19 (1): 22 - 42.

[287] Novak, T. P. , Hoffman, D. L. , Yung, Y. F. Measuring the Flow Construct in Online Environments: A Structural Modeling Approach [J]. Marketing Science, 1998, 19.

[288] Parish, W. L. , Willis, R. J. Daughters, Education, and Family Budgets Taiwan Experiences [J]. Journal of Human Resources, 1993, 28 (4): 863 - 898.

[289] Ramsey, F. A Mathematical Theory of Saving [J]. Economic Journal,

1928, 38: 543 – 559.

[290] Rebelo, S. Long-Run Policy Analysis and Long-Run Growth [J]. Journal of Political Economy, 1991, 99 (3): 500 – 521.

[291] Rettie, R. An Exploration of Flow During Internet Use [J]. Internet Research, 2001, 11 (2): 218 – 250.

[292] Rheingold, H. Virtual Community: Homesteading on the Electronic Frontier [M]. Reading, Mass. : Addison-Wesley Pub. Co, 1993.

[293] Ricardo, D. On the Principles of Political Economy and Taxation [M]. Cambridge: Cambridge University Press, 1817, 1951.

[294] Roca, J. C., Chiu, C. M., Martínez, F. J. Understanding E-learning Continuance Intention: An Extension of the Technology Acceptance Model [J]. International Journal of Human—Computer Studies, 2006, 64 (8): 683 – 696.

[295] Romer, P. M. Growth Based on Increasing Returns Due Specialization [J]. American Economic Reuiew, 1987, 77 (2): 56 – 62.

[296] Romer, P. M. Growth Based on Increasing Returns Due to Specialization [J]. American Economic Review Papers and Proceeding, 1987, 77 (2): 56 – 72.

[297] Romer, P. M., Sasaki, H. Scarcity and Growth Reinterpreted: Endogenous Technological Change and Falling Resource Prices [R]. Rochester Center for Economic Research Working Paper, 1986 (19).

[298] Schultz, T. P. Investments in the Schooling and Health of Women and Men: Quantities and Returns [J]. Journal of Human Resources, 1993, 28 (4): 694 – 734.

[299] Schumpeter, J. A. The Theory of Economic Development [M]. Cambridge MA: Harvard University Press, 1934.

[300] Sheshinski, E. Optimum Accumulation with Learing by Doing [M] // Karl Shell. Essays on the Theory of Optimum Economic Growth, Cambridge MA: MIT Press, 1867.

[301] Shiau, W. L., Huang, L. C., Shih, C. H. Understanding Continuance Intention of Blog Users: A Perspective of Flow and Expectation Confir-

mation Theory [J]. Journal of Convergence Information Technology, 2011, 6 (4): 306 - 317.

[302] Smith, A. An Inquiry into the Nature and Causes of the Wealth of Nations [M]. New York: Random House, 1776, 1937.

[303] Solow, R. M. A Contribution to the Theory of Economic Growth [J]. Quarterly Journal of Economics, 1956, 70 (1): 65 - 94.

[304] Soma, P., Asmita, S. Impact of Online Flow Experience on Personality Variables Subjective Happiness and Satisfaction with Life [J]. Journal of Humanities and Social Science, 2012, 5 (1), 37 - 43.

[305] Song, H., Cadeaux, J., Yu, K. K. The Effects of Service Supply on Perceived Value Proposition Under Different Levels of Customer Involvement [J]. Industrial Marketing Management, 2016, 54: 116 - 128.

[306] Swan, T. W. Economic Growth and Capital Accumulation [J]. Economic Revord, 1956, 32: 334 - 361.

[307] Tedjamulia, S. J. J., Dean, D. L., Olsen, D. R., et al. Motivating Content Contributions to Online Communities: Toward a More Comprehensive Theory [C]. Hawaii International Conference on System Sciences. IEEE, 2005: 193b - 193b.

[308] Uzawa, H. Optimal Technical Change in an Aggregative Model of Economic Growth [J]. International Economic Review, 1965, 6: 8 - 31.

[309] Walsh, J. A., O'Kelly, M. E. An Information Theoretic Approach to Measurement of Spatial Inequality [J]. Economic & Social Review, 1979 (4).

[310] Wang, J. T., Yang, J. M., Quan, C., et al. Creating the Sustainable Conditions for Knowledge Information Sharing in Virtual Community [J]. SpringerPlus, 2016, 5 (1): 1 - 9.

[311] Yang, H. L., Lin, C. L. Why Do People Stick to Facebook Web Site? A Value Theory-Based View [J]. Information Technology & People, 2014, 27 (1): 21 - 37.

[312] Yeh, R. C., Lin, Y. C., Tseng, K. H., et al. Why Do People Stick to Play Social Network Sites? An Extension of Expectation-Confirmation

Model with Perceived Interpersonal Values and Playfulness Perspectives [J]. Studies in Computational Intelligence, 2013, 457: 37 -46.

[313] Young, A. Increasing Returns and Economic Progress [J]. Economic Journal, 1928, 38: 527 -542.

[314] Zaichkowsky, J. L. Measuring the Involvement Construct [J]. Journal of Consumer Research, 1985, 12 (3): 341 -352.

[315] Zaman, M., Anandarajan, M., Dai, Q. Experiencing Flow with Instant Messaging and Its Facilitating Role on Creative Behaviors [J]. Computers in Human Behavior, 2010, 26 (5): 1009 -1018.

[316] Zhou, T., Lu, Y. Examining Mobile Instant Messaging User Loyalty from the Perspectives of Network Externalities and Flow experience [J]. Computers in Human Behavior, 2011, 27 (2): 883 -889.

后 记

  2002年9月，在我的恩师，西安交通大学文启湘教授的指导下，我将研究方向定为从消费的视角探究教育与经济的关系，当时正值教育产业化理论与实践最活跃的阶段，如何独树一帜，避免研究被归类于教育产业化领域，是一个很大的挑战。时至今日，仍有个别同事认为，教育消费研究属于教育产业化的范畴。如此看来，要彻底改变这种认识，就必须在理论上作出独立的定义和解释！博士阶段的主要工作正是围绕这一任务展开，博士毕业论文前三章的研究成果在理论方面确立了本书写作的基础与内涵。此后10多年来，我带领我的团队持之以恒地对教育消费这一主题进行研究，力争在这一领域作出更深入的探索。2017年，国家社科基金后期资助项目"中国教育消费研究"立项，为本书的写作创造了更加充分的条件。所谓"十年磨一剑"，现在主要成果基本形成，这浸透着恩师对我的嘱托和期盼，凝结了团队的力量和智慧，也包含着同行专家的帮助指导、家人的鼎力支持以及个人的默默追求！

  本书从教育的内涵、构成和功能入手，在遵循教育自身规律和经济增长的框架下，对教育消费合理化的理论进行了研究，对教育消费合理化的内涵和构成进行了界定。在此基础上，运用一般均衡分析方法，建立了教育消费合理化模型，得出了教育消费合理化理论。并从微观和宏观多个角度对教育消费相关问题作了较为全面的实证分析，并结合理论和实证结果，提出了相应的政策建议。

  在遵照教育自身规律的前提下，本书只在经济范围下进行了教育消费合理化的理论探讨和实证分析。显然，本书关于教育消费合理化的定义范围较窄，并没有研究教育与政治的合理化，教育与文化的合理化等其他内容，这些问题是本书的不足之处，也是未来研究的方向。

  在建立教育消费合理化模型时，本书将个人接受教育的学习能力和创造新知识的研究能力与创造力作了前提假设。这个学习资质的个人差异将影响个人教育消费的行为，如接受教育的年限。关于个人在研究能力和创造力方面的差异将影响教育消费合理化的问题，一个直接的假设就是教育消费要保证把最具有研究能力和创新力的人纳入研究型教育消费中，否则，教育消费将是不合理的。然而，这些问题是教育消费合理化的一个新的研究领域，还需要进一步探究。

此外，在研究经济增长框架下的教育消费问题时，本书并没有研究教育供给合理化和教育分配合理化问题。只有研究了教育的所有问题才能对教育合理化问题给出最终的回答。这些也将是以后进一步研究的重点。

本书是我从事产业经济学教学工作以来的第一本专著，羞愧之余，不敢忘记文启湘教授的谆谆教导，从研究选题、研究内容乃至写作他都给了我极大的帮助和指导。导师今年已80多岁，仍不辞辛劳地为本书作序、对本书的初稿进行细致的批改，作为学生，感激涕零。从2012年开始，我的研究团队逐渐壮大，各级研究生对本书的研究都给予了极大的支持和帮助，尤其是2014级研究生张家平和2017级于跃两位同学，在国家社科基金后期资助项目的申报、研究和结题过程中，付出了大量心血。西安财经大学的郭诗梦老师，在本书初稿完成之际，对全书文字作了润色，在此一并致谢。

本书最终的完成，还得益于社会科学文献出版社的大力支持。刘骁军老师不仅对本书出版立项起了决定性作用，还对本书的内容编排提出了宝贵意见。许文文老师对书稿的文字、图表进行了细致缜密的修改与校对。如果没有出版社老师们的辛勤付出，本书出版将困难重重。

在本书撰写过程中，参考了国内外专家学者的大量文献，在此对其一并表示感谢。

因水平有限，虽历经艰难，书中仍然存在很多不足之处，敬请各位读者批评指正！

2019年7月于西安

图书在版编目(CIP)数据

中国教育消费研究 / 刘湖著. -- 北京：社会科学文献出版社，2019.9
　国家社科基金后期资助项目
　ISBN 978 - 7 - 5201 - 5376 - 8

　Ⅰ.①中… Ⅱ.①刘… Ⅲ.①教育 - 消费 - 研究 - 中国　Ⅳ.①G40 - 054

中国版本图书馆 CIP 数据核字 (2019) 第 180243 号

国家社科基金后期资助项目

中国教育消费研究

著　　者 / 刘　湖

出 版 人 / 谢寿光
组稿编辑 / 刘骁军
责任编辑 / 姚　敏
文稿编辑 / 许文文

出　　版 / 社会科学文献出版社·集刊分社 (010) 59367161
　　　　　　地址：北京市北三环中路甲29号院华龙大厦　邮编：100029
　　　　　　网址：www.ssap.com.cn
发　　行 / 市场营销中心 (010) 59367081　59367083
印　　装 / 三河市龙林印务有限公司

规　　格 / 开　本：787mm × 1092mm　1/16
　　　　　　印　张：20.5　字　数：323 千字
版　　次 / 2019 年 9 月第 1 版　2019 年 9 月第 1 次印刷
书　　号 / ISBN 978 - 7 - 5201 - 5376 - 8
定　　价 / 98.00 元

本书如有印装质量问题，请与读者服务中心 (010 - 59367028) 联系

版权所有 翻印必究